KB009208

뉴욕 한인복지를 위해 공헌한 사람들

The Koreans Who Have Devoted Themselves to
the Koreans' Welfare in the New York Korean Community

김영옥

홍익대학교 영어영문학과를 졸업했고, 뉴욕시립대학교 퀸즈칼리지에서 미술사와 사회학으로 각각 석사학위를 받았다. 2009년부터 현재까지 재외한인사회연구소의 연구원으로 근무하고 있으며, 공동 집필한 학술지 논문 1편과 저서의 장(북챕터) 1편이 있다. 또한 북미한인 도서 시리즈 I, 『재미 한인사회에 힘을 실어준 한인들』의 공동 편저자이다.

뉴욕 한인복지를 위해 공헌한 사람들

2021년 7월 20일 초판 인쇄
2021년 7월 25일 초판 발행

편저자 I 김영옥
교정교열 I 정난진
펴낸이 I 이찬규
펴낸곳 I 북코리아
등록번호 I 제03-01240호
주소 I 13209 경기도 성남시 중원구 사기막골로 45번길 14
우림라이온스밸리 2차 A동 1007호
전화 I 02-704-7840
팩스 I 02-704-7848
이메일 I sunhaksa@korea.com
홈페이지 I www.북코리아.kr
ISBN I 978-89-6324-766-3 (03300)

값 22,000원

북미한인 도서 시리즈 IV

뉴욕 한인복지를 위해 공헌한 사람들

The Koreans Who Have Devoted Themselves to the Koreans' Welfare in the New York Korean Community

김영옥 편저

북코리아

북미한인 도서 시리즈

1965년 미국의 새 이민법이 발효된 후 한국인의 뉴욕 · 뉴저지 지역으로의 이민이 본격적으로 시작된 지 50년이 넘었다. 이제 2세 한인이 성장해서 자녀들을 갖게 되어 많은 한인 가정에 3세 한인이 성장하고 있다. 세대가 지나갈수록 한인 커뮤니티는 미국 사회에 동화되기 마련인데, 다행히도 뉴욕 · 뉴저지 한인사회에는 1,500여 개의 한인단체가 있다. 그중 한국문화를 2~3세에게 전승시키고 민족 정체성을 보전하기 위한 한국어학교, 한국 문화단체도 200여 개나 된다. 한인이 모국을 자주 왕래함은 물론 정보통신기술의 발달로 모국과 매일 밀접한 관계를 맺고 살고 있으며, 현지에 있는 한인 TV방송국이나 유튜브(youtube), 인터넷 스트리밍을 통해 모국의 TV 프로그램을 매일 시청하고 있다.

뉴욕 · 뉴저지 지역의 한인 이민자가 살아온 경험을 한인 커뮤니티와 모국의 독자들에게 알리기 위해 필자는 2014년 한국의 북코리아출판사를 통해 〈북미한인 도서 시리즈〉를 시작했다. 2014년 첫 해에는 미국 주류사회의 정치에 진입해서 한인사회에 힘을 실어준 한국 이민 1세와 2세의 자전적 글을 모아서 〈북미한인 도서 시리즈〉 첫 권으로 『재미 한인사회에 힘을 실어준 한인들』을 발행했다. 그 후 2015년 북미 시리즈 2호로 재미한국학교 동북부협의회 편, 『뉴욕 · 뉴저지 지역의 한국학교: 역사 및 현황』을, 2016년에는 제3호로 뉴욕 · 뉴저지 지역의 미국학교 및 한국학교의 한국어 교사들의 자전적 에세이를 모아 『뉴욕의 한국어 선생님들』을 출판했다.

뉴욕 지역의 여러 단체 중에서 한인들에게 없어서는 안 될 중추적인 역할을 하는 한인단체는 복지기관이다. 현재 120여 개의 한인복지기관이 뉴욕 · 뉴저지 지역에 세워져 한인에게 여러 가지의 서비스를 제공하고 있다. 대부분의 동포 복지기관은 1980년대와 1990년대에 미국 사회 적응에 어려움을 겪고 있는 한국 이민자를 돕고자 주로 한인사회의 후원금으로 어렵게 시작되었다. 그러나 이런 복지단체들이 역사가 길어지면서 영어권 2세들이 한인복지기관에 들어와 현재는 미 정부와 미국 자선단체에서 보조금을 받아 큰 규모로 성장한 복지기관도 30여 개나 되며 여러 가지 프로그램을 성공적으로 운영하고 있다. 뉴욕 지역에는 중국, 인도, 한국, 필리핀의 4개의 큰 아시아의 이민 민족이 있다. 그중에서도 한인 커뮤니티가 복지기관을 가장 성공적으로 운영해나가고 있다고 생각한다.

그렇지만 처음에 어렵게 시작한 이민 1세 선구자들이 아니었으면 오늘날 같은 성장한 복지기관은 불가능했다. 더욱이 최근에도 은퇴하신 한인 이민자가 복지기관을 만들어 어려운 한인을 돕고 있다. 특히 올해에는 코로나19 팬데믹으로 인해 많은 가정이 직장을 잃고 어려움을 겪고 있는 상황에서 한인복지기관이 어느 때보다 더 큰 역할을 했다고 생각한다.

네 번째 북미한인 도서 시리즈는 한인사회에서 중요한 역할을 하는 복지기관을 개척하고 발전시킨 한국 이민자의 수고와 헌신을 미국 한인 커뮤니티와 모국의 독자들에게 알리기 위해 준비되었다. 여기에는 한인의 복지를 위해 노력해온 개척자 · 선구자들과 그 복지기관의 성장과 발전에 공헌한 10명의 자전적 에세이가 실려 있다. 많은 시간과 노력을 들여 본인들의 이야기가 출판될 수 있도록 글을 써주신 열 분에게 감사드린다. 열 분 집필자의 글을 여러 번 수정해서 책으로 나올 수 있도록 1년 동안 수고해준 편집자 김영옥 연구원에게도 감사를 드린다.

북코리아출판사의 북미한인 도서 시리즈를 통해 책을 출판하는 데 관심 있는 분은 필자의 이메일(Pyonggap.min@qc.cuny.edu)또는 사무실(1-718-997-2810)으로 연락하기 바란다.

북미한인 도서 시리즈
편집자 민병갑

머리말

재미동포사회에서 가장 중요한 역할을 해온 단체는 복지기관이라 할 수 있다. 복지기관은 한인사회의 어려운 사람들을 실질적으로 도와주는 기관이므로 초기 뉴욕 한인사회에서 복지기관을 세워 키워온 개척자들과 그 복지기관을 발전시킨 분들을 찾아 그분들의 자서전적 글을 모아 책을 출판하는 것은 중요하고 의미 있는 일이라 할 수 있다. 그것은 그분들의 자전적 에세이를 통해 뉴욕 한인사회의 복지기관이 발전해온 역사를 알 수 있기 때문이다. 특히 이민 초기 정착에 힘들었던 한인의 역사를 이분들의 글을 통해 들여다볼 수도 있다. 여기에는 복지 수혜자들의 애환이 담긴 역사는 물론이고 복지기관 설립자와 오랫동안 복지기관에서 한인들을 위해 일해온 분들의 헌신과 노력이 포함될 것이다.

재외한인사회연구소(The Research Center for Korean Community at Queens College)는 이에 관한 '책 편집 프로젝트'를 2018년 가을에 기획하여 한국의 재외동포재단에 보조금을 신청했다. 2019년 초에 재외동포재단의 보조금 지원이 확정되어 2019년 5월부터 본격적으로 집필자를 섭외하기 시작했다. 그리고 2019년 11월 말까지 원고를 모아 2020년 상반기에 책을 출판할 예정으로 진행했다.

먼저 뉴욕 지역 한인복지기관의 설립과 발전에 크게 공헌하신 15명을 선정한 후, 연락되는 분들에게 본 프로젝트에 대한 자세한 안내 편지와 집필 지침서를 이메일로 보내 A4 용지 10~15장 정도의 자서전적 글을 써주실 것을 요청했다. 그러나 섭외 과정이 그리 쉽지는 않았다. 섭외 명단에 포함된 분 중에 타주로 이사하셨거나 한국에 거주하여 연락되지 않는 분이 있었고(2명), 관련 단체의 일만으로도 바빠서 에세이를 쓸 시간을 내기 어렵다고 처음부터 거절하신 분, 또 쓰기로 약속하셨지만 끝내 완성하지 못한 분도 있었다(3명). 몇 분은 이 프로젝트를 시작하고 여러 달 후 또는 거의 1년 후에 연락을 드렸는데, 집필을 늦게 시작했음에도 비교적 신속하게 글을 써주셔서 다행히 최종 열 분의 원고로 이 책이 나오게 되었다. 바쁘신 중에도 많은 시간을 할애하여 에세이를 써주신 집필자들께 진심으로 감사를 드린다.

집필자들에게 요청한 에세이에 포함될 내용은 크게 다섯 가지였다. 첫째, 그들의 개인적인 배경으로, 한국에서 무엇을 했는지, 어떤 목적으로 미국에 오게 되었는지, 그리고 어떤 계기로 해당 봉사기관을 세우거나 해당 복지기관과 관계를 맺게 되었는지, 해당 봉사기관에 어떤 직위로 얼마 동안 종사했는지를 가능한 한 자세히 서술해줄 것을 요청했다. 둘째, 해당 복지기관의 프로그램과 수혜자 집단에 대해 자세히 이야기하기, 즉 처음에 해당 복지기관이 어떤 프로그램으로 시작했으며, 그 후 언제 어떻게 그 프로그램을 확장 · 발전시켰는지, 처음에는 한인을 대상으로 프로그램을 운영했겠지만 그 후 타민족 대상으로도 확대되었는지, 그랬다면 현재 혜택을 받는 대상의 인종 분포의 구성은 어떻게 되는지, 또한 해당 기관이 앞으로 어떤 새 프로그램을 개발해야 한다고 생각하는지를 에세이 내용에 포함할 것을 요청했다. 셋째, 해당 복지기관의 책임자(이사, 소장), 직원 및 봉사자에 대한 세대 분포, 성별 분포 및 인종 분포는 시대적으로 어떻게 변화했는지에 관해 자세히 서술하도록 요청했다. 넷째, 해당 복지기관을 세우고 큰 봉사단체로 키우기 위한 노력과 철학에 대해 이야기하기였는데, 여기에는 어떤 계기로 해당 복지기관 설립이 필요하다고 생각했는지, 또 해당 기관을 설립하고 큰 봉사단체로 키우기 위해 어떤 노력을 해왔는지, 처음 봉사기관을 세우고 운영할 때 가장 어려웠던 점은 무엇이었는지, 자금 조달을 위해 어느 기관에 어떤 요청을 했는지, 언제부터 미국 정부나 미국의 재단으로부터 보조금을 받기 위해 제안서를 쓰기 시작했는지, 해당 봉사기관을 운영하면서 가장 중요시한 원칙이나 철학은 무엇이었는지, 해당 봉사기관이 앞으로 어떤 방향으로 발전해야 한다고 생각하는지 등의 내용이 포함되도록 요청했다. 마지막으로 집필자들이 해당 기관에서 일하면서 어려웠던 일, 아쉬웠던 일, 그리고 크게 보람을 느꼈던 일에 대해 자세히 언급해줄 것과 앞으로 한인사회의 봉사기관을 이끌어가는 데 다음 세대에게 부탁하고 싶은 말을 포함해줄 것을 요청했다. 이와 함께 이 책은 자전적 에세이이므로 단체에 관한 사실 중심의 기술에 집중하기보다는 각 집필자가 그동안 말하고 싶었던 것과 그들의 철학 등 필자의 감정을 많이 넣도록 부탁드렸다.

이분들의 에세이를 통해 뉴욕 한인사회의 복지기관들이 어떻게 지금과 같이 한인뿐만 아니라 타 이민 민족에게도 큰 역할을 하는 기관으로 발전했는지 그 윤곽을 어느 정도 알게 되는 것은 중요하다. 그리고 한인사회에서 초기에 복지기관을 창립하고 헌신적으로 자신을 희생하며 열심히 일한 분들의 숨은 이야기가 이 책을 통해 한인 이민자와 후세에 알려지면 좋은 교훈이 될 것이다.

1차 원고는 2019년 6월 중순부터 들어오기 시작하여 2020년 8월에 마지막 초고가 들어왔다. 원고는 들어오는 대로 집필 지침에 맞게 쓰였는지 확인하고, 필요한 정보가 부족하거나 빠진 부분이 있는지, 내용을 조금 더 발전시켜야 하는 부분이 있는지 등을 검토한 후 집필자에게 수정 및 보완을 요청했다. 이후 각 집필자와 여러 차례의 피드백을 거쳐 10편의 자전적 에세이가 완성되었다. 이 프로젝트는 처음 계획했던 일정에서 1년여 늦게 천천히 진행되었지만, 아무도 예견하지 못했던 전 세계를 덮친 코로나19 팬데믹 상황에서도 완성을 보게 되어 다행스럽게 생각한다.

편저자는 복지기관을 개척하고 발전시킨 열 분의 원고를 읽으며, 도움이 절실히 필요한 사람들을 돕기 위해 이분들이 얼마나 노력하고 헌신했는지를 알 수 있었다. 그분들의 이야기는 가슴에 큰 울림으로 다가왔으며, 주변을 돌아보게 되었다. 복지기관에서 헌신하신 분들께 진심으로 경의를 표한다. 이분들 덕분에 한인사회가 더욱 따뜻하고 건강한 사회가 되었다고 생각한다. 현재는 대부분의 한인복지기관들이 정부기관이나 미국재단의 보조금을 받을 수 있어 재정적인 압박이 훨씬 줄어들었지만 처음 복지기관의 설립과 초기 단계에서는 한인의 기부에만 주로 의존하여 재정 확보가 힘들었다는 것도 알 수 있다. 복지기관 개척자들의 아이디어와 발전시킨 분들의 비전이 합쳐져 이제는 1.5세와 2세들이 한인복지기관에서 일하기 시작하여 세대교체가 서서히 이뤄짐으로써 미국 정부나 재단에서 큰 보조금을 받아 한인뿐 아니라 타민족의 어려운 사람도 도와주는 명실상부한 미 주류사회의 복지기관으로 바뀌게 되었다.

이 책이 출판되는 데 많은 분이 기여하셨다. 먼저 자전적 에세이를 쓰는 데 많은 시간을 보내고 자신들의 이야기를 기꺼이 나눈 집필자들에게 감사를 드린다. 그분들의 노고 덕분에 이 책이 출판의 결실을 보게 되었다. 그리고 재외한인사회연구소의 '책 편집 프로젝트'에 보조금을 제공한 한국의 재외동포재단과 뉴욕의 21희망재단에 감사드린다. 또한 이 책의 출판을 큰 기대 속에 기다리신 북코리아의 이찬규 사장님과 1차 원고를 꼼꼼하게 교정해주신 정난진 님, 책 디자인을 담당하신 오유경 님, 의문 사항이 있을 때 연락하면 신속한 응답과 안내를 해주셨던 편집책임자 김지윤 님, 김수진 님께 감사드린다.

북미한인 도서 시리즈 IV

편저자 김영옥

목차

북미한인 도서 시리즈 / 005

머리말 / 008

1 무엇을 위해 살아야 하나? - 계속되는 인생의 여정 _ 김광석 013

2 나는 뉴욕 맨해튼의 부자다 _ 김광희 045

3 무지개 환대: 밥상공동체 실현 _ 여금현 063

4 이 땅에 살기 위하여 - 민권센터 활동 25년 _ 차주범 109

5 미국 이민과 노인복지 향상을 위한 활동 _ 임형빈 132

6 내일을 위한 지역사회 봉사기관과 함께한 나의 여정 _ 장화인 155

7 YMCA와 함께한 50년 _ 이원규 171

8 비영리단체와의 만남을 되돌아보며 _ 김은경 188

9 나의 친구, 나의 사랑 장애인 _ 김자송 215

10 나는 희망을 나누고 싶다 _ 변종덕 228

1 무엇을 위해 살아야 하나? - 계속되는 인생의 여정

김광석 Kwang Suk Kim
KCS 전 회장

2018년 12월 19일 저녁 시간, 베이사이드 뉴욕한인봉사센터(KCS Community Center) 강당에서 여러 동료와 지인, 지역 정치인, 지역 언론인들과 자리를 함께했다. 30여 년 청춘과 열정을 바쳐 일하던 KCS를 떠나는 나에게 덕담과 아쉬움을 나누고 싶어 모인 분들이다. 다 참석하지는 못했지만, 지난 30여 년을 돌아볼 때 수고하신 분들의 얼굴이 주마등처럼 스쳐 가고, 한 사람 한 사람이 귀하고 감사한 분들임을 깊이 느꼈다. 퀸즈보로 청장은 당일을 퀸즈의 '김광석의 날(Kwang S. Kim's Day)'로 공식 기록되었다고 발표했으나, 'KCS에 대한 감사의 날(Appreciation Day for KCS)'이라고 명명했으면 좋겠다고 생각했다. 다음날부터 며칠간 본부로 사용하고 있는 커뮤니티센터(Community Center) 외 5개의 프로그램 장소를 하나씩 돌아보았다. 코로나 경로회관(코로나 소재), 플러싱 경로회관(플러싱 소재), 정신건강센터(퀸즈 162가 소재), 공공보건 및 리서치센터(맨해튼 32가 소재), 그리고 브루클린 프로젝트(브루클린 88가와 5th 애비뉴). 이제 또 하나의 일을 하기 위해 KCS를 떠나야 하고, 떠날 때가 되었다는 마음으로 그간 손때 묻은 유형무형의 자산들과 기억을 확인해보았다. 부족한 사람을 일할 수 있게 해주신 KCS 이사회, 동료, 여러 후원자분, 한인사회, 미국 정부와 재단들, 아내와 아이들, 그리고 하나님께 감사했다.

정신적으로 방황하던 청소년기

나의 청소년기는 지금 기억하건대 철저히 방황한 시기였다. 중학교 때까지 시골에서 교회를 섬기면서, 어른들을 곧잘 도와드렸다. 교회 건물과 사택을 증축할 흙벽돌을 찍어내기도 하고, 겨울 새벽 눈보라를 헤치고 교회당에 가서 난로에 불을 지피는 봉사도 하던 모범 학생이었다. 그러나 고향을 떠나 멀리 있는 고등학교에 다니기 시작한 때부터 새벽이면 교회가 아닌 산사의 불경을 찾아다니고, 삶의 목적을 어디에 둘 것인지, 그리고 어떻게 살아야 할 것인지 혼자서 고통스럽게 고민했다. 그 방황은 꽤 오래 지속했다. 세상은 누가 바꿀 수 있을까? 병이 나면 의사가, 영적인 것은 목사나 승려가…. 그렇다면 이 세상이 병들면 누가 고치는가? 이런 철학적(?) 의문들이 뇌리에서 떠나질 않았다. 졸업 후 2년여 여러 가지 일을 하다가 사회사업이라는 공부를 하기로 마음을 정했다. 중앙대학교 사회사업학과(후에 사회복지학과로 개칭)에 입학하여 1학기를 다니던 중 입대했고, 제대 후 복학하여 학업을 마쳤다.

1980년대 초까지 한국의 현실은 사회사업을 추구하는 사람들에게는 매우 가혹한 시절이었다. 경제성장이 우선시되던 한국 사회에서 복지는 한참 뒤로 밀려 있었다. 사회문제는 산재해 있었으나, 4대 해외입양기관들* 외에 다른 많은 사회사업기관의 자립도는 매우 낮아서 제대로 일할 수도 없었다. 도시 빈곤을 대표하는 달동네는 주거지라기보다는 겨우 비바람을 막는 것으로 만족해야 하는 움막들로 이루어져 있었고, 그러한 환경에서 한 집에 한 사람씩은 병자가 자리 잡고 있었던 것이 달동네 삶의 모습이었다. 그들을 도우려고 팔을 걷어붙이고 힘을 보탰다. 개발업자가 공권력을 동원하여 달동네 움막집을 철거할 때면, 그들을 위해 정착금을 조금이라도 더 받아보려고 노력했지만 무참하게 깨지던 시절이었다. 사회복지

* 홀트아동복지회, 동방사회복지회, 대한사회복지회, 한국사회봉사회

분야에서 같이 일하던 여러 동료가 공장에 취업하거나 뿔뿔이 흩어졌다. 그들의 꿈과 노력이 아까웠다. 철거민뿐 아니라 이들도 돕고 싶었지만, 나에게는 힘이 없었다.

미국 이민과 대학원 진학: 사회사업학 공부

차라리 돈이라도 벌어서 이들을 돕는다면, 그것도 하나의 해결책이라고 믿으며 1983년 말 미국행 비행기를 탔다. 어머님과 형님이 샌프란시스코에 계셔서 도미가 수월했다. 캘리포니아에 도착해서 포도원과 와인 비즈니스를 생각하고, 돈을 모으기 위해 편의점에서 일하기 시작했다. 어느 정도 일하다 보니 가게를 직접 운영하는 조건이 있어서 더 열심히 일하게 되었다. 잘된다는 소문이 났는지 강도들이 꽤 들어왔다. 목숨이 별거 아니라고 생각할 때쯤, 주위 분들이 나에게 사회사업을 공부해보라고 권유하셨다. 이 땅의 사회사업을 배워보는 것도 한국에서 고생하는 사람들에게 도움을 줄 수 있을 것 같았다. 잠시 배우고 돈도 벌 수 있지 않겠는가? 그러나 그것이 한국에서 수고하시는 분들과는 영원히 함께 가지 못하는 계기가 될 줄을 그때는 몰랐다. 기왕이면 사회문제가 가장 많은, 그리고 미국에서 가장 큰 도시인 뉴욕을 생각했고, 다행히 컬럼비아대 사회사업대학원에서 기회를 제공해주었다. 사회사업 중에서 복지행정을 전공으로 하고, 분야는 노인복지를 택했다. 생활비에 보태기 위해 주말에는 한인이 운영하던 델리 가게에서 일했는데, 내가 일하던 델리 가게에서 한인 종업원이 고객 중 정신질환자의 칼에 찔리는 사건이 일어났다. 가해자는 구속되었으나 피해자는 보상도 받지 못하고 불귀의 객이 되었다. 뉴욕의 한인사회는 초기 정착 단계였고, 봉사기관은 이를 돕기에는 역부족이었다. 사회사업대학원에서는 주 5일 중 2~3일을 현장에서 실습했는데, 1년 차에는 뉴욕시 정신건강, 마약 및 알코올 중독 부서에서 일했고, 2년 차에는 자메이카에 있는 Jamaica Services for Older Adults(JSPOA)에서 현장 일을 배웠다. 거기서 그들이 자신들의 서비스뿐만 아니라 주위에 문제가 발생했을 때, 유관 단체에 소개(Referral)하는 것을 본연의 임무처럼 수행하는 것을 보았다. 그때 한인사회 내에 전문적인 봉사기관이 있다면, 여러 가지 발생할 수 있는 사안들에 매우 능동적으로 대처할 수 있지 않겠는가 하는 생각을 하게 되었다.

1988년 대학원을 졸업하면서 사업을 할 것인가, 아니면 사회사업을 할 것인가 잠시 망설였다. 하지만 한인사회 내에 전문적인 사회봉사기관이 존재할 수 있도록 그 토대를 만드는 일이 시급하다고 느끼고, 한인사회 내 제대로 된 봉사기관을 정착시켜 기존의 미국 기관들과 어깨를 나란히 하며 미국 사회봉사 프로그램의 새로운 패러다임을 향해 도전하겠다는 쪽으로 마음을 정했다. 그래서 한인사회 내의 봉사기관을 찾아보다가 대뉴욕지구 상록회에서 일을 시작했다. 노인들을 위한 기관이었고 많은 일을 할 수 있는 곳이었다. 그러나 상록회에는 내분이 있었다. 회장이 바뀌면 직원도 바꾸어야 하는 것을 보며 다른 기관을 찾았는데, 그곳이 바로 뉴욕한인봉사센터였다.

뉴욕한인봉사센터(KCS)와 함께

1973년도에 설립된 뉴욕한인봉사센터는 마침 사무총장이 공석이었다. 한인봉사센터는 아동에서부터 노인까지 전체 인구를 대상으로 했고, 좀 더 포괄적인 서비스를 개발할 수 있는 곳이었다. 전임으로 한인봉사센터의 시작부터 수고하신 최우길 박사님의 노고가 매우 큰 곳이었다. 최 박사님이 한국으로 교직을 받아 떠나시고, 신원자 사회복지사가 잠시 사무총장으로 일하시다가 떠나 공석이었는데, 후임이 제대로 결정되지 않아 업무의 인수인계도 없이 좀 어수선한 상태였다. 나는 1989년 초여름에 한인봉사센터의 사무총장으로 일을 시작했다. 당시 봉사센터 이

사장은 뉴욕한국일보 설립자이신 고 엄호웅 사장이었다. 프로그램은 축소되었는지 과거에 있던 방과후 학교 등 몇몇 프로그램이 없어진 상황이었다. 봉사센터의 거의 모든 서비스가 1985년도에 퀸즈 우드사이드 61가와 브로드웨이에 위치한 한성교회에서 시작한 경로회관에 집중되어 있었다. 봉사센터 본부는 경로회관에서 두 블록 떨어진 작은 사무실을 빌려서 일반 업무를 감당하고 있었다. 당시 한인봉사센터는 사무총장이 경로회관 관장도 겸임하고 있었다. 공석이던 사무총장 직책에 내가 부임했을 때 직원은 부관장, 경리, 사례 담당하는 분, 그리고 주방에 풀타임으로 일하시는 한 분과 관리 · 청소하는 분을 포함하여 총 다섯 분이 계셨고, 자원봉사 하시는 분들은 많이 계셨다. 경로회관은 한인 노인들의 어려움을 도우려는 퀸즈 구청의 후원으로 시작되어 주 관청인 뉴욕시 노인국(DFTA: Department for the Aging)을 통해 노인들께 식사와 교육, 오락, 복지상담 등 매우 중요한 서비스를 제공하고 있었다. 이제 막 시작한 프로그램이라서 노인국과의 계약에 문제가 있었지만, 노인국의 협조로 잘 마무리되었고, 뉴욕커뮤니티트러스트(NY Community Trust), 유나이티드웨이(United Way: 자선단체), 개신교복지기관연합(Federation of Protestant Welfare Agencies) 등을 통해 재원을 확보하여 일반 서비스와 이민업무, 그리고 공공보건 프로그램을 시작할 수 있었다.

내가 봉사센터 사무총장으로 일하는 동안 한때 서비스를 개발하는 과정에서 재원이 부족하여 직원들의 월급을 제때 지급하지 못한 적이 있었다. 그래도 직원들은 불평 없이 묵묵히 참아주었다. 이사회에서 이러한 어려움을 알고 모금을 위한 골프대회를 열거나 기업에서 후원금을 받아 도왔다. 재정적으로 크게 도움이 되지는 않았지만, 이사회와 한인사회가 우리를 돕고 있다는 사실은 직원들에게 큰 힘을 주었다. 그리고 다행한 것은 늦게라도 직원들의 월급을 다 지급할 수 있었다는 점이다.

한인 선배가 없어서 어려운 일이 있거나 새로운 일을 시작할 때는 모교인 컬럼비아대학원의 동문을 찾아 그들로부터 많은 도움을 받았다. 1990년 음력 정월 보름을 경로의 날(후에 5월 어버이날로 날짜를 바꿈)로 선포하고 큰 잔치를 개최했다. 잔치의 수익금은 자체 건물을 위한 기금으로 저축했다. 같은 해 늦은 가을에는 효도 관광을 기획하여 어르신 94명을 모시고 북부 캘리포니아를 4박 5일 동안 여행했다. 이 효도 관광은 저렴하면서도 볼거리가 많은 서비스를 제공했고, 경비를 알뜰하게 아껴 써서 수익금이 그 당시 약 2만여 달러나 되었다. 그것으로 당장 사무실에 필요한 팩스, 컴퓨터, 복사기 등 기기를 설치할 수 있었고, 프로그램을 개발하는 데도 비용을 일부 사용했다.

NYC 청소년지역개발국(DYCD: Department of Youth and Community Development)에 기획제안서를 제출한 것이 선택되어 3년 계약으로 영어교육 및 이민 관계 업무를 시작하고 점차 확대할 수 있었다. 경로회관 프로그램도 재원을 퀸즈 구청에만 전적으로 의존하던 것을 뉴욕시 노인국의 예산을 일부 할당받아 프로그램을 점차 확대했으며, 3년마다 갱신하는 시스템으로 전환되었다. 프로그램의 확대, 서비스의 전문화, 재원확보 등으로 3년여간 일하다 보니 기관이 제대로 자리를 잡아가게 되었다. 한인봉사센터의 영문명이 Korean Community Activity Center였는데, 이를 1992년 Korean Community Services of Metropolitan New York, Inc.(KCS)로 바꾸었다. 따라서 이때부터 한인봉사센터를 영문으로는 KCS로 표기하기 시작했다.

뉴욕시 공무원이 되다

가끔 업무차 들르던 뉴욕시 노인국에서 나에게 공무원으로 일해보지 않겠느냐는 제의를 해왔다. 곰곰이 생각해보니 정부 측 일을 배우는 것도 도움이 될 것 같아서 1992년 6월에 한인봉사센터(KCS)를 사직하고 뉴욕시로 출근하게 되었다. 나의 보직은 지역사회 서비스 조정관이었다. 시 공무원으로 일한 지 6개월 정도 지났을 때, 한인봉사센터 이사장님(당시 이현자 여사)으로부터 전화가 왔다. 봉사센터 운영이 어려우니 돌아오라는 내용이었다. 내 생각엔 시 정부에서 일하다가 주 정부, 연방정부로 보직의 범위를 넓혔으면 했는데, 한인봉사센터가 어렵다고 하니 마음이 편치 못했다. 한인봉사센터를 돕고 싶은 마음에 부서의 상급자에게 문의했다. 나의 보직이 지역사회 서비스 조정관이니 일주일에 하루를 한인봉사센터에 가서 도와주면 안 되겠느냐고 물었다. 그 당시만 해도 시 정부의 인심이 풍부할 때였는지 상급자는 흔쾌히 그렇게 하라고 했다. 단, 종일 그 기관에만 있지 말고 다른 기관도 한 번씩 들러야 한다는 조건이었다. 그래서 나는 일주일에 하루를 정해서 한인봉사센터 경로회관으로 출근하고 관련된 다른 기관도 방문해서 개발할 수 있는 서비스들을 살펴보았다. 그렇게 3개월 정도 지나자 한인봉사센터 이사회에서는 나에게 적극적으로 완전히 돌아와주면 좋겠다는 의사를 전해왔다. 그 무렵 봉사센터에는 서비스 개발뿐 아니라 더 시급한 문제가 있었다. 경로회관 장소를 무료로 제공하던 한성교회로부터 이전해 달라는 통보를 받았는데, 예산에 렌트비가 없어 새로운 장소를 찾는 데 어려움이 있었고, 렌트비를 감당하자니 재정적으로 너무나 어려운 상황에 처해 있었다.

다시 KCS로, 그리고 활발한 프로그램 개발

1993년 가을에 다시 KCS로 돌아왔다. KCS로 돌아오며 '내가 다시 공무원으로 돌아갈 수 있을까? 뉴욕시 공무원, 아니 주 정부, 연방정부 공무원으로?' 잠시 생각해보았지만, 돌아가지 못할 길이라는 생각이 들었다. 한편 스스로 자책도 했다. 내가 3년 동안 열심히 해서 봉사센터가 자리를 잡았다고 생각한 것은 착각이었다. 봉사센터가 확대되고 안정되려면 다양한 서비스 개발과 그 서비스를 뒷받침할 수 있는 기금 확보가 절실했고, 더 나아가서는 봉사센터 자체 건물을 지어 서비스를

경로회관의 식사 서비스. 두 곳의 경로회관에서 아침, 점심, 가정배달 점심 등 하루 800여 분께 음식을 제공했다.

제공하는 한편 그 공간을 한인사회에 내놓고 함께 모이는 커뮤니티센터를 만들어야 한다는 것이 정답이었는데…. 그래도 뉴욕시 공무원으로 일한 1년은 내게 많은 도움이 되었다. 뉴욕시의 전체적인 모습을 보았고, 특히 노인들에 대한 큰 그림을 곁눈으로나마 볼 수 있었다. 이는 향후 KCS에서 진행한 한인사회의 노인 프로그램 확대와 시 정부와의 연결에 큰 도움이 되었다.

나는 각오를 새롭게 했다. 일단 KCS로 돌아와서 내가 집중한 것은 경로회관의 이전이었는데, 많은 어려움이 있었다. 렌트비에 대한 부담이 가장 컸다. 모든 상황이 힘들었을 때 코로나에 위치한 뉴욕그리스도의 교회 정춘석 목사님께서 전화를 주셨다. 렌트비 없이 교회를 사용하라며 한번 와보시라고. 다음 해 1994년, 경로회관은 뉴욕그리스도의 교회에 입주했다. 입주식 때 김진건 장로님께서 "이 교회는 여러분을 위해 마련된 하나님의 공간입니다. 함께할 수 있어서 고맙습니다"라고 말씀하셨는데, 그 말은 나에게 "여기 있으면서 네 사명을 다하지 못하면 너는 죽어 마땅한 놈이다"라는 의미로 들렸다. 그때부터 우리는 프로그램 개발에 더욱 박차를 가했다.

한편으로 자체 회관 건립을 위한 모금 활동에도 힘을 기울였다. 그리고 매년 '모금의 밤(Gala)'을 개최하여 모금을 정례화했고, 각 프로그램을 돕기 위한 모금 또한 체계화했다. 정부 및 재단에 한 달에 2개씩 프로그램 신청(Proposal)을 제출하며 개발을 시도했다. 그러한 노력은 하나씩 프로그램으로 정착하게 되었다.

장년 직업훈련 프로그램으로 뉴욕시 노인국과 계약을 맺어 55세 이상 장년이 비영리단체에서 소정의 기본급을 받는 커뮤니티서비스 직업훈련 프로그램(SCSEP: Senior Community Services and Employment Program)을 실시했고, 1994년에는 아시안태평양노인회(NAPCA)로부터 뉴욕지구 장년 직업훈련 프로그램(SCSEP)을 계약하여 기존 뉴욕시 계약 프로그램의 40명 외에 90명을 더 확대하여 130명의 장년에게 직업훈련 기회를 제공하게 되었다. 1995년에는 공공보건 프로그램을 에이즈 예방 및 교육에서 확대하여 아동을 위한 무료 또는 저비용 건강보험(Child Health Plus)* 신청 대행 기관으로 선정되었고, 가톨릭 메디컬센터의 세인트조셉병원(St. Joseph's Hospital)에 주 1회 한인을 위한 클리닉이 개설되었다. 같은 해에 지역사회 재정 확보의 하나로 코로나 111가, 루스벨트 애비뉴에 바자 상점을 설립했다.

자체 건물을 위한 모금도 계속 진행되었다. 한때는 복 전문요리점 대복식당(신상헌 사장)과 협의하여 콩나물 큰 봉지 하나를 다듬는 데 5달러씩 후원을 받고 몇 달을 진행했는데, 봉사하시는 분들의 지문이 닳아 없어지는 일이 발생하여 그만둔 일화도 있었다. 한편 1996년 제7회 경로의 날 및 건강축제에 1,200명이 참석했는데 악천후로 많은 고생이 따랐다. 정월대보름은 대개 양력으로 2월인데, 뉴욕의 2월은 일기가 불순하여 한겨울에 폭우가 내리기도 하고 폭설로 덮이는 일이 예사로 일어났다. 오시는 분들뿐 아니라 준비하는 측에도 못 할 일이기에 1997년부터

---

* 뉴욕주에 거주하는 19세 미만의 아동을 위한 무료 또는 저비용(부모 소득에 따라) 건강보험으로, 서류미비 이민자 아동도 포함된다.

경로대잔치

는 경로잔치를 정월대보름에서 5월 어버이날로 날을 바꿔 개최하게 되었다. 1997년에는 맨해튼 한인회에 공간을 확보하여 공공보건부를 이전했고, 뉴저지까지 보건부 활동을 확대하게 되었다.

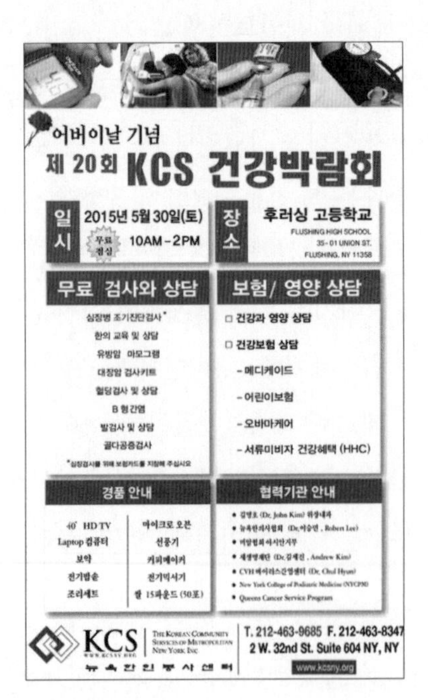

건강축제 포스터

1998년에는 코로나 회관 맞은편에 있는 코너의 빈 땅(6천 제곱피트, R6)을 22만여 달러를 주고 구입했다. 당장 회관을 건립하지 못하더라도 일단 부동산에 투자하는 것이 좋겠다는 생각이었다. 청소년 · 가정 프로그램을 개설 · 확대하여 KCS의 청소년 전문직원 대니얼 데이비드, 메릴사 폴크를 청소년센터에 파견했고, 2년여 동안 청소년센터 모든 직원의 인건비도 KCS가 감당했다. 청소년의 자원봉사 프로그램으로 Youth Community Action Project(YCAP)를 만들어 고등학교 학생들에게 커뮤니티에 봉사하게

YCAP에 참여하고 수료증을 받아든 자원봉사 청소년들

하고 봉사한 시간만큼 점수를 주어 대학진학에 도움이 되게 했다.

장년 교육 프로그램들을 통합하여 '아시안장년복지센터'라는 새로운 개념을 시도했고, 시티밀즈 온 휠즈(citymeals on wheels) 후원으로 가정급식 서비스를 처음으로 실시했다. 차량 3대가 필요했는데, 중고차이지만 진기섭, 최창옥, 임태균 씨의 후원으로 거동이 불편한 노인분들께 따뜻한 점심을 배달할 수 있게 되었다. 가정급식 배달 서비스는 점차 증가하여 노던퀸즈 지역의 200여 독거노인들께 4대의

가정급식 차량의 최근 모습

차량으로 월요일부터 토요일까지 매일 점심을 배달하게 되었다.

1998년은 한인봉사센터를 창립한 지 25주년이 되는 해였다. 창립 제25주년 기념행사로 스티브 린튼 박사의 특별 강연회(블로바 빌딩)가 있었고, 센터 건물 건축을 위한 10달러 후원회원 모금 캠페인을 시작했다. 1999년에는 교육개발원(EDI: Education Development Institute)을 개설하여 순복음 뉴욕교회에서 업무를 시작했고, 다음 해에 노던블러바드 근처의 유니언 스트리트로 장소를 옮겼다. 2000년에는 DYCD의 기금으로 브루클린 프로젝트(8710 5th Avenue, Bay Ridge)를 개설하여 브루클린 지역의 한인에게 영어교육과 이민업무 지원을 시작했다. 이민 · 교육업무 또한 확대하여 우드사이드 지역의 서울교회와 한빛교회에서 실시했다. 뉴욕한인회(회장 이세종)와 KCS가 뉴욕한인회 건물을 지역사회 센터로 전환하는 데 합의했고, KCS 본부를 한인회 6층으로 이전했다. 2001년에는 한인회관 3층을 수리하여 클리닉센터로 전환을 시도했고, 맨해튼 구청으로부터 10만 달러를 확보하여 컴퓨터 교육의 초석을 마련했다. 그러나 한인회장이 바뀌면서 전 회장과 합의한 내용을 새 회장이 백지화함으로써 2002년 플러싱 노던블러바드와 프린스 스트리트에 새로이 장소를 마련하여 그곳에 KCS 본부와 EDI를 이전했다. 또한 뉴저지에 Project Homecoming을 개설하여 이민업무와 상담 서비스를 실시했다. 당시 KCS 사무실은 플러싱 본부와 프로그램 장소들로 코로나 경로회관(회관과 가정급식 서비스 운영), 맨해튼 공공보건 · 아시안 장년복지, 브루클린 프로젝트, 뉴저지 Project Homecoming, 코로나 111가 바자 상점 등 6곳에서 활발하게 활동했다.

2001년 플러싱 효신교회에서 시작된 당시 시의원이던 줄리아 해리슨 여사의 이름을 딴 줄리아해리슨 경로회관을 2002년 뉴욕시 노인국의 입찰 과정을 통해 인수하여 '플러싱 한인경로회관'으로 개칭하고 제2의 경로회관을 개관했다. 당시 외부 업체에 100여 명분의 점심을 주문했는데, 내용이 부실하여 효신교회 방지각 목사님의 배려로 주방을 열어 직접 음식을 만들어 제공하고, 아침 식사도 제공하

플러싱 경로회관 삼일절 행사에 참석한 내빈과 회원

게 되었다. 주방을 맡은 이군자 씨의 헌신, 회관 정립과 냉장고 등 주방용품 구입에 앞장서서 도운 자문위원회(초대 회장 박문근)의 노고가 컸다. 향후 이 센터는 아침 120여 명, 점심 350여 명, 20여 개가 넘는 클래스 등 폭발적인 성장을 기록한다.

2003년 KCS의 미래를 위해 한인봉사센터의 영문 약자 KCS를 브랜딩하고, 차세대 리더십을 배양하기 위해 회장 직제를 신설하여 사무총장을 회장으로 하고, 새 사무총장을 영입하여 운영체제를 보완했다. 초대 회장은 그동안 사무총장으로 일하던 김광석, 사무총장에는 2001년부터 부사무총장으로 일하던 손신이 임명되었다. 2004년에는 실버 엑스포(Silver Expo, 플러싱 힐튼호텔)를 개최하여 봉사기관과 기업인이 만날 기회를 만들었고, 나눔의 행복 캠페인을 전개하여 10달러 후원 캠페인을 계속 추진했다. 2005년 코로나 회관 맞은편에 있던 땅을 130만 달러에 매각하고 플러싱 159가 건물을 350만 달러(구입가격 330만 달러, 수리 및 기타 비용 20만 달러)를 들여 구입했으며, 'KCS 커뮤니티센터(Community Center)'로 명명했다. 비용 중 150만 달러는 땅을 매각한 돈과 20만 달러를 모금하여 충당했고, 200만 달러는 우리은행에서 대출을 받았는데, 익명의 독지가가 5년에 걸쳐 원금과 이자를 모두 상환해주는 역사적인 사건이 있었다.

익명의 독지가는 생전에 자신의 이름을 밝히지 말 것을 부탁했는데, 몇 년 전 작고하셨기에 이제는 말할 수 있다. 그분은 보고파와 푸드바자의 안휘일 사장이셨다. 플러싱 159가 건물은 대지 1만 2천 제곱피트에 교회 건물(지하 및 1, 2층 건물)과 사택(지하, 1, 2층 및 다락방)으로 구성되어 있었는데, 교회 건물은 커뮤니티센터로, 사택은 사무실로 사용했다. 커뮤니티센터 1층은 프로그램 운영과 커뮤니티 미팅 장소(강당)로 사용했다. 강당은 100명 정도를 충분히 수용할 수 있었지만, 한인사회를 감싸 안을 만한 큰 건물은 못되었다. 따라서 159가 KCS 건물은 큰 건물로 가는 디딤돌로 생각했고, 이 점에 대해서는 고 안 사장님도 알고 계셨다.

플러싱 159가 KCS 건물

백년기획위원회(KCS Century Planning Committee) 설립

플러싱 159가 건물을 구입함과 동시에 더 큰 커뮤니티센터 건물을 확보해야겠다는 생각으로 백년기획위원회(위원장 윤영제)를 창립했다. 백 년을 내다보며 우리의 후손이 이 땅에서 자랑스럽게 일할 터전을 마련하자는 뜻이었다. 백년기획위원회는 모금을 계속하여 2017년 유대인센터이던 건물을 750만 달러에 구입할 때 10%의 계약금을 마련하고, 수리비로 정부에서 300만 달러를 확보할 때도 적극적으로 나서서 150만 달러를 마련하는 역할을 해내게 된다.

그 외에도 많은 분께서 모금에 동참하셨다. 어느 날 경로회관의 무용단을 돌보시는 손정목 선생님께서 전화를 주셨다. 다음 주 주말에 시간이 되면 당신의 칠순잔치에 식사나 함께하자고. 자녀들을 포함하여 많은 분께서 축하객으로 오셨다. 축하연이 어느 정도 정리될 즈음 손 선생님께서 나를 앞으로 불러내셨다. "오늘 들어온 축의금 전액을 KCS 회관 건립에 희사하며, 차후 여유가 되는 대로 더 돕겠노라"라고 말씀하셨다. "내 생전에 KCS 건물이 한인사회 내에 우뚝 서는 것을 보는 것이 꿈"이라는 말도 덧붙이셨다.

그간 큰돈이 생기면 모아두었던 봉투를 전하시던 김양실 여사, 한국에서 작은 부동산을 팔아 가지고 있던 돈을 보태서 건축기금을 도운 강성구 님, 10달러 회원을 끝까지 관리하시던 고 김순희 여사, 매달 10달러씩 십수 년을 어머님과 본인의 이름으로 지속적으로 후원하신 이문봉 님…. 일일이 다 열거할 수 없지만, KCS 회관 건립을 위해 후원금을 내주신 한인사회의 많은 분께 감사를 드리며 이런 분들이 계셔서 한인사회는 더 발전할 것이라고 믿는다.

플러싱 159가 KCS 시대

2006년 새 건물에 입주하면서 프로그램도 더 늘어났다. 장애인이나 노인이 자신이 살고 있는 집을 떠나지 않고 장기보호를 받을 수 있는 Community Long Term Care의 PACE 프로그램과 계약을 맺고 새 건물에 노인주간보호(Adult Day Care)를 개설했으며, 그다음 해에는 아이들을 위한 방과후 학교(After School), EDI의 교육 프로그램 등이 새 건물로 이전되어 프로그램을 확대했다.

노인주간보호 프로그램

방과후 학교 프로그램

세인트조셉병원(St. Joseph's Hospital)에서 잠시 시행한 주 1회 클리닉을 본 건물에서 다시 시작했고, 정신건강센터 건립에 대한 구상이 시작되었다. 2008년에는 공공보건부를 공공보건 및 리서치센터(Public Health & Research Center)로 개칭하고, 한인사회 보건자료 확보에도 힘을 기울이게 되었다. 공공보건 및 리서치센터는 한인회 건물에 있다가 후에 맨해튼 한인타운 32가로 이전하게 된다.

업무 확대와 새로운 서비스 개발, 그리고 더 큰 건물을 설립해가는 과정에는 늘 자금이 부족했다. 좋은 인력을 확보하려면 다른 기관들보다, 또 미국의 일반적인 기관들보다 연봉을 더 주어야 했지만, 그럴 재정적 여력이 없었다. 그래서 사회

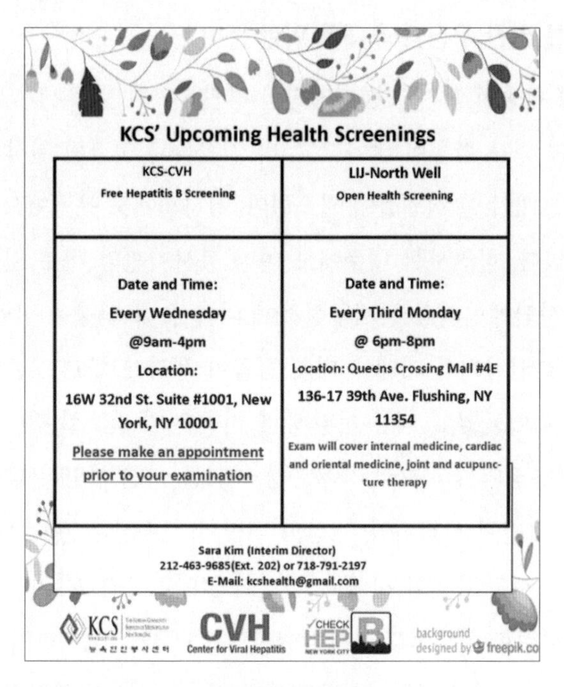

공공보건 및 리서치센터 행사 프로그램 중의 하나

사업대학원의 실습생들을 많이 받아들였다. 특히 2년 차 학생들에게 실습을 제공했으며, 프로그램을 개발하면 그 학생을 졸업과 동시에 고용하는 방법을 택할 경우가 많았다. 우리는 하나로 뭉쳐서 열심히 일을 감당해냈다. 2009년이 되어서야 직원들에게 노후대책의 일종인 401(k)*를 시작하고 일단 3%까지 적용했다. 재정 상태가 좋아지면 더 늘릴 계획이었지만, 계획대로 진행되지는 않았다.

* 401(k)는 은퇴자금의 일종으로, 피고용인과 고용주가 계좌에 입금하고 그 금액에 대한 세금은 인출할 때까지 연장된다.

한인사회 전체를 위한 구상과 후대를 위한 준비 I

우리 기관의 활동이 커지고 넓어지면서 타민족과의 관계, 정부와의 관계의 중요성이 대두되어 외부 활동이 많아졌고, 타 기관들과 연합된 결사체의 이사나 자문위원 등으로 보내야 할 직원들이 필요했다. 이사회에도 부탁했으나 그분들의 전문분야는 아니었다. 한인사회 내부에도 여러 봉사기관의 내부 결속이 필요했다. 2009년 한인봉사단체협의회를 재구성하여 내가 초대 회장을 맡았다. 이런 일을 하면서도 나는 한인사회의 미래에 대해 곰곰이 생각해보았다. 한인의 미주 이민은 둔화 추세로 접어들었고, 빠른 시일 내에 이민은 더 감소할 것이라는 생각이 들었다. 손신 사무총장의 귀국으로 사무총장 자리를 어떤 사람이 맡아야 할 것인가에 대해 진지한 고민이 시작되었다. 만약 이민이 지속된다면 1.5세가 사무총장으로 자리매김하는 것이 유리할 것이고, 이민이 없어진다면 2세가 자리매김하는 것이 3세를 향한 적절한 선택이라고 생각했다. 나는 2세를 선택하기로 했고, 컬럼비아대학원에서 사회사업을 전공한 2세인 린다 리(Linda Lee)를 부사무총장 자리에 임명했다(2009). 이사회에 대한 새로운 변화도 모색하기 시작했다. 1세 중심에서 2세와 화합할 수 있는 1.5세, 2세로 이사를 확보하여 2세 사무총장과 의사소통이 되고 함께 고민해나갈 수 있는 울타리가 필요하다는 생각이었다. 리더의 세대교체 시기를 10년으로 생각하고 2세의 영입 폭을 점차 넓혀갔다.

긴급구호기금(KCS Emergency Fund)

어느 사회나 긴급한 상황에 부닥쳐 도움이 필요한 사람들이 있게 마련이다. 한인사회 내에도 긴급한 도움이 필요한 그룹이 있다. 크게 두 그룹으로 나눠볼 수 있는데, 첫 번째 그룹은 예상치 못한 재난이나 사고로 인해 큰 도움이 필요한 경우이다. 예를 들어 화재가 발생했는데 갈 곳이 없다거나, 부모가 다 돌아가셨는데 남은 자녀들에 대한 대책이 없다거나, 어머니는 돌아가시고 아버지와 함께 살았는데 아버지가 강도에게 치명상을 입어 입원하고 아이만 혼자 남아 함께할 사람이 없다거나, 무연고자의 장례를•치러야 하는 등. 이런 경우에는 대개 큰돈이 필요하여 한인 언론 등을 통해 모금하여 피해자와 남은 자녀들을 위해 서비스를 제공한다. 두 번째 그룹은 생계를 유지하기 위해 갑자기 돈이 필요한 경우다. 약을 사 먹어야 하거나, 갈 곳이 없어서 룸메이트로라도 들어가야 하는데 계약금이나 렌트비가 없거나, 한국에 가야 하는데 비행기 표를 살 돈이 없는 등 큰돈은 아니지만 대개 1천 달러 이하로 도움을 드려서 대책을 마련해 드려야 하는 분들이다. 이런 긴급구호를 위해 2004년도에 조동인 씨를 위원장으로 긴급구호위원회(Emergency Fund)를 만들어 도움을 주기 시작했고, 2010년도에는 한인사회 긴급구호체계를 재구성하여 공동위원장에 조동인, 최재복 두 분으로 하여 서비스를 강화했다. 재정은 공동위원장들의 개인적인 후원과 지역사회 후원으로 시작했고, 적은 금액으로 도울 수 있는 사례들은 뉴욕중앙일보가 만든 천사펀드의 재정지원을 받기도 했다.

또 미국에 더 이상 체류할 수 없는 분들을 본국에 보내드려야 하는 경우는 본국 내 친권자 또는 서비스 기관에 연결하여 긴급구호기금에서 귀국 항공편을 제공했다. 귀국하는 많은 분이 재외한인구조단(총괄단장은 권태일 목사로, 본부는 한국에 있음)이 제공하는 본국 내 정착 서비스 혜택을 받았다. 미국에서 법적 신분 없이 살다가 더 이상 독립생활이 불가능해진 이런 분들의 경우, 국적이 한국이기에 KCS 긴급구호기금에서 귀국 항공료를 부담하겠으니 이분들의 국내 정착은 한국 정부가 도와줄 것을 여러 차례 건의했지만 정부로부터 아무런 답을 받지 못했다. 그런데 그 일을 재외한인구조단이 자비로 소문 없이 감당하고 있는 것을 보며 감사한 마음에 우리도 더 열심히 하게 되었다.

한인의 선산인 무궁화동산 개발

1994년, 연고자 없는 한인 HIV 양성 환자가 있었다. 이분이 돌아가실 때 연고자가 없는 관계로 KCS가 매장을 돕게 되었는데, 롱아일랜드 코람 지역에 워싱턴 메모리얼(Washington Memorial) 묘지를 운영하시던 리온 쉬퍼라는 분에게 묘 한 자리를 받아 장례를 마치게 되었다. 그 일을 계기로 묘지 측의 마케팅 전략도 포함되었겠지만, 워싱턴 메모리얼 측과 KCS가 한인의 묘소를 개발하는 것을 논의하게 되었다. 당시 교회 단위로 묘소를 개발하는 곳도 있었지만, 일반 한인을 위한 프로젝트는 없었다. 시범적으로 1년여 동안 저렴한 비용으로 필요한 개인들의 묘지 구입을 돕다가 선산 개념으로 한인의 묘소를 개발하는 것이 좋겠다고 생각했다. 그래서 다음 해에 무궁화상조회의 자회사를 만들고 1천 기를 분양받아 저렴한 비용으로 한인사회에 재분양했다. 곤석(坤石) 박인규 선생, 김홍근 선생께서 수고하셨고, 김홍근 선생께서는 상조회 회장을 맡아 무궁화상조회를 이끄셨다. 묘역을 '무궁화동산'으로 칭하고 차후 200기를 더 추가했다. 과거에는 미국이 내 나라가 아니라

롱아일랜드 소재 워싱턴메모리얼 공원묘지의 한인 묘역인 무궁화 동산 표지석(우)과 무궁화 상조회 표지석(좌)

는 생각에서 죽으면 조국의 땅에 묻히겠다는 한인이 많았으나 자식들이 살고 있는 미국을 새로운 터전으로 여기며 이 땅에 묻히겠다는 노인들의 인식이 늘어나면서 1,200기 전체가 모두 분양되었다. 상조회를 통해 한인사회를 돕고자 한 일들은 선산 조성 외에 건강대리인 설정, 유언장 작성, 장례비를 미리 준비하는 Preplanning Funeral Service(장례비용 사전 준비) 등 임종 전에 준비할 일들을 최대한 확대하여 전달했다.

후대를 위한 준비 II

2012년 린다 리 부사무총장을 사무총장으로 임명하고 특별개발부에 2세 직원을 고용했다. 이후 1세 직원과 2세 직원 간의 원활한 의사소통을 위해 회장인 나는 전체 직원회의와 기획회의에 참석하지 않고 사무총장이 회의를 진행하며 세대 간 공동체적인 리더십 개발의 가능성을 시험해보았다. 첫 번째 문제는 언어였다. 영어를 이해하는 1세이지만, 2세가 한국어를 불편해할 때 상호 간에 답답함을 느꼈다. 또한 문화 차이도 크게 나타났다. 나는 다시 회의에 들어가서 두 언어를 사용하며 편한 쪽 언어로 자신의 의사를 표현할 것을 강조하고, 이해가 안 되는 것은 옆 사람의 도움을 받도록 했다. 회의는 상급자가 하급자에게 의사를 전달하는 것이 아니라 각자의 의사를 상호 전달하는 것이 중요하다는 것을 아울러 강조했다. 그렇지만 이사회나 행정 수뇌부의 결정에 대해서는 잘 수용할 수 있도록 행정체계의 중요성도 강조했다. 2014년 이후로는 더 이상 회의에 들어가지 않고 회의 결과만 보고 받으며 세대 간의 자율적인 의사결정 방향으로 유도했다. 이사회에도 이러한 방법으로 진행되고 있다고 보고하고, 이사회의 차세대화도 확인하면서 진행했다.

KCS 정신건강센터(Mental Health Clinic)

2011년 식품 수혜자 고용 및 직업훈련(SNAP Employment and Training) 프로그램,* 뉴욕시립대학교(CUNY, City University of New York)와 함께 Career PATH(진로/직업알선) 프로그램을 시작하고, 2012년 뉴욕주로부터 정신건강센터 제1차 면허를 취득했다. 9.11 때 신속한 서비스를 제공하지 못한 잘못을 후회하며, 허리케인 '샌디' 피해자를 돕기 위한 서비스를 발 빠르게 제공했다. 2015년 오랫동안 준비해온 정신건강센터 건립이 주 정부로부터 최종 허가를 받아 KCS 정신건강센터(Mental Health Clinic)로 명명하고 뉴욕주 Article 31센터로 플러싱 162가에 문을 열게 되었다. 한국의 자살률이 OECD 국가 중에서도 계속 1위 자리를 차지했고, 이민사회에서도 한인의 정신건강은 적신호를 계속 보내왔다. 정신건강 분야에 한인 전문인이 여럿 있었지만, 한인사회를 기반으로 설립된 기관이 없어서 능동적으로 대처하기에는 어려움이 많았다. 클리닉이 안정되기까지 3년의 세월이 필요했고 자금도 많이 소

KCS 정신건강센터 오프닝 행사

---

* 푸드스탬프(미국의 대표적인 저소득층 식비 지원 제도)를 받는 사람들을 위한 직업훈련 프로그램

요되었지만, 이 기간을 잘 넘길 수 있으리라고 다짐하며 매진했다. 정신건강센터가 자리 잡으면 메디컬 클리닉(Article 21) 설립에도 도움이 되리라는 기약을 하며….

큰 규모의 커뮤니티센터 설립 과정

KCS는 세대 간 융합과 전달, 프로그램의 전문화와 개발 등에 초점을 맞추었다. 그런 한편으로 나는 큰 규모의 커뮤니티센터 건립을 위해 노던퀸즈 지역에 큰 건물이나 부지가 있으면 반드시 찾아가보았다. 그러던 중 유대인 회관들이 눈에 들어왔다. 유대인 회관들이 규모나 사용 면에서 커뮤니티센터로 전환할 수 있는 조건들을 갖추고 있었다. 노던블러바드 171가의 베스셜롬사원(Temple Beth Sholom)이 위치상으로 보아 최적이었다. 유대인 회관 운영위원장의 허락을 받아 건물 감정을 하니 730만 달러가 나왔다. 우리가 전체 금액을 다 주겠다고 제안하자 위원회의 마음이 바뀌었다. 1천만 달러 이상으로 가격 협상이 되어야 하며, 무엇보다 지금 매도할 생각이 없다는 것이었다. 하는 수 없이 포기할 수밖에 없었다.

여러 건물을 보았고, 대지도 보았다. 159가 센터 뒤에 있는 건물 두 채를 구입해서 확대하자는 제안도 있었다. 그러는 동안에도 백년기획위원회는 계속 모금 활동을 진행하여 새 건물의 계약금을 마련하기 위해 노력하고 있었다. 좋은 곳은 우리가 감당할 수 없는 가격을 요구해서 실망하기도 했지만, 계속 물색하던 중 베이사이드 내 32애비뉴 203-204가에 위치한 베이사이드 유대인회관(대지 5만 4천 제곱피트, 건물 3만 6,300제곱피트)이 매물로 나왔다. 이사회에 보고하고, 나와 사무총장이 유대인회관 운영위원회 청문회에 참석해서 KCS의 계획에 대해 답변하고, 위원회 회장 및 임원들과 650만 달러에 계약할 것을 구두로 답을 받았다. 그러나 이틀 후 회장으로부터 전화가 왔다. 교육국에서 750만 달러에 구입 의사를 밝혀왔고, 위원회에 보고해야 한다는 것이었다. 우리는 10만 달러를 더해서 760만 달러에 구입하겠

베이사이드에 위치한 새 KCS 커뮤니티센터

다고 했다. 그러자 유대인회관 측에서 곧 답이 왔다. 교육국에서는 760만 달러에 하자 불문하고 현 상태로 일시불로 매수하겠다고 제안했다는 것이었다. 결국 유대인회관 운영위원회는 교육국을 선택했다. 나는 씁쓸했다. 그러나 몇 달이 지나면서 지역주민의 탄원이 시작되었다. "교육국이 현재 비어 있는 다른 장소의 학교 시설들을 리모델링해서 사용할 일이지 왜 굳이 새 학교가 그 지역에 들어와야 하느냐?" 교육국의 재정 낭비뿐만 아니라 학교가 들어서면 소음과 교통 혼잡 등이 발생할 것을 염려하며 많은 주민이 큰 목소리로 교육국의 회관 구입에 반대했다. 주민의 탄원으로 교육국이 계획을 변경했고, 유대인회관 운영위원회에서 나에게 전화를 했다. 아직도 회관 구입에 관심이 있느냐고. 우리는 유대인회관 측에 초심으로 돌아가서 650만 달러에 달라고 했다. 하지만 유대인회관 운영위원회는 750만 달러에 매매하겠다는 결정을 전해왔다. 우여곡절 끝에 2016년 계약을 했다. 큰 강당 2개를 트면 한번에 1천 명까지 함께 모일 수 있고, 소강당으로 여러 개의 크고 작은 방을 활용한다면 총 2천 명을 동시에 수용할 수 있는 규모의 건물로, 프로그램에 유용하고 한인사회의 모임을 개최할 수 있는 공간으로 충분했다.

그러면서 159가의 커뮤니티센터를 매물로 내놓았다. 얼마 후 뉴욕한성교회에서 구매하겠다는 의사를 전해왔다. 한성교회는 과거 KCS 경로회관에 렌트비를 받지 않고 수년간 장소를 사용할 수 있도록 배려해준 바로 그 교회였다. 한성교회가 우리 경로회관에 배려해준 감사한 과거가 있었기에 일단 한성교회에 팔기로 했다. 그런데 그 교회의 우드사이드 교회 건물의 매도가 생각보다 빨리 진행되면서 교회가 갈 곳이 없다고 하여 커뮤니티센터 2층 사무실을 제공하고 주일이나 수요일에 공간을 사용하도록 했다. 과거에 받은 혜택을 생각하고 렌트비는 받지 않았다. 큰 빚을 지고 작은 보답이나마 할 수 있다는 것에 감사했다. 2017년 2월에 베이사이드 유대인회관 건물 매입을 클로징(마무리)하여 3월에 159가 커뮤니티센터를 한성교회에 내어주고, 베이사이드 유대인회관을 KCS 커뮤니티센터로 개칭하여 그곳으로 이주하게 되었다.

베이사이드 KCS 커뮤니티센터

유대인회관 구입 비용으로 원가 750만 달러, 클로징 비용과 본부 사무실이라도 급히 입주하기 위한 기초 수리 비용 등 70여만 달러, 10%의 계약금으로 75만 달러, 그리고 전체적으로 수리해야 할 비용 등 막대한 비용이 필요했다. 플러싱 159가 커뮤니티센터를 450만 달러에 매도하고, 우리은행에서 300만 달러를 대출받고, 그동안 모아두었던 건축기금으로 일단 계약금을 감당하며 클로징을 진행했다. 클로징 후에 계약금을 환원하여 클로징 비용과 급한 수리 비용을 감당하고, 전체적인 수리 비용을 지속적으로 모금했다.

2017년 3월에 본부 사무실과 커뮤니티서비스, 노인주간보호센터가 입주했다. 건물 수리가 문제였다. 시 정부와 계속적인 대화를 통해 수리비 지원을 타진하며 300만 달러의 지원을 받게 되었는데, 매칭으로 150만 달러를 우리 스스로 만들어야 했다. 지금까지 모금에 앞장선 백년기획위원회가 주축이 되어 모금 활동에 박차를 가했다. 본국 재외동포재단의 후원금 30만 달러를 포함하여 한인사회를 사랑하는 많은 분께서 지속적으로 모금에 동참하셔서 150만 달러를 마련하게 되었다. 그 결과 450만 달러의 수리 비용을 확보하게 되었다. 그러나 정부 지원금을 사용할 때는 유니온 수준의 임금을 지급해야 하는 것이 법으로 정해져 있어서 수리비가 더 필요하게 되었다. 그래서 시 정부에 제2차 지원금을 신청하여 150만 달러를 확약받았는데, 매칭으로 다시 150만 달러를 확보해야 했다. 여러 후원자와 주상 · 하원 의원들의 후원으로 이 또한 해결하여 일단 총 750만 달러의 수리비를 확보하게 되었다. 이 금액으로 수리를 완료할 수는 없겠지만, 일단 플러싱 경로회관을 이전하는 것에 초점을 맞추어 주방, 엘리베이터, 대강당 등을 수리하는 것에 우선순위를 두었다. 시 정부에서 2019년 5월부터 수리를 시작하라는 공문이 내려와 그 시간까지 기다려야 했다. 그러나 그전이라도 사용할 수 있는 공간은 모두 사용하고, 한인 커뮤니티에서도 사용할 수 있도록 운영 시스템을 구축했다. 이러한 일들은 내부적으로 이사회와 2세 리더들이 나서서 일을 추진할 수 있도록 했다. 모금 활동도 2세가 참여할 수 있도록 맨해튼에서 연례기금모금 파티를 진행하고 이사회 중심의 골프대회를 추진하여 성취감과 책임감을 불어 넣었다.

2017년 12월, 새로 구입한 KCS 커뮤니티센터에서 제1회 동포축제를 개최했는데, 모든 단체와 한인을 초청하여 "이 건물은 KCS가 관리하지만 한인 여러분의 것"이라고 천명하고, 민족의 정신인 홍익인간에 대한 강좌도 개설했다.

KCS의 현황은 베이사이드 커뮤니티센터(본부, 이민/지역사회 업무, 노인주간보호센터), 코로나 센터(코로나경로회관, 가정배달 식사, 무궁화 상조회), 플러싱센터(플러싱경로회관), 정신건강센터(162가 Mental Health Clinic), 공공보건 및 리서치센터(맨해튼 32가), 그리고 브루클린 연락소(5th Ave. & 87th St. in Bay Ridge) 등 6곳에서 하루 평균 1,300여 명에게 다양한 서비스를 제공하고 있다.

떠나야 할 시기

2016년 회계연도에 KCS가 연방정부에 보고한 #990* 내용을 보면, 연간 예산은 630만 달러로, 정부 계약(contract), 재단 보조금(grant), 기부금(contributions), 기금 모금(fundraising), 투자(investment) 등으로 구성되고, 재산 총액은 900만 달러, 부채(liability) 300만 달러, 순 재산은 600만 달러로 보고되었다. 이사는 12명, 직원은 풀타임 40여 명, 파트타임 50명, 자원봉사자 100여 명, 활발하게 활동하는 백년기획위원회 20여 명의 위원들이 KCS의 중심에서 활동을 전개하고 있었다.

향후 베이사이드 센터의 수리가 완료되는 대로 본부건물에 플러싱센터가 이전하고, 아울러 아동주간보호센터가 추가되어 세대 간 프로그램(Intergenerational Program: 경로회관의 노인들이 아이들을 돌볼 수 있는 서비스)이 운영되도록 하는 일, 또한 본부건물에 문화센터가 개설되어 한글과 한국문화와 미국문화, 예술 및 취미교실이 제공되어야 하는 것, 더 나아가 메디컬 클리닉(Article 21)과 노인 아파트 건립 등이 추진되어야 할 것이다.

커뮤니티센터가 건립되면 서비스의 통합적인 개발이 시도되어야 한다. 미국의 많은 서비스는 지나치게 분산되어 효율과 효용가치가 낮다. 커뮤니티센터를 중심으로 KCS가 제공하는 모든 서비스는 각 개인에게 집중해서 원스톱 서비스를 개발해야 한다. 디지털 방식으로 처리하면 가능한 일이고, KCS에서 제공하지 못하는 서비스가 있다면 의뢰(referral) 시스템을 도입해서 끝까지 총체적인 서비스를 구축해야 한다는 것이다. 개인, 가족, 커뮤니티 중심의 서비스로 이어지는 새로운 패러다임 개발이 가능하게 된 것이다.

이제는 떠날 때가 되었다는 생각이 들었다. 회관 수리까지 내 손으로 마치면 후대의 리더십 개발에 문제가 발생할 수 있고, 그것은 큰 그림으로 볼 때 한인사회에

---

* 비영리단체가 연방세무국(Internal Revenue Service)에 매년 제출해야 하는 재정보고서

절대적인 손실이 될 것이라고 판단했다. 2세를 이사회와 직원으로 영입한 지 10여 년이 되어가고, 그간 1세와 2세 직원들이 한인사회를 더 잘 섬기기 위해 많은 노력을 해왔다. 이제 후대에 나머지 일을 맡기는 것이 옳다고 생각되었다.

한편 이러한 결정을 확실하게 내리게 된 것은 제1회 동포축제에서 홍익인간 강좌에 대한 2세의 반응에서 큰 충격을 받았기 때문이기도 했다. 홍익인간에 대한 강좌는 한민족의 정신과 우리의 얼에 대해 뿌리를 찾아 섭렵하고 기존의 역사가 왜곡되었음을 강조하는 내용이었다. 2세에게 강좌에 참여할 것을 요구했는데, 강제로 들어서인지 이들의 반응은 무척 부정적이었다. 첫째는 처음 들어보는 이야기이고, 홍익인간이라는 단어조차 들어보지 못했다는 것. 둘째는 그것이 우리와 무슨 상관이 있으며, 현재 남북한이 갈라져 있는데 그것도 해결하지 못하면서 혼과 맥을 말하는가. 셋째는 한류의 흐름으로 한국인의 맥을 이어가는 것이 아닌가 하는 물질적인 접근이었다. 나는 참가한 2세만 그런가 하여 KCS와 관계없는 2세에게 접근하여 한민족의 얼과 홍익인간에 대해 질문해봤다. 놀랍게도 한 사람도 답변하지 못하는 것이었다. '후대를 위해 커뮤니티센터를 건립하면 무엇하랴? 이들이 과연 한민족의 맥을 이어갈 수 있을까? 곧 없어질 수도 있겠구나' 하는 생각을 하며 대안이 무엇인가를 고민하기 시작했다. 참으로 큰 문제에 봉착했다. 많은 고민 끝에 얻은 결론은 "한민족의 역사와 얼에 대한 교육"이었다. 이 활동은 KCS에서 확산할 수 있는 일이 아니며, 독립적으로 미국 전역을 대상으로 전개해야 할 일이었다. 우리의 후손에게 그 맥과 얼을 심으면, KCS 커뮤니티센터 같은 기관이 미국 곳곳에 나타날 수 있을 것이라는 확신을 갖게 되었다. '이제 1세가 해야 할 일은 이것이구나' 하는 것으로 내 마음이 결정되었다. 그래서 2018년 제2회 동포축제 후 12월 말, 나는 KCS를 떠났다.

한미헤리티지협회

2019년 3월 1일 3.1운동 100주년이 되는 날, 나는 한국의 역사와 문화 활동을 전개하고 감당할 한미헤리티지협회(Korean American Heritage Society, Inc.)를 주 정부에 등록 신청했다. 그리고 5월 비영리단체에 필요한 모든 절차를 마무리했다. 주 정부와 연방정부 501(c)(3)의 등록을 마쳤으며, 기부금에 대한 연방정부의 세금면제도 받았다(이사: 강백현, 김자경, 김기용, 김광석; 자문위원: 김인한, 김성진, 윤영제, 최재복, 김영호, 박문근, 안인종, 계속 영입 중). 이 단체가 해야 할 일은 제대로 된 역사서를 한글과 영문으로 만들어 1세와 2세가 함께 공부하고 두 세대가 한가지로 생각을 같이해야 한다는 것이다. 사대주의와 식민사관에 찌들지 않은 자주적인 민족 통사(通史)의 초고가 한국에서 집필되고 있고, 그 초고가 전달되면 이곳에서 번역작업이 시작될 것이다. 나아가 문화 활동을 전개하여 한글과 한국의 문화, 그리고 이 문화를 타민족과 서로 교류하는 일이다. 그러나 무엇보다 중요한 것은 홍익인간의 정신으로 배달민족으로서의 나, 즉 나로 인해 다른 사람들에게 이득이 되고, 한민족으로 인해 미국 사회에 이득이 되는 그러한 민족혼을 실천하는 것이다. 그러한 철학과 자신이 있는 나와 한민족, 그런 것이 없는 나와 한민족의 차이는 엄청난 것이다. 그러한 철학과 자신을 가지고 이 땅에서 살아가면서 3세, 4세… 그리고 미국과 인류의 미래에 공헌하는 나와 한민족이 될 수 있다는 확신을 갖고 이 일을 전개하고 확대해나가야 할 것이다. 그것이 1세가 할 수 있는 일이며, 반드시 해야 할 일이기도 하다.

KCS에 남겨진 이름들

KCS에서 일하는 동안 수많은 분의 공헌을 잊을 수 없다. 일일이 다 열거할 수 없지만, 대표적으로 한인 중에 몇 분만이라도 기록에 남기고 싶다. 창립자 고 한진관 목사와 한인 최초의 사회사업가 김태열 사모, 초대 사무총장 최우길 박사, 최 총장 시절에 말없이 7년여를 후원한 코만스포츠의 조일환 사장, KCS 존립의 맥을 이어준 고 엄호웅 한국일보 회장, 뉴욕그리스도의 교회 정춘석 목사와 김진건 · 김진소 형제 장로, 한인사회에 기부의 새 역사를 쓰면서도 자신을 숨긴 고 안휘일 사장, 민족정신의 노익장 백년기획위원회 위원장 윤영제 회장과 백년기획위원회 위원님들, 함께 동고동락한 소강석 전 관장, 우상자 재정부장, 김양실 영양실장, 황무지에서 기적처럼 공공보건 프로그램을 만들어낸 안경현, 한인사회의 미래를 정확히 읽어내며 KCS를 돕고 중요한 기관들을 설립한 홍준식 박사, KCS가 건물을 살 때마다 힘을 주신 백달영 이사장, 플러싱경로회관을 시작하며 모든 힘을 기울여 노인들을 섬기던 이군자 영양실장, 한국무용 무형문화재 보유자 배재순 선생과 그분의 민족 사랑을 이어받은 제자들로 구성된 KCS의 무용단(이분들은 KCS의 모금의 밤에 매년 출연하면서 KCS에 폐가 되면 안 된다고 직접 테이블을 구입하여 KCS와 민족 사랑을 실천하신 분들이었다) 등. 또한 보이지 않는 곳에서 10여 년을 말없이 후원하고, 베이사이드 건물 양편에 KCS 간판을 먼저 달아야 한다며 성심으로 재정을 지원한 이창섭 사장, 젊은 이사회를 구성하여 세대를 이어갈 그릇을 준비한 크리스 정 이사장, 그리고 과거와 현재의 많은 이사분들, 앞으로 수고하실 직원들과 자원봉사자분들의 보이지 않는 노력, 한인사회를 사랑하는 코리안아메리칸의 참여와 도움이 우리 한인사회의 미래를 밝혀갈 것이다. 언젠가는 한인사회 내의 비영리단체들이 서로 합병하여 효율성과 효용가치를 높이고, 고정비용을 줄이는 방법을 택하게 될 것이다. 비영리단체들이 전문화되면 그러한 일도 가능할 것이고, 반드시 그렇게 되어야 한다고 생각한다. 그것이 전체를 위하는 일이기 때문이다.

이 글을 마치며 프로스트의 「가지 않은 길」이라는 시가 생각난다. 내가 과연 비즈니스의 길로 갔다면, 한국에 있는 동료에게 도움을 줄 수 있었을까. 이러한 나의 이야기가 한낱 그들을 돕지 못한 변명이 아닐까. 그러나 우리의 삶은 주어진 시간

동안 살며 하나님 앞에 떳떳하도록 노력하는 것이고, 그 판결은 그분께서 하실 일이라고 생각한다. 이제 또 하나의 일을 위해, 그 일의 전진을 향해 가고 있다.

김광석

학력

1983 중앙대학교 사회복지학과 졸업

1988 컬럼비아대학교 사회복지대학원 졸업
(사회복지학 석사: 사회복지 행정, 노령화 분야 집중)

경력

1989~1992 KCS 사무총장

1992~1993 뉴욕시 노인국 지역사회 코디네이터(Community Coordinator, NYC Department for the Aging)

1993~2003 KCS 사무총장

2003~2018 KCS(뉴욕한인봉사센터) 회장

2019~현재 Hi3, Inc. 회장/공동 창립자
한미헤리티지협회 창립, 이사장

수상

2011 퀸즈노인복지기관연합회가 주는 레온 폰 홀든상(Leon Von Holden Award) 수상

2012~2018 많은 선출직 공무원 및 지역단체로부터 다수의 수상 및 표창장 받음

2018 퀸즈보로 청장이 김광석의 날(Kwang Kim's Day, Queens Borough President) 선포

자격증

사회복지사(LMSW: Licensed Master Social Worker) 뉴욕 주정부 교육국

1991~현재 컬럼비아대학, NYU, 헌터칼리지를 포함한 8개 대학 사회복지학과 현장학습 강사

2005~2018 여러 대학과 병원, 단체의 자문위원

2 나는 뉴욕 맨해튼의 부자다

김광희 Kwanghee Kim
뉴욕가정상담소 설립

부자의 삶이란

1969년, 스물다섯 살 나는 단돈 100달러와 작은 트렁크 하나, 그리고 막연한 기대를 안고 유학길에 올랐다. 우리 딸 미국 대학원에 간다고 버스 한 대 빌려서 일가친척 50여 명과 함께 김포공항에 배웅하러 나오신 아버지를 생각하면 우습기도 하고, 동시에 아버지가 살아계셨으면 지금의 나를 보시고 얼마나 좋아하실까 생각하곤 한다.

그로부터 50년이 지난 지금, 2019년은 많은 것을 축하하는 해다. 미국 온 지 50년, 결혼한 지 50년, 그리고 뉴욕가정상담소가 세워진 지 30년을 맞이하는 해이기도 하다. 그리고 여전히 나는 두 가지 일을 하고 있다. 생화학 실험실에서 연구원으로 일하면서 돈을 벌고, 여성운동을 하며 돈을 쓰는 일을 한다. 땀 흘려 번 돈을 당당하게 쓰는 나는 뉴욕 맨해튼의 부자다. 그리고 독자들에게도 풍요로운 부자의 삶을 살기를 권하고 싶다.

내가 말하는 부자란 첫째, 자신이 현재 가진 것이 무엇인지 알며 그것에 감사하는 사람. 둘째, 그것을 이웃과 나눌 수 있는 사람이다. 자기가 가진 것이 콩 한 쪽이든, 자장면 한 그릇이든, 꽁꽁 아껴둔 돈이든, 재능이든 간에 불우한 이웃과 나눌 수 있는 사람은 모두 부자라고 생각한다. 나는 그런 부자와 함께 사는 이 삶이 참으로 행복하고, 나 자신도 그런 부자 중 하나란 생각이 든다. 그동안 내게 가르침과 용기를 준 많은 부자와 어떻게 일해왔고, 그들을 통해 무엇을 배웠는지 써보려 한다. 그리고 이 나눔이 누군가에게 힘과 용기가 되어 소외된 사람들이 당당히 대우받고 살 수 있는 날이 오기를 바란다.

내 삶의 롤모델

내 삶에 많은 영향을 준 스승을 꼽자면 첫째, 아버지 김영식(1921~1988), 둘째, 어머니 송진갑(1923~2014), 셋째, 고등학교 때 자서전을 통해 알게 된 마리 퀴리(Marie Curie, 1867~1934), 그리고 대학교 때 법대학장이셨던 이태영 박사님(1914~1998), 이 네 분이시다.

1950년 내가 유치원생이던 해, 한국전쟁이 일어나 우리 가족은 경기도 이천에서 더 깊은 시골로 피난을 갔고, 아버지는 국민병으로 끌려가게 되었다. 양쪽 산에서 총소리가 빗발치고 살기 어려웠던 그 시절에도 우리 집에선 항상 이웃과 음식을 나누어 먹으며 지냈다. 그리고 고등학교 때 마리 퀴리의 자서전을 읽은 뒤로는 그녀의 삶을 흠모하게 되었다. 그녀는 자신이 발견한 원소(element)를 자기 조국인 폴란드를 위해 '폴로늄(Polonium)'이라 명명했을 뿐 아니라 제1차 세계대전 당시에는 새로운 조국 프랑스를 위해 전쟁터에 나가 병사들의 엑스레이(x-ray)를 찍고 그들을 치료했다. 적극적으로 사회에 참여하는 과학자, 행동하는 지식인인 그를 막연하게나마 닮고 싶다는 생각이 들었다. 그리고 내가 이화여대에 다닐 때 법대학장이셨던 이태영 박사님은 한국 최초의 여성 변호사로 소외된 여성들을 위해 1956년 여성법률상담소(현 한국가정법률상담소)를 설립하여 유교적 인습에 저항했을 뿐 아니라 가정폭력, 성폭력 피해자를 도우셨다. 이 박사님의 이야기를 학교 예배시간에 들으면서 행동하는 신앙인이란 이런 분이 아닐까 하는 생각이 들었다.

미국 유학과 결혼

1967년 이화여대 화학과를 졸업하고 그 당시 한국에서 최고의 연구기관이라 알려진 한국원자력연구소에서 4급 국가공무원으로 일하면서 유학 준비를 했다. 그리고 그때 같은 실험실에서 일하던 청년 이진옥을 만나 사귀었다. 그는 인디애나 대학으로부터 전액 장학금을 받고 1968년 도미했다. 나도 한국 정부에서 주최하는 해외 유학생 자격시험에 통과하고 인디애나주 퍼듀대학에 합격하여 1969년 유학을 오게 되었다. 내가 인디애나에 도착하고 2주 후인 1969년 9월 20일 이진옥과 나는 인디애나폴리스 다운타운에 있는 감리교회에서 결혼식을 올렸다.

1972년 남편이 시카고대학 박사후과정에 취직이 되어 시카고로 이사하고 한 달도 채 되지 않아 첫아들 알버트를 낳았다. 그리고 나도 곧 미국에서 첫 직장을 얻었다. 노르웨지안 아메리칸 병원(Norwegian American Hospital) 임상병리실의 임상 화학실험실에 취직한 후 병리과 과장께서 나를 어떻게 잘 보셨는지 얼떨결에 임상화학실험실 책임자가 되었다. 그리고 곧 둘째 아들 다니엘을 낳았다. 실험실 책임 업무, 임상 생화학 스페셜리티 면허시험 준비, 그리고 두 아들을 키우며 살았던 시카고에서의 나의 삶은 내 힘으론 감당하기 어려울 정도로 힘든 나날이었으나 하나님께서 특별히 내게 은총을 베푸셔서 무난히 해낼 수 있었던 것 같다.

1974년 남편이 미국 심장학회에서 '젊은 과학자상인 루이스 카츠상(Louis N. Katz Young Investigators Award)'을 받았다. 상금으로 1,500달러도 받았다. 그 당시 남편의 월급이 600달러 정도였으니 큰 금액이었다. 우리는 갑자기 생긴 이 큰돈을 어떻게 쓰면 좋을지 행복한 고민을 하고 있었다. 남편은 우리가 결혼식도 제대로 하지 못했고 결혼반지도 변변치 않았으니 다이아몬드 반지를 사면 어떻겠냐고 물었다.

그때 마침 이태영 박사께서 시카고에 오셨다. 한국가정법률상담소 백인회관을 짓기 위해 국내와 해외에서 각각 100명의 후원자를 모집 중이라고 말씀하셨다. 고민 끝에 나는 남편에게 지금까지 길러주신 시어머님께 일부를 보내드리고 나머지

돈으로 한국가정법률상담소 백인회관 건립에 보태고 싶다고 했더니 남편이 당신 뜻대로 하라며 흔쾌히 협조해주었다. 그래도 꼭 반지를 해주고 싶다는 남편의 간청으로 아주 작은 다이아몬드가 박힌 반지를 샀다. 이 반지를 오랫동안 껴오다가 더 이상 맞지 않아 반지 없이 10년을 지냈는데, 이번 결혼 50주년 금혼식에 남편과 커플 반지를 교환하며 지난 세월을 감사했다.

1976년 우리 네 식구는 빨간 스포츠카 메브릭에 짐을 싣고 뉴욕 맨해튼 코넬의대(Weill Cornell Medical College) 교수 아파트인 서튼 테라스(Sutton Terrace)로 이사했다. 뉴욕에 이사 와서 처음 1년 동안은 가정주부로 여유롭게 지냈다. 그러다가 1977년 8월, 집에서 걸어 다닐 수 있는 코넬의대 부속병원인 뉴욕 프레스비테리안 병원(New York Presbyterian Hospital) 임상생화학 실험실에 연구원으로 취직했다. 그리고 42년이 지난 지금까지 같은 직장에서 일하고 있다. 이 세월 동안 실험실의 문화와 기술이 어떻게 변화했고, 그 변화 속에서 어떻게 살아남았는가에 대해 말하자면 책 한 권도 모자랄 것이다. 그러나 그 부분은 생략하고 지금 내가 확실히 말할 수 있는 것은 나의 경제적 자립이 현재의 내가 당당하게 여성의 권리와 존엄성을 부르짖는 여성운동가라고 말할 수 있는 큰 자산 중의 한 축이라는 것이다.

뉴욕에 정착하고 3년 후 나는 맨해튼에 있는 뉴욕한인교회(1921년 창립)에 나가게 되었다. 뉴욕한인교회는 뉴욕 최초의 한인교회로, 뉴욕 한인 민주화운동의 구심점이기도 했다. 민주화운동의 구심점이 되신 몇몇 목사님의 사모들이 주축이 되어 만든 '기독여성 세미나'는 범기독교(Ecumenical Movement) 모임으로, "여성: 나는 누구인가?"라는 주제의 수양회를 매년 1박 2일 동안 개최했다. 그 당시 두 아이를 둔 엄마가 "나는 누구인가"를 질문하며 외박한다는 것은 상상하기 어려운 일이었다. 수양회를 마치고 집에 왔을 때 화내는 남편에게 할 말을 찾지 못해 그냥 울기만 했던 기억이 난다.

뉴욕가정문제상담소 설립과 운영

설립 계기

1989년 나의 멘토이신 이태영 박사님께서 브레넌 인권상 수상을 위해 미국에 오셨을 때, 박사님을 오랫동안 따르던 제자 몇 분과 함께 가정집에 모였다. 이 박사님은 본인은 암에 걸려 얼마 못 살 것 같으니 "내가 살아있을 때 한국가정법률상담소 뉴욕지부를 창립하라"며 간곡히 내게 부탁하셨다. 그 당시 전 세계적으로 여성운동이 활발히 진행되고 있던 때였다. 1975년 멕시코에서 열린 세계여성회의(World Conference on Women)를 계기로 UN은 1975~1985년을 '여성을 위한 10년(Decade for Women)'으로 선포했다. 이러한 세계적 흐름으로 뉴욕에도 기독여성 세미나와 한인 YWCA 등 여성운동 기관들이 생겨났다. 여성이 동등한 인간의 권리를 확보하는 날을 꿈꾸며 상담소를 세우기로 했다.

상담소를 세우기 전에 상담소 이름을 '뉴욕가정문제상담소'로 하느냐, 아니면 '한국가정법률상담소 뉴욕지부'로 하느냐 고민이 많았다. 며칠 밤을 잠 못 이루며 고민한 끝에 긴 안목으로 보아 '뉴욕가정문제상담소'로 명명했다. 그때 뉴욕에서 나는 15년 공들인 스승님의 뜻을 저버린 '배신자' 취급을 받았다. 처음부터 뜻을 같이했던 이 박사님의 제자들은 나를 떠나 1989년 9월에 한국가정법률상담소 뉴저지지부를 창립했다. 모두 다 떠나고 교회 주일학교에서 같이 일하던 몇몇 친구만이 내 곁에 있었다. 그때는 참으로 힘들었으나 지금 돌이켜보면 그 결정이 상담소 설립 후 내가 한 일 중 가장 잘한 일인 것 같다. 그때 첫 단추를 잘 끼웠기에 상담소가 크게 성장할 수 있었기 때문이다.

1989년 10월 20일 가정폭력, 성폭력 피해자 그리고 그들의 자녀를 돕는 비영리단체인 뉴욕가정문제상담소(Korean American Family Service Center)를 설립했다. 설립 멤버는 김광희(소장), 강홍순(이사장), 엘리자벳 조, 나경희, 헬렌 민, 김정숙, 이준 그

1994년 한인타운 상담소 사무실에서 상담 전화를 받는 필자

리고 이병영이었다. 뉴욕한인교회 한켠에서 화요일과 목요일 오후 6~9시 사이에 상담했고, 상담 시간 외에도 자동응답기에 메시지를 남기면 24시간 이내에 연락했다. 모든 서비스는 무료이고 비밀이 절대 보장되었다. 내가 소장으로 일하던 4년간은 직장에서 4시에 퇴근하고 집에 와 저녁을 차려놓은 후 상담소에 갔다. 그리고 주중에 법원과 병원에 가기 위해 주말에 직장에 나가곤 했다. 24시간 안에 메시지에 답하기 위해 어디를 가든 공중전화를 사용할 수 있게 동전을 준비해 다녔다.

뉴욕가정문제상담소 설립 1년 뒤인 1990년에는 20여 명의 자원봉사자와 7명의 변호사, 사회복지사, 정신과 의사와 교수들이 참여하여 한 달에 10~20개 사례를 다룰 수 있는 상담소가 되었다. 그리고 나를 비롯한 사회복지사들이 무보수로 일하면서 첫 1년간 총 109건의 전화상담과 55건의 직접 상담을 했다.

1991년 뉴욕여성재단으로부터 1만 5천 달러의 기금을 받다

상담소가 성장하기 위해서는 체계적인 운영기금 모금이 필수였다. 처음부터 우리는 미국 펀딩 시스템(재정지원제도)에 의존하기 위해 상담소를 비영리단체로 등록하고, 상담 건수와 재정 장부를 철저히 기록했다. 첫 1년간은 개인적으로 아는 분들이 주신 기부금으로 상담소를 운영했고, 그 후 몇몇 재단에 기금을 신청했다. 그리고 재단에서 현장 방문을 오면 당당하게 이렇게 말했다. "당신이 우리 상담소에 기금을 주면, 다른 기관에 비해 그 돈의 세 배 가치를 창출할 수 있습니다. 소장인 나도 무료, 훈련된 자원봉사자도 20명이나 되기 때문입니다." 그리하여 1991년 뉴욕여성재단으로부터 1만 5천 달러의 기금을 받게 되었다. 그 기금으로 파트타임 직원을 고용했고, 2년 후에는 더 큰 기금을 받아 교회에서 나와 사무실을 얻었다. 아주 작은 방이었지만, 우리만의 방이라 너무 행복했다.

상담소에 찾아온 위기

상담소 창립 4년이 되던 1993년에는 코리아타운에 있는 안호보험회사 사무실을 절반으로 나누어 빌렸다. 그때 상담소는 두 명의 풀타임 직원을 채용할 수 있는 경제적 능력을 확보했다. 그 당시 뉴욕시에서 일하면서 상담소에서 자원봉사를 하던 김지영(당시 28세) 씨는 내 생각에 소장 후임으로 최적격이었다. 그녀는 버클리대에서 여성학을 전공하고 하버드대에서 공공행정학 석사학위를 마친 재원이었다.

그 후 상담소는 뉴욕대에서 사회복지학을 전공한 임혜정(죠엔 임)을 채용했다. 나는 상담소의 기틀이 제대로 세워졌으니 자리에 연연하지 말고 미련 없이 넘겨주는 것이 바람직하다고 생각해 사표를 냈다. 하지만 새로 영입한 이사장과 소장 사이의 문화적 차이로 인해 결국 이사장이 소장을 해고하는 일이 생기고 말았다. 상담소에 위기가 찾아왔고, 나는 다시 두 팔 걷고 나서게 되었다.

그 당시 자문으로 일하시던 모상욱 · 임병규 변호사와 상의하고, 아시안 비영리단체를 돕는 기관인 아시아계 미국인 연맹(Asian American Federation)에 가서 구체적인 자문을 구했다. 그 당시 이사회를 해체하고 새로운 규약(bylaw)과 이사회(총 다섯 명의 이사)를 구성했다. 그리고 내가 새로운 이사장에 당선되었다. 이사의 임기는 2

년이고 연임할 수 있었다. 상담소 설립 10주년을 맞이하는 1999년에는 상담의 대상자를 넓힘과 동시에 이름을 '뉴욕가정상담소'로 변경했다. 그리고 설립 30주년을 맞이하는 올해 2019년 상담소의 예산은 300만 달러가 넘고, 직원도 40여 명이 넘는다.

가장 애착이 가는 프로그램

상담소 초창기부터 이어져오고, 특별히 내가 애착을 가지고 있는 프로그램은 1989년 크리스마스 파티로 시작된 오뚜기클럽(싱글맘 서포트 클럽)과 봄가을에 하는 자원봉사자 교육이다. 자원봉사자 교육 내용은 폭행 시 대처방안, 가정법원과 형사법원의 차이, 상담자로서 나 자신의 이해, 폭행당하는 여성의 사회적 · 심리적 이해, 상담의 기본 상식, 사회보장제도와 실제 등을 다룬다. 2010년부터 교육을 수료한 자원봉사자들의 모임 '하모니'(초대 회장: 한혜진)가 개설되어 상담소 운영에 큰 도움을 주고 있다. 또한 젊은 한인 2세로 구성된 자원봉사자위원회(Volunteer

뉴욕가정상담소 주최로 열린 침묵 행진에서(2012, 뉴욕 플러싱)

Committee)도 상담소의 큰 자산이다. 그 외에도 상담소는 24시간 핫라인, 호돌이학교, YCPT(Youth Community Project Team) 청소년 리더십 프로그램 등을 유지해오고 있다.

다변화해가는 상담소 구성원의 모습

지난 30년간 상담소의 책임자, 직원 및 클라이언트(상담 의뢰인)의 인종 분포에 큰 변화가 있었다. 한인 1세 여성이 주축이 되어 설립된 상담소는 한인 1세 여성과 그 자녀를 대상으로 서비스를 제공했으나, 상담소의 성장과 함께 인종 분포도 더욱 다양해졌다. 예를 들어, 2019년 두 학교에서 진행된 호돌이 여름학교에 등록한 학생은 총 170명인데, 전체 학생의 절반 이상이 타 인종이다. 교사 분포도 마찬가지다. 또한 상담소 직원 분포도 한인 1세와 2세 여성이 대부분이나, 다른 인종과 남자 직원도 여럿 있다. 상담소 10주년을 맞이하던 해에는 남성 이사를 많이 영입해 현재 이사회의 남녀 비율은 거의 반반이다. 따라서 현재 상담소는 뉴욕에 거주하는 가정폭력 피해자, 어린이와 청소년을 성별과 인종에 상관없이 모두 돕는 기관이라 할 수 있다.

초심을 잃지 않는 상담소

상담소 초창기 시절 나는 항상 같이 일하던 자원봉사자들에게 우리 상담소가 'The Best Agency'라고 불릴 자격이 있는지 묻곤 했다. 그리고 현재 상담소의 리더들이 이러한 초심을 잃지 않고 더욱 노력하여 더 많은 상담자에게 양질의 서비스를 제공할 수 있기를 믿어 의심치 않는다. 지금의 내 역할은 상담소를 운영하는 이지혜 소장과 에스더 림 이사장 및 직원과 봉사자들의 치어리더가 되어주고, 1년에 한 번이라도 클라이언트(상담 의뢰인)들을 만나 격려해주고 용기를 주는 것이다.

지난 30년 동안 많은 사람이 상담소를 거쳐갔고, 앞으로도 거쳐가리라 생각한다. 내가 소장직을 맡았을 때 참으로 어려운 상황에 있는 가족들을 많이 만났는데, 그들이 역경을 이겨내는 모습에서 크게 감동했다. 알코올중독인 남편 때문에 고생하던 한 상담자는 두 딸을 한 명은 의사, 한 명은 정부의 중책을 맡은 공직자로 길러냈다. 연변에서 온 한 상담자는 상담소의 도움으로 2년제 대학을 졸업했고, 그녀의 딸도 장학금으로 고등학교와 대학교를 졸업해 어엿한 직장인이 되었다. 매년 어버이날에 전화해주니 나로서는 너무나 고맙다. 또한 IMF 시절*에 미국에 건너와 호돌이학교에 다니던 자매가 어느새 커서 수학 교사와 사회복지사가 되어 자신들이 받은 도움을 사회에 환원하는 것을 보니 마음이 뿌듯하다.

같이 커가는 나와 뉴욕여성재단

뉴욕여성재단(New York Women's Foundation)은 1987년 5개의 여성 사회복지기관(social service agencies for women)에 5만 달러를 나누어주면서 시작되었다. 그리고 여성재단과 상담소의 인연은 1991년 우리 상담소가 재단의 기금을 받으며 시작됐다. 그 후 재단과 상담소는 서로를 키워가는 파트너 관계를 오랫동안 유지해오고 있다. 미국 내 다섯 손가락 안에 드는 규모로 성장한 뉴욕여성재단은 2019년 뉴욕시의 여성을 돕는 150개 기관에 1,100만 달러의 기금을 나누어주었다. 이런 훌륭한 재단과 동반 성장할 수 있었던 것은 상담소에 큰 행운이었다.

나는 상담소 소장으로 4년, 이사장으로 2년 반을 봉사한 후 상담소 이사직을 사퇴함과 동시에 그해 6월 뉴욕여성재단 이사가 되었다. 기금을 받는 입장이던 나는 이젠 여성재단의 이사로서 제안서를 읽고 심사하는 역할을 맡았고, 때때로 기금을 받는 사람과 주는 사람들의 워크숍에서 기금을 받는 사람을 대변하기도 했

* 외환위기로 1997년 말 한국이 IMF(국제통화기금)에 구제금융을 요청했던 시기 — 편집자 주

다. 나는 뉴욕여성재단에서의 6년 임기 동안 기금배정위원회(Allocations Committee)와 공천위원회(Nominating Committee)의 위원장을 각각 1년씩 맡고, 5개년 장기계획위원회 임원을 지냈다. 나는 이 기간 동안 미국의 진짜 부자들이 어떻게 말하고, 행동하고, 기금을 받는 사람의 입장이 되려고 노력하는지를 보고 느끼고 배웠다. 그리고 나도 당당한 코리안아메리칸 부자가 되려고 노력하고 있다. 이사 임기를 마친지 한참 되었으나 나는 지금도 사비로 뉴욕여성재단 기금모금 행사에 한인을 초대한다.

뉴욕여성재단의 조찬 행사는 매년 5월 둘째 주 아침 7시 반에 열리는데, 그 이른 아침에 2,300명이나 되는 사람들이 어디서 몰려오는지…. 1991년에는 너무 이른 아침이라 기금을 받으러 가면서도 불평했는데, 그 아침에 기부하러 오는 사람들의 심리를 알고 싶었다. 나는 지금도 그 행사에 다녀올 때면 매일 신문과 TV에서 들리는 시끄러운 소리는 잊고 내가 사는 미국의 희망을 본다. 단상에 올라오는 연사 중에는 가정폭력, 약물중독, 노숙자 생활 등의 역경을 이겨낸 사람들과 평소에는 만나기 어려운 힐러리 클린턴(Hilary Clinton), 매들린 올브라이트(Madeleine Albright) 국무장관, 노벨평화상 수상자 같은 여성 지도자도 있다. 이렇게 다양한 사람이 한자리에 모여 같이 일하려 노력하는 그 현장에 있는 것만으로도 참으로 부자가 된 느낌이다. 상담소와 나의 성장에 큰 도움을 준 뉴욕여성재단에 감사하는 마음을 30주년 조찬 행사 저널에 광고로 표현했다.

Congratulations to my NYWF sister Anne Delaney:

Through the Foundation,
I met you.
Along the way, we met very special friends;
Polly Guth, Sheila Holderness, Nicky Edlich, Katherine Kahn, Pat White,
Abby Disney, Miriam Buhl, Barbara Wynne, Madeline Holder and Ana Oliveira

Through the Foundation;
We learned together.
You and I are weak and fragile;
Each of us cannot do too much to change the community
But we learn TOGETHER, we can change, transform our community as well as our own.

Through the Foundation;
Our eyes open to see a beauty of each individual rather than differences.
Open our heart to the people we don't know and those who we are not used to being around.

Through the Foundation;
We understand the happiness working together for someone else.
Sharing, making effort together for a common vision
Our life is worth more than who we are.

Through the Foundation,
We know NOW that we have so many sisters and brothers working for
the same cause, we are not alone.
We have a dream to carry for many women and children.

Through the Foundation;
We believe our legacy will continue by the next generation
I am happy to have this journey with you together.

With admiration,
Kwanghee Kim

뉴욕여성재단과 함께

김광희

같은 길을 가며 만난
특별한 당신들,

그 아름다운 이름들을
정겹게 불러봅니다.
앤 딜레이니, 폴리 거스, 쉴라 홀더네스, 니키 에들리히, 캐서린 칸, 팻 화이트,
애비 디즈니, 미리암 불, 바바라 윈, 매들린 홀더, 아나 올리베이라

함께 배우며
함께 자라며

연약하고 어린 나무들이 모여
푸르고 울창한 숲을
이루었습니다.

서로 달랐기에
무지개처럼 아름다웠고

약한 자를 돕겠다는
닮은 마음은

먼길 함께 가는
든든한 동반자가 되었습니다.

오늘보다 빛나는
내일을 함께 꿈꾸며

당신이 옆에 있는 한
이 여정은 계속될 겁니다.

뉴욕의 오아시스 센트럴파크 그리고 나

1989년부터 직장, 상담소 일, 그리고 두 아들 양육으로 하루도 쉼 없이 움직이다 보니 건강에 이상 신호가 왔다. 혈압이 높다는 의사의 말에 식단 조절을 했으나 별 효과가 없었다. 그래서 일정을 바꿔보기로 했다. 일주일에 하루 직장에 안 가는 날은 집에서 20분 거리의 센트럴파크 보트하우스 카페에서 아침을 먹으며 하루를 시작했다. 그 후 나는 차차 센트럴파크에서 하는 여러 가지 프로그램을 알게 되었다. 그 당시 내가 정성을 들인 프로그램 중 오뚜기클럽(싱글마더 서포트 그룹)이 있었다. 하루 12시간 일하는 대부분 엄마에게 아이들을 데리고 어디 놀러 간다는 것은 참으로 어려운 일이었다. 그래서 나는 5월 메모리얼 데이* 월요일 하루를 잡아 그들을 피크닉에 초대했다. 센트럴파크 호숫가에서 배 하나를 빌리는 데 12달러이고, 배 한 척에는 네 명이 탈 수 있다. 노 젓는 것을 배우다 보면 시간이 훌쩍 지나갔다. 저녁이 될 무렵, 버스를 타고 코리아타운에 있는 순두부집에 가서 저녁 먹고 헤어지면서 그날만큼은 엄마들도, 아이들도 그리고 나도 누구 하나 부러울 것 없는 행복한 부자들이었다. 이 프로그램을 10여 년 지속해오다가 상담소 프로그램이 다양해지면서 다른 형태로 바뀌었지만, 나는 아직도 센트럴파크로 사람들을 초대한다. 1년에 두 번 자원봉사자 교육을 개근해서 수료한 분 모두를 사비로 초대해 보트하우스 카페에서 아침을 대접하고 호숫가 주변 보우 브리지 등을 산책하며 사진도 찍는 등 여유를 만끽하며 하루를 보낸다.

뉴욕의 오아시스라 불리는 센트럴파크는 사계절 뉴요커에게 안식처를 제공한다. 봄이면 벚꽃이 흐드러지게 피고, 여름이면 튤립과 라일락이 만발하고, 가을에는 바스락거리는 낙엽, 그리고 겨울에는 소복이 쌓인 눈이 나를 행복하게 한다. 상담소에 오시는 분들은 대부분 아침부터 저녁까지 다람쥐 쳇바퀴 돌 듯하는 일상생

* 한국의 현충일에 해당-편집자 주

활에 지쳐 있는데, 이렇게 멋진 센트럴파크를 우리 집 정원으로 삼아 그들에게 소개하고 손님을 대접할 때마다 나는 큰 부자인 것처럼 느껴진다. 160년이 넘는 센트럴파크를 소개하려면 끝이 없지만, 한 가지 내게 큰 감명을 준 것은 이 공원 운영자금의 75%가 개인 기부금이고 25%만 뉴욕시 예산에서 충당된다는 것이다. 기부를 많이 한 사람이나 한 푼도 내지 않은 사람이나 똑같이 즐길 수 있다니 얼마나 좋은가?

그동안 30년 넘게 센트럴파크를 즐기기만 하던 나도 2014년 상담소 개소 25주년 때 남편에게 그동안 협조에 감사하는 의미에서 보트하우스 카페 앞 벤치를 입양(Adopt-A-Bench Program)했다. 벤치에는 "2014년 6월 8일, 여러분의 친구 이진옥과 김광희(Greeting from your friends, Chin Ok Lee & Kwanghee Kim June 8, 2014)"라 쓰여 있다. 그리고 2017년에는 공원의 주 산책로인 더몰(The Mall)을 지나 오른쪽에 있는 딘(Dene) 사이에 엄마가 좋아하시던 목련나무 한 그루를, 2019년에는 베데스다 테라스(Bethesda Terrace)에서 올라와 럼지플레이필드(Rumsey Playfield)로 가는 길에 두 아들 알버트와 다니엘 이름으로 사탕단풍나무를 심었다. 또한 더몰 초입에 놓인 3개의 포장석(Paving Stone)에 나와 남편, 첫째 아들(Albert Sangeuk Lee), 그리고 둘째 아들(Daniel Sanghyun Lee)의 이름을 새겨 넣었다. 지난 160년간 센트럴파크를 남녀노소, 빈부귀천 가리지 않고 누구나 즐길 수 있도록 기부해온 많은 사람의 노력에 나도 동참할 수 있어 감사할 뿐이다.

사랑을 주고받는 세상을 위해

1989년 시작한 뉴욕가정상담소가 오늘의 모습을 갖추고 더 많은 여성과 아이들을 돕는 기관으로 발전할 수 있었던 것은 하나님이 나와 상담소에 주신 특별한 은총인 듯싶다. 상담소를 거쳐간 많은 사람 — 자기가 가진 재능, 돈, 따뜻한 마음을 나누려는 부자 — 의 결과물이 오늘의 뉴욕가정상담소다. 지난 30년 동안 누군가에게 삶의 희망을 주고, 또 그들이 당당한 직업여성으로 거듭나는 순간을 목격할 때 느끼는 뿌듯함으로 내 삶이 얼마나 풍요로워지고 나 자신이 얼마나 성장했는지 모른다. 상담소를 시작하지 않았다면 맨해튼 학교와 병원을 오가면서 그것이 미국에서 사는 삶의 전부라 생각했을지도 모른다. 주일학교 교사를 하던 교회에서 시작한 상담소가 오늘에 이르기까지 헤아릴 수 없이 많은 사람의 사랑과 헌신이 있었다.

이 시점에서 가정폭력, 성폭력 피해자를 위해 최선을 다했는가 하는 자문을 해본다. 얼마 전에 친구가 베트남 여성과 결혼한 한국 남편이 두 살짜리 아들이 보는 앞에서 아내를 때리는 동영상을 보았는데, 정말 무서워서 차마 못 보겠다며 "너 이런 사람들 아니?" 하고 물었다. 난 그보다 더 끔찍한 사람들을 아는데, 친구는 그 동영상 때문에 한동안 잠을 설쳤다고 했다. 그런 친구에게 나는 매 순간 내 옆에 있는 사람만 생각하고 그 상황에서 감사하며 마음의 평화를 누린다고 대답했다.

2018년 1월 20일 뉴욕 맨해튼에서 열린 여성행진(Women's March) 행사에서

2018년 노벨 평화상은 데니스 무퀘게(Denis Mukwege)와 나디아 무라드(Nadia Murad)에게 돌아갔다. 무퀘게 박사는 아프리카 콩고에서 전쟁 중 강간당한 피해자들을 치료하는 데 20여 년을 헌신했다. 그리고 무라드 씨는 이라크 전쟁터에서 ISIS 병사들로부터 강간당한 후 죽을 각오로 도망쳐 전쟁 성폭행에 맞서 싸우는 여성 인권운동가다. 이들의 헌신과 용기에 진심으로 존경을 표한다.

내가 말한 부자의 삶이 감히 그분들의 삶과 비교할 수 있을까? 그리고 이 세상에는 더 나은 세상, 여자나 남자 할 것 없이 인간으로 대접받고 사랑받는 세상을 위해 일하는 분들이 참으로 많다. 겸허한 마음으로 조금이라도 누군가에게 희망을 주고, 가진 것을 나눌 수 있는 부자들이 가득한 내일을 꿈꿔본다.

김광희

경기도 이천 출생으로 이화여자대학교에서 화학 학사와 퍼듀대학(Purdue University)에서 생화학 석사학위를 받았다. 졸업 후 시카고 노르웨지안 병원(Norwegian American Hospital)에서 임상화학실험실장을 지낸 뒤, 뉴욕 프레스비테리안 병원(New York Presbyterian Hospital) 실험실에서 연구원으로 40여 년간 일하고 있다. 1989년 가정폭력 피해자를 돕겠다고 뉴욕가정문제상담소(현 뉴욕가정상담소)를 설립하여 소장, 이사장을 역임한 뒤 현재는 설립자로서 가정폭력, 성폭력 피해자, 한인뿐 아니라 타 인종 여성과 아이들을 위해 30년 넘게 봉사하고 있다. 이러한 공로를 인정받아 뉴욕여성재단으로부터 Neighborhood Leadership Award(1997)와 Lifetime Achievement Award(2012), 뉴욕가정상담소로부터 Legacy Award(2014), 타임스레저 신문(TimesLedger Newspaper)으로부터 Queens Impact Award(2014), 한국 외교부로부터 세계 한인의 날 대통령 표창(2018) 등을 수상했다.

3 무지개 환대: 밥상공동체 실현

여금현 Henna Y. Hahn
무지개의 집 설립

들어가는 말

유난히 추운 겨울, 여섯 살 여자아이가 피난민 대열에 끼어 길 위를 걷고 있었다. 집에서 만든 둥그런 엿판을 보자기에 싸서 등에 졌다. “네가 먹을 양식은 네가 지고 가라”라는 할머니의 말씀이 생생하다. 배고플 때마다 짐은 줄었다. 서울 돈암동에서부터 충청도 천둥산 아래 깊고 깊은 산속까지 걸었다. 전쟁의 참화는 다 겪었고 보았다. 비행기 소리, 폭격의 공포, 울던 모습대로 버려진 아기들의 얼어붙은 시체들, 추위와 배고픔. 지금도 악몽으로 나타나는 나의 처음 기억이다. 1950년 한국전쟁 때 일이다.

전쟁으로 엄마는 죽고 우리 가족은 서울로 돌아오지 못했다. 아버지는 가족을 해체하고 우리 형제자매는 제각기 살길을 찾아 나섰다. 오빠는 물론이고 언니는 미용사로, 동생은 아기 보는 아이로 갔으나, 열 살이던 나만 유독 영양실조로 걷지 못했다. 소아마비라 했다. 책이라곤 성경책뿐인 천주교인 친척 집에서 나는 눈치꾸러기가 되어 성경책만 읽고 또 읽었다. 나는 성경의 “평화의 사도가 되라”라는 구절이 좋았다. 책 읽기는 일할 수 없는 장애인의 특권이었다. 초 · 중 · 고 과정은 다니다 말기를 반복했고, 결국 나는 검정고시로 그 과정들을 통과했다. 그런데 언젠가부터 걸을 수 있게 됐다. 내가 다니던 교회에서는 하느님의 은총이니 평생을 하느님의 일꾼으로 바쳐야 한다고 나에게 장학금까지 주었다. 다른 대학에 갈 수 있는 대안이 없었던 나는 감리교 신학대학을 졸업했다.

어릴 때 피난민 시절, 나는 산을 2개 넘어 교실이 4개 있는 초등학교에 입학했다. 1학년과 3학년이 한 교실에서 배웠다. 나는 전쟁 통에 만연한 학질에 자주 걸렸다. 선생님은 나를 업고 갈 학생들을 뽑아 집에 데려다주게 했다. 딱 한 번 나를 업어준 3학년 남자아이와 20여 년 후 서울에서 대학생으로 만났다. "내가 업어서 키운 사람이다." 그가 친구들에게 나를 소개할 때 한 말이다. 우리는 1970년 7월 7일 결혼했는데, 나는 평생 남편에게 신세를 지며 살았다. 남편장학금으로 이화여대 교육대학원을 졸업하고, 이화여고 교사로 봉직하다가 1980년 예일대학교 신학대학원에 유학 오는 남편을 따라 두 아들(8세, 6세)과 함께 도미했다.

엄마

피난민 시절, 엄마는 삯바느질로 밤을 지새우고 낮에는 삯방아로 늦게 집에 돌아오셨다. "설거지는 엄마가 하는 거야. 네 손은 설거지하는 데 쓸 손이 아니다, 아가." 집 앞에 졸졸 흐르는 물에서 설거지를 해오던 날, 찬물에 빨갛게 부어오른 내 손을 쓰다듬으며 엄마가 한 말씀이다. 죽음이 임박해서 가늘게 숨을 내쉬던 엄마의 눈물방울이 내 손등에 떨어졌다. 엄마에 대한 기억이다. 엄마는 죽었으나 나에게는 죽지 않는 존재다. 엄마는 내 몸 어딘가에 숨어서 수시로 나의 책 읽기와 자존감이 단단해지도록 간섭했다. 그런 엄마 때문일까. 결혼해서도 밥은 내가 짓지만, 설거지는 늘 남편이 했다.

국제결혼 여성과의 만남

어느 날, 남편이 담임목사로 시무하는 롱아일랜드 한인교회에서 백일 된 딸을 데려온 국제결혼 여성을 만났다. 그녀는 한국 음식이 그리워 교회를 찾아왔다고 했다. 당시에는 한국 미군 기지의 매매춘을 연상하는 뿌리 깊은 편견과 고정관념 때문에 교회 안에서도 국제결혼 여성들과 한인과 결혼한 여성들과의 관계는 물과 기름과 같았다. 남편은 특별모임(무지개구역회)을 만들고 나를 인도자로 세웠다. 한국 가게도 한국 음식도 귀한 때라 '무지개구역회'는 목사관에서 된장찌개와 김치를 먹는 모임이었다. 밥상에 둘러앉아 먹기를 즐기고, 살아온 이야기를 나누었다. 우리는 한국전쟁으로 상처받은 피해자라는 공통분모를 발견했다. 그녀들은 편견과 고정관념의 틀 안에 갇힌 희생자였으나, 가족들을 위한 희생, 아까운 것 없이 나누는 자매애, 고난의 현장에서 끈질기게 살아남은 그녀들의 근성을 배우기로 결심했다. 그때 번개처럼 떠오른 것은 '전쟁으로 상처받은 자들이 평화의 사도가 된다면? 이런 여성들이 뭉치면 평화가 온다'였다. 가장 강력한 조합이었다. 평화의 사도를 좋아했던 내 어린 시절의 꿈이 수면 위에 떠오르면서 그녀들의 미래가 보였다.

먹자그룹의 회원은 나날이 늘어났고 30여 명이 롱아일랜드 한인교회 교인으로 등록했다. 그녀들의 열성적인 봉사활동이 교회 안에서 문제가 되었다. "이 교회는 국제결혼한 이들을 위해 창립한 것이 아니다"라고 주장하는 임원들과 몇 번의 회의를 거쳐 결국 '무지개구역회'는 해체되었고, 무지개구역회 회원들을 다른 교회로 내보내라는 결정이 내려졌다. 그리고 미운털이 박힌 남편도 1년 후 그 교회에서 쫓겨났다. "네 자식들도 몽땅 국제결혼 해라"라고 악담을 퍼부었다고 말하는 국제결혼 여성들. 그때는 그 말이 진정 악담이었다. 쫓겨난 이들에게도 목사가 필요하다는 것을 알았다. 그래서 목사가 되기 위해 예일 신학대학원 석사과정을 수료하고 스미스 칼리지(Smith College, MA) 채플에서 인턴십도 마쳤다.

은사들

예일 신학대학원에서 은사 두 분을 만났다. 그 두 분은 『상처받은 치유자(*Wounded Healer*)』의 헨리 나우웬(Henri Nouwen) 박사*와 '파트너십(*Partnership*)', '공정한 환대(*Just Hospitality*)'를 마음에 새겨준 레티 러셀(Letty Russell)** 박사다. 러셀 박사는 자신을 '레티'라는 이름으로 부르라며 제자들을 다그쳤고, 우리는 서로의 경험을 배우는 동역자라 했다. 레티의 강의실 한쪽에는 언제나 충분한 음식이 차려져 있었고, 3시간 강의 중간 30분은 삼삼오오 음식 접시를 들고 앉아 서로의 경험을 나누게 했다. 레티는 특별히 "전쟁, 가난, 독재, 이민에 대한 헤나(내 영어 이름)의 경험에서 배워야 한다"라고 강조했다. 30여 명의 학생도 서로 자신들의 경험을 나눌 만큼 친해졌다. 레티도 자신의 경험을 적나라하게 나누었다. 교수와 20여 나라에서 온 유학생들이 함께 식사와 경험을 나눈다는 것은 공정한 환대의 산 경험이었다.

펴는 글

1. 무지개교회 창립(1991)

1) 한 많은 삶이 신나는 삶으로: 다시 모인 무지개구역회원

나는 신학대학원 졸업 후 미국 연합감리교 뉴욕연회에서 정회원 목사가 되었다(Elder-Full Member, 1986). 이것은 한인교회를 개척한 남편과 십대인 두 아들을 방

* 가톨릭 사제이자 심리학 교수. 다수의 영성 저작과 공동체 생활. 예일 · 하버드 신학대학원 교수

** 예일대학교 교수, 교육학자, 여성신학자, 해방신학자. 하버드 신학대학원의 첫 여성 졸업생. 장로교(PCUSA) 최초의 백인 여성 목사 안수(PCUSA), 맨해튼 할렘 지역의 흑인과 스패니시를 위한 활동가. 저서로는 *The Future of Partnership*(1979), *Growth in Partnership*(1981), *Just Hospitality*, 2009(공정한 환대, 여금현 옮김, 기독교서회, 2012) 등 20여 권.

치하는 여정이었다. 남편이 공부하는 나를 더 좋아했고 배려해주었지만, 늦은 나이에 신학대학원 졸업이나 여성 목사, 부부 목사의 길은 고생을 넘어 저주와 같았다. 그럼에도 돌아서지 못한 것은 내 마음속에 있는 엄마의 조정과 은사들의 가르침을 통해 '상처받은 치유자와 평화의 사도 조합, 여성이 뭉치면 평화를 낳는다'에 대한 강한 이끌림이 있었고, 그 줄을 잡고 계신 분이 나의 하느님이라고 믿었다.

목사 안수를 받고 나서 흩어졌던 무지개구역회원들이 다시 모였다. '한 많은 삶이 신나는 삶으로: 국제결혼 여성들과 그 가정을 위한 교회'라는 간판을 내걸고 미국교회(Commack UMC, Long Island, 1991)를 빌려 교회 창립과 나의 담임목사 취임 예배를 드렸다. 이 소식은 「순복음교회 신앙계」의 이광지 기자(후에 여성 목사로 안수받음)가 참석함으로써 사진과 함께 기사화되었다. 매스컴을 타고 우리의 소식이 전 세계로 퍼져나갔다.

그러나 초반부터 평탄치 않았다. 미국 연합감리교 정회원 목사는 감독의 파송으로만 교회 개척도 되고 담임목사가 된다. 동시에 복리후생 패키지(Package

1991년 9월 무지개교회 창립 예배 및 담임목사 취임 예배(Long Island East Superintendent of UMC, Rev. Henna Y. Hahn, Elder)

Benefits)*가 보장된다. 하지만 무지개교회 창립은 감독 파송에 항명하는 일이고 패키지 혜택을 포기하는 것이어서 당연히 월급은 없었다.

"개밥에 도토리 하나였는데 우리끼리 모이니 좋다." 김기자(Kija Roventini) 집사의 말처럼 처음부터 신바람이 불었다. 김연숙 집사가 7인용 밴과 집 한 채를 봉헌해서 '무지개 커뮤니티센터'라는 간판을 달고 언제나 모여서 무엇이든 했다. 김치도 담가 나누어 먹고, 언제나 먹자판이었다. 여전히 미흡한 재정으로 월급은 받지 못했으나 집사들(4명)이 거의 십일조 교인이어서 교회 밴과 집 모기지, 교회 렌트비 등을 감당할 수 있었다. 교회는 날로 부흥하는 기세였다. 교회의 각종 연합예배 때는 우리 교인들이 특별찬송, 헌금위원, 안내위원 활동으로 꽃처럼 아름다웠다. 세례 교인 50명, 1년 예산 5만 달러가 되면 연합감리교(UMC) 교단에 가입되고 담임목사의 복리후생 패키지는 물론 정상적인 UMC 회원 교회가 된다. 교회 창립 3주년에는 가능성이 100%로 꿈에 부풀었다.

2) 만 명 회원 연결망위원회: 연결망과 힘 부여하기

미국 연합감리교 선교부 산하의 이가전(이중문화 가정목회 전국연합회: 미국 내 군기지 주변에서 국제결혼 여성들이 많은 한인교회 모임)이 무지개교회 설립 1년 전에 이미 창립되었다. 우리 교회는 100% 국제결혼 가정이 교인이었으므로 당당히 '이가전'의 회원 교회였다. 이가전 임원회에서 목회자위원회와 평신도위원회로 정하고, 평신도위원회는 만회연(만 명 회원 연결망위원회: 현재 30주년)이라는 이름으로 출발했다. 만회연은 국제결혼 여성이면 누구나 회원으로 환영했다. 1963년 송전기(Chon Edwards) 여사가 미군 장교 부인들과 함께 설립한 한미여성회(KAWA, Korean-American Women's Association)와 연결했다. 폭넓은 국세결혼여성 연결망이 자연스럽게 열린 것이다. 회

* 목사관 입주, 연금, 건강보험, 소액 현금(자동차 가스비, 목사의 도서비, 가운비, 목회비 등)이 포함된다.

원이 증가함에 따라 각 지역이 활성화됐다. 회비를 모아 제2의 고향을 만들기 위해 100에이커 이상 대지 구입 미션도 정했다. 해마다 봄가을에 이가전 임원 수련회와 전국 수련회는 미국 전역을 돌며 교회에서 모였고, 나는 언제나 수련회에 참석했다. 나의 교구가 무지개교회에서 만회연으로 넓어진 것이라고 믿었으며, 목사가 된 것이 참으로 기뻤다.

후에 무지개의 집을 설립하고, 자매들과 '무지개 궁전'이라 이름한 15인승 밴을 타고 대륙횡단 드라이브를 즐겼다. 정신이상 자매들을 맡아줄 직원도 없었고, 나 없이 더 불안해하는 자매들을 떼어놓을 수도 없어 모두 함께 떠났다. 보조 운전사로 무지개교회 권훈옥 집사가 큰언니로 수고했다. 밤을 지새우며 고속도로를 달릴 때 자매들이 부르는 흘러간 뽕짝으로 잠을 깨웠고, 난 뽕짝 애청자가 되어 합창했다. 한결같이 자신들이 살아온 주제가였다. 우리는 콜로라도 달 밝은 밤에도 달렸고, 플로리다 해변에서 단체 수영도 하고, 스모키마운틴 높은 산등성이의 아슬아슬한 꼬부랑 길도 달렸다. 산속에서는 산나물도 뜯었다. 송 여인의 코미디언 기질이 발휘되기도 했다. 자매들과 내가 좁은 공간에서 온전히 함께하는 시간, 자매들은 엔돌핀이었고 그곳은 천국이었다.

어디든 우리가 도착하면 그 지역 만회연 회원들이 자매들을 맡아 친정 동생 돌보듯이 호강을 시켜주었다. 나는 만회연 지역회의 연대와 공동 선교를 이루는 데 온 힘을 쏟았다. 만회연과 무지개 자매들의 만남은 찰떡궁합이었다. 자매들의 삶의 이야기는 '국제결혼 불우여성 돕기'로 선교의 주제가 되었다. "우리가 해야 할 일을 목사님이 하시니…" 돌아오는 날엔 지역회원들이 김밥을 싸주며 서로 눈물로 헤어졌다. "물론이지. 언젠가 그대들이 해야 할 길을 닦고 있으니 울지 말고 명심할 것!" 후에 평화동산에서 우리의 꿈은 현실이 되었다.

3) 송 여인 석방운동*: 큰 감옥에서 작은 감옥으로

(1) 석방위원회 구성

1992년 2월 문혜림(Faye Moon, MSW)** 선생이 무지개교회 주일예배에 참석하여 「옵서버(Observer)」지의 도나(Donna Seese) 기자가 쓴 영어 신문기사(Observer, 1992.2.2)를 남기고 갔다. 그 신문기사를 읽고 2월 말경 문혜림 선생(60대)의 주선으로 나(40대), 민경숙(30대: 유니온신학교 백인 학생 부인), 박혜정(20대, 유학생)은 노스캐롤라이나주 롤리(Raleigh)를 향해 12시간 달렸다.

롤리에서는 서승해 변호사(Paul Suhr-ESQ, 미당 서정주 시인의 맏아들)를 사무실에서 만나 송 여인 사건 전반에 대한 안내를 받았다. 롤리의 여성 감옥에서 만난 30대 송 여인(Ms. Chongsun France)은 살인자라기보다 성장이 덜된 소녀처럼 보였다. 가냘프고 선한 미모로 코스모스를 떠올리게 했다. 그녀의 눈은 이미 풀려 초점이 맞지 않았다. "얼마 안 가서 죽겠구나!" 첫인상이 그랬다. 그녀는 아기 돌보미를 두지 않아서 감옥에 들어왔다고 말했다. 자신이 살인자로 투옥된 것을 모르는 것 같았다. 우리는 서 변호사의 도움으로 2박 3일간 옵서버지의 도나 기자, 한인회장, 아시안 인권위원회 임원들의 그간 활동과 송 여인 가족(아들: 두 살 반, 딸: 한 살 반)이 머물다

---

* 송 여인 석방운동(Free France Campaign): 가정폭력 피해자인 국제결혼 여성 송종순(Ms. Chong S. France)은 노스캐롤라이나주 롤리의 여성 감옥에서 5년간 복역하고 있었다(26~31세). 베이비시터 없이 아이들(두 살 반짜리 아들, 한 살 반짜리 딸)을 재워놓고 카페에서 일하는 동안(오후 7시~새벽 2시) 사고로 아들이 죽었다. 현장을 처음 목격한 송 여인은 아들을 깨끗이 씻어 침대에 누이고 바닥에 묻어 있는 피를 닦으며 "내 탓이야. 내가 죽인 거야"를 주문처럼 외웠다. 송 여인은 조사를 받는 중에도 그 말만 되풀이했다. 송 여인은 스스로 살인을 고백한 것과 증거인멸죄가 적용되어 2급 살인죄로 29년을 언도 받았다. 송 여인이 도미한 지 3년째에 일어난 일이다. 재판 과정에서는 상담인도 통역인도 없었다. 우리는 언어의 장벽과 문화의 차이를 걸고 석방위원회를 꾸렸다. 그때 송 여인의 이름(France)을 따서 지은 석방운동 명칭이 'Free France Campaign(프리 프랑스 캠페인)'이다.

** 문혜림(Fay Moon): 한국 동두천의 기지촌 여성 쉼터인 두레방 창립자(1986), 문동환 목사 부인

송 여인 석방 위원 4명(왼쪽부터 문혜림, 민경숙, 여금현, 박혜정, 일본 사진작가)

가 사고가 난 모텔 주인과 이웃들의 증언을 들었다. 담당 판사, 검사, 변호사도 만나려 했지만 거절당했다. 서 변호사로부터 그녀의 재판기록 500쪽을 받았다. 송 여인이 정신을 잃은 상태였음에도 상담도, 한국어 통역도 없는 재판이 속성으로 진행된 것을 발견했다. 뉴욕으로 돌아오는 차 안에서 송 여인의 무죄를 확신한 우리는 송 여인 석방운동 모임을 꾸렸다. 무지개교회 교인들과 이가전에 속한 만회연 연결망 회원들이 미국 전역에서 다 같이 석방운동에 가담하고 열성을 다했다. 무지개교회 설립과 만회연 연결망은 이 석방운동을 위해 누군가 미리 깔아놓은 운동장이었다.

(2) 기자회견

뉴욕에 돌아온 우리는 기자회견을 열었다. 기자회견에 참석한 20여 명의 기자는 석방위원회 면모를 보고는 미국 정부를 상대하기에 불가능하다며 모두 떠났다. 나는 만삭의 중앙일보 여기자를 붙들고 사정했다. 그 결과 중앙일보에 송 여인의 딱한 사정이 독점 기사로 나갔고, 호응은 대단했다. 무지개교회는 실무를 담당했고, 한인교회들과 만회연은 지역회 중심으로 감옥 방문, 주지사와 정치인들에게 편지 보내기 캠페인, 재정 후원 등 물심양면으로 도움을 주면서 막을 올렸다. 우리는 부르는 곳이면 어디든(특히 한인교회나 미국 인권단체 등) 가서 송 여인 석방을 외쳤다.

(3) 편지 보내기 캠페인

송 여인 석방위원회는 노스캐롤라이나 주지사와 정치인들에게 억울함을 탄원하는 편지 보내기 캠페인에 불을 붙였다. 미국은 물론 독일과 일본에 있는 한인 동포사회의 개인, 인권 단체, 교회, 사회 저명인사들이 편지를 보냈고, 문동환, 이우정 두 분의 주선으로 한국 국회의원 100여 명, 한국 부스러기선교회 강명순(후에 국회의원) 대표가 앞장서서 여대생전국연합회, 대학생전국연합회, 여성단체 등에서 편지도 빗발쳤다. 은사 레티의 활약으로 10명의 미국 대학총장도 편지를 보냈다. 주지사 사무실에서는 "편지가 소나기처럼 쏟아졌다"라고 했다. 이 캠페인은 절대 무너지지 않을 장벽과도 같은 주지사와 사무원들을 움직이는 동력이 됐다. 후원자들에게 한 달에 한 번씩 경과 보고서를 보내는 일이 우리에게는 가장 고된 일이었다. 바버라 부시 여사를 비롯한 고위직 정치가 부인들에게 호소문도 보냈다. 컴퓨터도 팩스도 이메일도 없던 시절, 벌크 메일(요금별납 대량우편) 방법도 몰랐다. 무지개교회 교인들은 순번을 정해놓고 밤을 새우며 작업했다.

(4) 증거물 확보

1992년 10월, 노스캐롤라이나 주지사 제임스 마틴(James Martin)은 살인이 아니라는 세 가지 이상의 증거를 한 달 안에 확보해서 만나자는 소식과 1인 비행기표를 보냈고, 주지사 사무실에서는 수전과 함께 폴이라는 국선 변호사를 선임해주었다. 한 달 안에 세 가지 이상의 증거 확보는 도저히 불가능할 것 같아 절망했다. 그러나 우리는 기적처럼 한 달 안에 다섯 가지 증거를 확보했다. 결정적인 증거는 시체 부검 필름이었다. 미국 내 시체 부검 판독의 일인자가 한국 학자였다. 그가 살인이 아니라 사고라는 것을 확인해주었다. 퍼즐을 맞추듯 증거물들이 마련됐다. 해가 멈출 만큼(여호수아 10:12~13) 카이로스(Kairos)* 시간이 도래한 것이다.

(5) 가석방

석방위 대표로 간 문 선생은 8명의 주지사 사무실 직원과 마주하여 증거물 제시와 청문회를 했다. 영어를 못하는 송 여인의 재판에 통역관이 없었다는 것과 "내 탓이오"는 한국 문화와 습성의 유산임을 강조했다. "어떻게 이런 부정의가 재판 과정에 존재할까?" 주지사 사무실의 국선 변호사 수전은 두 여직원이 눈물을 보였다고 말했다(11월).

주지사가 12월 말에 은퇴한다는 소식과 함께 송 여인을 가석방한다는 소식이 전해져왔다. 사면을 시도할 수는 있으나, 한 달 안에는 불가능하다는 것이었다. 새로운 주지사가 오면 무효가 되고 다시 석방 과정에 오를 가능성은 전무했다. 송 여인은 감옥에서 거의 죽어가고 우리는 눈물을 머금고 가석방(7년)을 인정해야 했다. "백인은 시간으로 이민자들을 굴복시킨다"라는 어느 흑인 활동가의 말이 떠올랐다.

(6) 석방 계획서

석방 후 송 여인을 누가 어디서 어떻게 보호할 것인지 10개의 후보 계획서를 써냈으나 나와 무지개교회 몫으로 결론이 났다. 나는 눈앞이 캄캄했다. 생각

* 시간에는 두 가지 개념, 즉 카이로스와 크로노스가 있다. 카이로스는 깨달음의 시간, 계시의 시간, 돌발적으로 의미가 실린 시간, 불연속적인 시간, 세로의 시간, 가로의 시간에 직선으로 꽂히면 정지하는 시간, 개인적인 시간, 하나님의 시간이라고 한다. 크로노스는 가로의 시간, 연속적인 시간, 시계나 달력과 같이 물리적으로 측정 가능한 시간을 말한다.

할 겨를도 없이 100개 조항의 계약서에 나와 주지사가 서명하는 서류가 당도했고 (1992.12.28), 민경숙이 나를 대신해서 내가 서명한 서류를 들고 주지사 앞에 갔다. 1992년 12월 30일, 주지사의 마지막 근무일이었다. 송 여인 석방운동 10개월 만에 민경숙은 장기수 여성 감옥에서 송 여인의 손을 잡고 나왔다. 그날 송 여인은 뉴욕 라과디아공항에 내렸고, 마중 나간 무지개 교인들과 상봉했다. 비밀보장을 뚫고 한국일보 여주영 기자가 공항에 나타났고, 송 여인의 석방과 뉴욕 도착이 한국일보 단독 보도로 알려졌다. 소감을 묻는 기자의 질문에 송 여인은 "큰 감옥에서 작은 감옥으로 바뀌었을 뿐…"이라고 대답했고, 이 대답이 기사의 큰 제목으로 나갔다. 가석방의 삶을 살아야 하는 송 여인의 처지를 그대로 나타내는 일성이었다. 부제목은 '불고기와 갈비가 먹고 싶다'로 달렸다. 그날부터 송 여인은 무지개 교인들, 만회연 보스턴 지역 회원들, 후원회원 등으로부터 불고기와 갈비 환대를 여러 번 받았다.

나는 송 여인을 우리 집으로 데리고 와서 한동안 같이 살았다. 그 당시 우리는 침실이 2개인 남편의 목사관에서 시어머니를 모시고 살고 있었다. 나의 일상은 약

1993년 1월, 송 여인 석방 후 레티 러셀 박사 댁 방문(Guilford, CT). 오른쪽부터 하숙희 박사, 레티 박사, 송 여인, 김연숙 집사, 여금현 목사

간의 정신질환 증세를 보이는 송 여인을 24시간 돌봐야 하는 삶으로 바뀌었다. 석방위는 해산되었고 아무 대책 없이 폭풍처럼 닥친 석방운동 후유증은 이렇게 몽땅 내 책임이 됐다. 교회도 가정도 뒷전이었다. 나는 송 여인 석방 후 교인들에게 돌아가겠다는 약속을 지키지 못했다. 그러자 교인 절반은 흩어져 나갔다. 무지개교회의 교단 가입은 물 건너갔고, 나의 고단한 삶은 배로 더해갔다.

2. 무지개의 집 설립(1993. 5): 여성, 평등, 자유

말구유에서 새로운 일을 시작하시는 하느님(무지개 언약, 뉴스레터 창간호)

그때에는
이리가 어린 양과 함께 살며
표범이 새끼 염소와 함께 누우며
송아지와 새끼 사자와 살진 짐승이 함께 풀을 뜯고
어린아이가 그것들을 이끌고 다닌다.
암소와 곰이 서로 벗이 되며 그것들의 새끼가 함께 누우며
사자가 소처럼 풀을 먹는다.
젖먹는 아이가 독사의 구멍 곁에서 장난하고
젖뗀 아이가 살무사의 굴에 손을 넣는다.
"나의 거룩한 산 모든 곳에서 서로 치거나 파괴하는 일이 없다."
물이 바다를 채우듯,
주님을 아는 지식이 땅에 가득하기 때문이다.
(이사야 11장 1~11절, 표준새번역)

사무실 입주

내 고단한 삶이 배가 되어 힘들 때 하숙희 박사가 불우여성을 위해 써달라는 쪽지와 함께 2천 달러를 보내왔다(1993년 5월). 문 선생은 이 후원금으로 불우여성 돕기 핫라인 서비스를 위한 사무실을 열자고 제안했다. 동시에 송 여인 석방운동의 후속 프로그램으로 가석방 기간에 그녀를 돌보는 것이 우선이었다. 이 제안을 받아들여 아파트의 반지하 작은 사무실에 입주했다(월세 보증금 950달러, 월세 950달러). 우리는 '여성, 평등, 자유'를 내걸고 불우여성 핫라인 무료상담센터를 열었다. 이것이 무지개의 집의 시작이다. 이 일이 신문에 기사화되었다. 송 여인 후원 모금이 우선인 때였는데, 기자들은 고마운 홍보대사였다. 나는 그녀와 매일 사무실로 출근했다. 방문자들과 송 여인이 만나는 동안 나는 무지개교회 목회를 할 수 있었다. 사무실에는 기다란 테이블 위에 전화기 한 대를 놓고 핫라인 상담만 했고, 자원봉사자들도 합세해서 24시간 전화를 받고 대부분 추천 서비스만 하면 됐다. 시간이 지나면서 영어권 여성 10여 명이 자원봉사자로 합류했다. 처음 한 달은 송 여인과 소풍 다니듯이 사무실을 드나들었다.

노숙자 박 자매의 출현

핫라인 상담센터 개원 후 한 달쯤 되었을 때, 10여 년간 맨해튼과 플러싱 한인타운을 맴돌며 살아온 30대 노숙자 박 자매의 출현은 내 인생에 폭풍우를 몰고 왔다. 한인 여성 노숙자가 있다니! 울고 또 울었다. 뜨거운 눈물은 눈에서 비늘 같은 것이 뚝뚝 떨어져 내리게 했다(행 9:18). 내겐 앞뒤 가릴 여유가 없었다. 오직 그 자매를 춥고 위험한 길거리에 방치할 수 없다는 일념뿐이었다. 박 자매는 종일 혼자 지껄이는 정신질환자라 소통이 불가능했다. 그런데 신기하게도 송 자매가 잘 따르며 박 자매의 시중을 들었다. 박 자매는 홀로 외출을 겁내는 송 자매와 어디든 동행하면서 서로 돕는 짝이 되었다. 송 자매는 처음으로 삶의 보람을 느낀다고 했다.

두 자매에게서 상처받은 사람들끼리 부족한 것을 서로 도우면서 생존하는 모델을 보았다.

나는 두 자매와 사무실에서 함께 기거하기 시작했다. 노숙자 자매들이 줄을 이어 들어왔다. "다른 노숙자 쉼터는 길거리보다 더 위험해요." 그들은 이구동성으로 말했다. 숫자도 제한하지 않았다. 전쟁 때의 경험이 주효했다. 전기장판 2개 정도 깔 수 있는 공간에 발만 넣고 앉아서 밤을 지새우기도 했다. 박정순 권사가 토요일 당번을 해주고 일요일 아침에는 권훈옥 집사가 운전해서 자매들을 교회로 데리고 와서 주일예배를 감당할 수 있었다. 막연히 국제결혼 불우여성을 돕겠다는 나에게 송 여인과 박 자매는 각기 그 분야의 대표선수로 내 앞에 나타난 깃발이었다. 그 깃발 아래 각처에서 사람들이 모여들었다. 송 여인은 여성 인권운동의 대명사로, 박 자매는 구제운동을 하라는 대표선수였다. 하나님의 개입으로 그녀들을 내게 보내신 것이라고 믿었다.

인권운동은 국제결혼 여성들에 대한 차별과 편견, 고정관념을 넘어서는 사회개혁이다. 캠페인으로 구조적인 악과 투쟁한다. 노숙자 돕기는 개인구제로, 춥고 배고프고 아픈 개인에게 밥, 옷, 잠자리 제공, 건강관리를 우선적으로 해주는 선한 사마리아인(눅 10:25~37)의 역할이다. 궁극적으로는 인간 회복이지만, 그 과정은 이해충돌이 불가피했다. 한인 동포는 선한 사마리아인으로 구제에 나섰으나 인권 캠페인으로 투쟁하면 후원이 급격하게 줄고, 나는 각종 구설수에 휘말렸다. 영어권 자원봉사자들은 인권 캠페인에만 힘썼다. 나는 후원자들의 눈치도 봐야 했지만, 눈앞에서 굶는 사람에게 밥을 먹여 살리는 것이 더 시급했다. 식구들이 늘어나자 늘 쌀이 떨어졌다. 난 쌍둥이를 임신한 여자처럼 뒤뚱거렸고 양쪽에서 오해와 빈축을 샀다. 강력한 후원자인 하와이의 김웅민 목사는 "한 가지만 하지? 우리도 헷갈리고 여 목사는 오해를 받으니…"라고 선배다운 충고를 했다. 누구를 내치란 말인가? 하느님도 아무 답변을 못하시는데….

무지개 환대: 밥상공동체(공정한 환대 실현)

노숙자 자매들은 먼저 밥을 원했다. 추위, 고독, 강간의 위험, 폭력보다 배고픔이 가장 힘들었다고 이구동성으로 말했다. 나는 사무실을 약간 개조해서 밥과 된장국을 끓이고 김치를 담갔다. 밥, 된장국, 김치 삼총사는 언제나 준비되어 있었고, 누구든 오면 밥상부터 차렸다. '무지개 환대: 밥상공동체'의 시작이다. 열린 공간에 노숙자 자매들, 자원봉사자, 방문자, 후원자, 에이즈(HIV) 환자 등이 한 밥상에 둘러앉아 함께 먹었다. 둥그런 밥상 앞에 함께 앉는다는 것은 돕는 사람과 도움을 받는 사람의 차별이 없다는 선언이다. 나는 자매들과 음식 준비를 하고 함께 먹는 시간이 즐거웠다. 점점 사무실 일이 많아지자 밥상 차림은 자매들이 솔선수범했고 자신들의 영역이라고 주장했다. 나도 밥을 얻어먹으니 도움받는 존재였다. 소통은 안 되지만 박 자매의 음식 솜씨는 탁월했다. 어떤 상황에서도 일하기를 좋아하고 돕는 존재라는 인간 선언이었다. 밥상공동체의 주권자인 자매들은 점점 당당해졌고, 밥을 대접받는 이들은 고개를 조아렸다. 밥이 권력이었다. 가진 자가 못 가진 자에게 베푸는 것은 서로 돕고 나눔으로써 함께 산다는 것과 땅과 하늘의 차이이다.

무규칙, 무규제

누가 누구의 삶을 규제할 수 있단 말인가? 나는 자매들이 정신병원에 가지 않겠다고 하면 그대로 두었다. 더 무서운 것은 전염병, 성병 등이었으니 공동생활이 가능하다는 건강진단 결과에 따라 숙식을 같이했다. 후원자들의 후원으로 열린 공간이니 누구든 환영해야 한다고 생각했다. 그들이 나가도, 다시 들어와도 나는 개의치 않았다. 식사 시간도 정하지 않았다. 그들은 먹고 싶을 때 먹고, 잠은 잘 만큼 자고, 일하고 싶으면 찾아서 한다. 약물, 알코올, 담배, 성적인 관계는 밖에서 해결하게 했다. 첫 성공자 김종자가 약물중독에서 벗어나려고 죽을힘을 다하는 모습을 곁에서 지켜보았다. 그 후 그녀가 해결사였다. 그녀는 인간답게 살기 위해 들어왔다고 누차 말했다. "어떻게 사는 게 인간다운 건데?" 내가 그녀를 처음 만났을 때 물었다. "남들 잠잘 때 자고 일어날 때 일어나서 열심히 돈 벌어 어려운 사람 도우며 사는 거요." 나의 질문에 명언을 남겨준 그녀는 세탁소에서 일해서 받은 주급을 불법체류 자매들에게 용돈으로 나누어주었다. 약물중독자는 보족적 소득보장(SSI, Supplemental Security Income: 미국 정부가 가난한 노인 · 신체장애인에게 지급해주는 소득) 수급 대상이 될 수 없다. 1996년부터 김종자를 직원으로 채용해 자매들 용돈 관리와 운전을 맡겼다.

갖가지 험한 경험과 질병을 지닌 자매들과 10여 년간 공동생활을 했지만 싸우는 걸 보지 못했다. 무지개 환대: 밥상공동체는 평화를 낳았다. 흡연자들이 절반이 넘었지만 내 앞에서 담배 피우는 걸 보지 못했다. 그녀들은 염치와 감사를 실천했고, 마음이 비단결 같았다. 나는 그들을 통해 인간이란 인간 대접을 받으면 인간 노릇에 충실한 존엄성을 지니고 태어난 존재라는 걸 배웠다.

사실 반지하 사무실 공간에서 침식을 하는 것이 가당키나 한 일인가? 불법인 줄 알면서도 우리는 3년 동안 네 번이나 지하실로만 이사할 수밖에 없었다. 입원을 거부한 정신질환 자매들은 증상이 서로 달랐다. 우리는 이때를 '장기자랑 시절'이라 이름했고, 나를 선무당, 그 선무당이 사람 잡는다는 소문이 돌았다. 다행스러운 것은 2년쯤 지났을 때 박 자매가 스스로 정신병원 입원 치료를 받고 정상인으로 소통이 가능해졌다. 이것을 본 송 자매가 입원했고, 장기자랑 선수들이 줄을 이어 입원 치료를 받기 시작했다. 스스로 치료를 받고 정상인이 된 자매들에게 지하실을 벗어나는 상을 주어야겠다는 심정으로 뉴스레터를 통해 내 집 마련을 호소했다.

1) 제1기: 무지개 내 집 구입

1996년 5월, 밝은 햇살이 비치는 2층집(149 St & 34 Ave, Flushing)에 파란 잔디가 깔려 있고 장미꽃 울타리가 아름다운 집의 주인으로 입주한 날은 쥐구멍에 볕 든 날이었다. 입주 기념으로 무궁화와 채송화를 심었다. 큰 집으로 이사한 후, 늘어난 경비에 대해 후원자들께서 먼저 걱정해주셨다. 그러면서 후원 액수가 달라졌다. 1년에 한 번씩 열린 모금 만찬의 수익금도 한몫했다. 이제 무지개의 집은 어둠을 극복하고 땅 위로 올라온 만큼 남들처럼 살아야 했다. 그래서 정상화에 박차를 가했다.

정상화의 하나로 먼저 무지개의 집을 미 정부 사회복지재단에 등록하는 일을 했다. 이에 관해서는 영어권 자원봉사자 정영혜(Susan Chung, 현재 인권 변호사)가 안내했고, 채홍경 변호사가 사회복지재단(501c, 509A) 등록을 완성했다. 그러면서 새 이사회도 구성했다. 백상순 이사장 외 한인 여성 7명으로 정기이사회 운영을 시작했다. 그리고 비정규직 직원에게 급료를 지급하기 시작했다. 무지개의 집 설립 3주년을 맞아 파트타임 직원들이 급료를 받게 된 것이다(1996). 수혜자는 대표와 사무장, 사회복지사, 자매들 용돈관리자와 운전자, 보조금 지원서 쓰는 직원, 컴퓨터 전문가 등이었다. 박정순 권사(67세)는 은퇴 후 사회보장연금 수급자여서 침식 제공만으로 사감 역할을 맡았고, 텃밭에서 매일 푸른 먹거리를 제공해주시는 여 집사님

무지개의 집 내 집 마련 입주 잔치, 여금현 대표(1996년 5월 무지개의 집 창립 3주년)

(나의 친정 아버님, 84세) 역시 연금 수급자로 정기 후원자이기도 했다. 자매들은 박 권사를 내무부 장관, 여 집사를 농림부 장관이라 불렀다. 장관님들을 비롯해서 8명의 직원(총 10명: 여성 6명, 백인 1명, 남성 3명)은 매일 직원회의를 했다.

(1) 친정집 모델(Sisters Helping Sisters)로 정체성 확립

무지개의 집은 친정집을 모델로 한 노숙자 쉼터다. 친정엄마는 체휼하시는 하느님(히 4:16 ― 우리의 부족함에 마음이 아프다 못해 가슴에서 피가 흐르시는 분), 자매들은 고생하고 돌아온 막내딸, 자원봉사자, 후원자, 방문자들은 막내딸을 만나러 오는 가족, 친척들이다. 큰언니, 이모, 삼촌, 고모, 사촌, 조카 등 스스로 자기 자리를 찾기도 하고 자매들이 불러주면 그 이름이 된다. 직원들은 돈 받고 일하니 머슴이고, 나는 왕머슴이다.

무지개의 집은 아무 규제가 없는데도 자연스럽게 일상이 규칙적으로 돌아갔다(무규칙, 무규제). 배꼽시계 때문이라 해서 웃었지만, 나는 하우스 미팅의 공헌이라고 생각한다. 하우스 미팅은 김종자와 자매들이 주관하고 박 권사님이 항상 참석했다. 이 미팅을 통해 무지개의 집 안에서 일어나는 모든 일을 의논하고 결정한다. 불가능한 일이 없었고 해결되지 않는 일도 없었다. 강제하지 않았으나 자매들은 아프면 소파에 누워서라도 참석했다. 회의는 늘 웃음이 폭발하곤 했기에 궁금해서 참석하지 않을 수 없다고 했다. 방문자, 자원봉사자들도 시간과 형식에 매이지 않는 미팅을 좋아했다. 직원들은 일에 치여 있어 필요할 때만 참석했다. 밥상공동체처럼 누구나 참석할 수 있었고, 무슨 의견이든 가능한 열린 미팅이었다. 한국에서 선교여행 왔다가 미팅에 참석한 감리교 청년연합회원들은 이 미팅을 두고 '하늘나라 도래'라는 내용의 방문기를 썼다.

또 무지개의 집에는 하우스 매니저가 3개월간 밥상 차림을 책임진다. 하루에 5달러가 급료다. 음식을 못 하는 사람이 매니저가 된다. 한글을 모를 때 입학해서 잘

할 때 졸업하는 것처럼 매니저로 입학하면 음식을 잘하게 되어 졸업한다는 개념이다. 3개월 후에는 누구나 음식 장만, 상차림 등 환대에 선수가 되었고 그만큼 자신감이 올라갔다. 후에 결혼한 자매들(10여 명)은 각 교회에서 장기집권 친교 담당으로 인기를 모은다. 그 자매들이 만든 음식은 깨끗하고 솜씨가 뛰어나다고 담임목사들이 나에게 감사 편지도 보내왔다.

나는 무지개의 집에서 청소 담당이나 청소 시간을 정한 일이 없다. 자매 중 30%는 결벽증 환자였다. 식사 후에는 수저를 물에 끓여내는 사람, 자다가도 일어나 걸레질하는 사람, 틈만 나면 화장실을 클로락스로 닦는 사람, 손잡이마다 비누로 닦는 사람, 수건과 걸레를 매일 빨래방에서 빨아오는 사람, 하루에도 수없이 쓰레기를 치우는 사람, 설거지통에 그릇이 쌓인 것을 본 일이 없고 가스레인지 위나 집안은 언제나 유리알처럼 윤기가 났다. 또한 정신질환 자매들은 3개월에 한 번씩 피검사를 비롯하여 건강검사(Physical Exam)를 해서 누구보다 전염병에 걸릴 위험이 없다. 대부분 자매의 건강검사는 무지개의 집 4대 이사장이던 의사 방은숙 선생이 도맡아주었다.

무지개의 집에는 30~40대의 자매들이 많았으므로 성병, HIV 등 전염병에 대해 특히 주의를 기울여야 했다. 따라서 직원들, 자매들, 자원봉사자들은 전염병 예방교육 전담센터에서 성교육을 자주 받았다. 그 센터에서 콘돔을 가져다가 화장실에 걸어놓았다. 필요한 사람은 언제든지 사용하라는 것이었지만, 안타깝게도 줄어들지 않았다. 내가 밤새워 일할 때 자매들은 젊음을 삭이느라 밤잠을 이루지 못하고 쩔쩔매다가 내 방으로 올라오곤 했다. 새벽 2~3시쯤에 그녀들과 무지개 궁전(15인승 밴)을 타고 24시간 문을 여는 던킨도넛 커피 한 잔씩을 사 들고 맨해튼으로 드라이브를 나갔다. 노숙자 자매들을 찾아 나서는 것이다. 허탕 칠 때도, 쓰레기통 옆에 검은 쓰레기 봉지를 뒤집어쓰고 잠자는 자매를 데리고 올 때도 있다. 쓰레기처럼 보여야 강간당하지 않는단다. 오가는 길에 뽕짝도 부르고 얘기도 나누었다. "남자 생각이 나서 잠을 못 이루겠어요. 살려주세요, 목사님!" 자매들이 이구동성으로 말했다. "나도 여자인데 날 보고 어쩌라고? 설령 남자라 해도 이 많은 쎈 여자들을 어떻게 다 감당해?" "아~, 여 목사님도 못하는 게 있구나. 하하하…" 송 자매의 말에 자매들은 웃음을 터뜨렸다. "늘 하던 일이었을 텐데 콘돔을 가져다놓아도 못하는 바보들…" 내가 지지 않고 말했다. "그게 콘돔만 있다고 되는 일인 줄 아세요? 목사님이 뭘 알아요." 무슨 말이든 막힘이 없고 언제나 할 말이 준비된 자매들! 이렇게 수없이 나들이 나간 한밤중 맨해튼 드라이브! 이 아름다운 밤을 나는 죽을 때까지 잊지 못할 것이다. 우리가 얼마나 서로 사랑했는지! 자매들과 사랑에 빠진 나를 레즈비언이라 한다면, 나는 분명히 동성애자나 마찬가지다.

우리에게는 화려한 외출도 있었다. 처음에는 후원자들이 자매들을 식당에 초대할 때 깨끗한 옷매무시를 하고 나가자는 뜻의 화려한 외출이었다. SSI(핸디캡 사회보장 연금) 수급 자매들이 늘어나고 가까운 곳에 룸메이트로 방을 얻어 나가도 낮에는 친정집에 와서 함께 생활했다. 그러다가 차츰 화려한 외출은 영주권이나 시민권 회복, SSI, 저소득층 의료보장제도(Medicaid), 생일, 한국 가족과의 만남, 취직 등 자매들에게 경사가 나면 자장면을 먹고 노래방에 가서 노래하고 춤을 추는 자매들 부담 프로그램으로 바뀌었다.

춤이라면 모두 선수들 아닌가? 땀이 비처럼 쏟아질 때까지 춘다. 맥주 한 컵을 스스로 허용한 날이다. 처음에는 자매들 중심이었으나 후에는 이사회나 모금 만찬이 끝나면 이사와 직원들, 자매들이 함께 화려한 외출을 했다. 4대 이사회에는 방은숙, 지경자, 박동규, 서영원 등 전문 성악가들이 포진되어 있었다. 의사 방은숙(의사가 아니면 댄서가 되고 싶었다는 방 이사장)의 「댄서의 순정」, 지경자 부이사장의 「영영」, 서영원(성악 전공, 지금은 변호사)의 「남행열차」, 박동규의 기타 동반 노래 등 음반을 내야 할 정도였다.

화려한 외출이 뉴스레터를 통해 예일신학교까지 소문이 퍼졌나 보다. 1.5세 한인 교수(Dr. Sam Lee)가 학생들을 몰고 와서 밥상공동체와 자매들이 주관하는 예배에 참석했다. 마침 입양아로 버림받은 스테파니의 영어 간증(설교 대신)을 듣고 감동한 교수와 외국 학생들은 노래방 비용을 부담했다. 그들은 아슬아슬할 정도로 춤을 추었다. 샘 리 교수는 처음부터 끝까지 번갈아 가며 자매들을 가슴에 안고 돌았다. 하느님의 위로를 전해주고 싶었다고 내게 말했다. 가장 신나는 밤으로 기억하는 깡과 끼가 있는 자매들! 고생을 딛고 일어선 여성들, 특히 춤추는 여성들은 아름답다.

초창기부터 뉴스레터 「무지개 언약」을 발간한 것은 늘 밤을 지새워야 하는 고단한 작업이었지만 잘한 일이다. 송 여인 석방운동 주소록 5천여 곳에 뉴스레터를 발송한 것은 쉽지 않았지만, 자매들에게 일감을 주는 또 다른 의미가 있어서 계속할 수 있었다. 프린트는 남편 교회에서 해주었고, 프린트물을 산더미처럼 쌓아놓고 페이지에 맞추어 차곡차곡 모아 스테이플러로 찍고, 접어서 봉투에 넣어 봉하고 주소 쓰고 우표를 붙여 발송하기까지 수작업을 했다. 자매들과 함께 만능 테이블(밥상, 사무, 상담, 각종 미팅, 작업, 교육 등에 쓰임)에 둥그렇게 둘러앉아 흘러간 노래나 복음성가를 틀어놓고 살아온 이야기도 나누며 완성품을 만들어 발송하는 작업은 가장 즐거운 오락시간이었다.

(2) 무지개의 집의 부속 기관

중고품 가게(1997. 5)

장기 체류 자매들의 자립을 위해 세탁소 운영에 대한 의견이 하우스 미팅에서 거론됐으나, 송 자매의 제안과 설득으로 아무 기술도 필요하지 않은 중고품 가게 운영이 결정되어 모금 만찬 후원금으로 가게를 열었다. 대표는 송 자매였고, 다른 자매들이 도왔다. 경비를 제하고 남은 돈으로 점점 늘어가는 불법체류 및 SSI 수급이 안 되는 자매들 용돈부터 지급했다. 처음에는 자매들의 자립뿐만 아니라 무지개의 집의 자립도 가능할 것 같았다. 한인 동포사회 후원으로 물건도 넘쳤고, 특히 아름다운 교회의 공로가 컸다. 그 교회에는 세탁소 운영자들이 절반을 넘었는데, 몇 년간 찾아가지 않은 옷이 많았다. 이희상 장로의 호소로 세탁소를 운영하는 교인들이 호응해주었고, 그 옷들을 모아 중고품 가게까지 실어다주셨다. 1997년부터 2004년까지 7년간 계절이 바뀔 때마다 꾸준히 후원해주셨다. 그러나 첫해 말에 맨해튼 의류 회사들의 도산과 우리 가게 바로 옆에 다른 중고품 가게들이 난립하면서 어려움을 겪었다. 제2대 대표를 위해 무지개 중고품 가게는 문을 닫았다. 그녀는 한국의 '아름다운 가게' 뉴욕지부 계획을 갖고 있다고 했다.

민들레네 집(1998. 4)

약물중독, 매매춘, 교통사고로 맨해튼 강서회관 앞에서 구걸하던 한인 노숙자로 유명한 자매가 1년 만에 완전히 치유되었다. 그녀는 매매춘 때 만났던 친구 세 사람과 함께 후원회를 만들어 '노숙자 없는 세상 만들기'를 위해 쌀 한 가마니(50kg, 25달러) 캠페인을 시작했다. 맨해튼 32가 한인타운(Korean Way), 한인 가게들이 사방으로 자리 잡은 곳은 자신이 구걸하며 생존했으니 고향이라고 했다. 이 캠페인은 신문에 대서 특필되었고, 하우스 미팅에서 "민들레네 집: 노숙자 없는 세상 만들기" 표어를 정한 나미란을 민들레 선교사로 임명했다. 민들레네 집을 위한 운영위원회를 구성하고 지원했다. 침실이 3개인 아파트를 얻어 민들레네 집 간판을 걸고 도인숙(전 뉴욕가정문제상담소* 총무) 사회복지사를 채용해서 함께 살게 했다(1998). 나미란의 활약으로 매일 밤이면 찾아오는 자매들이 평균 20~30여 명 되었고, 민들레네 집은 슬리핑백과 아침 식사를 제공했다. 한 독지가로부터 100만 달러 건물

* 뉴욕가정문제상담소는 1999년 뉴욕가정상담소로 이름이 변경됨.

기증이 약속된 때라 재정을 투입해서라도 지원하기로 무리수를 둔 것이다. 나미란은 무지개 모금 만찬에서 올해의 여성상(Women of the year, 1998)을 수상했고, 마침 뉴욕을 방문하신 김수환 추기경이 나미란을 만나 금일봉을 전달했다. TV에 인터뷰 영상이 보도됐고 신문에 대서 특필됐다. 그러나 1년 후 무지개 환난 때 민들레네 집은 문을 닫았다. 그 후 나미란은 어디론가 떠나고 말았다. 참으로 애석한 일이다.

(3) 무지개 환난

2000년 무지개의 집 창립 7주년 모금 만찬회에서 '60 침상 만들기' 캠페인을 했다. 그 자격을 갖추면 미국 정부가 재정을 책임진다는 것이다. 이 모금 만찬에서 Kiss 회사 장 사장이 100만 달러짜리 건물 기증을 약속했고 그것이 신문에 기사화됐다. 우리는 무지개의 집 운영에 마땅한 건물(아파트 18개가 있는 4층 건물)을 찾았고, Kiss 회사는 클로징까지 마친 후 무지개의 집에 기증하겠다는 조건으로 그 건물을 100만 달러에 계약했다. 주 정부에서 무지개의 집에 컨설턴트를 파견하여 리서치한 결과, 그 건물을 무지개의 집 이사와 직원들이 운영할 수 있다는 긍정적인 평가를 해주었다. 아시안 가출 청소년(10대 소녀)을 돌보는 임시 쉼터 프로젝트도 나왔다. 직원도 보강하고 프로젝트도 새로 진행했다. 그해에는 무지개가 진행하는 프로젝트마다 히트했고 그에 따른 수상도 잇따랐다. 새로운 프로젝트와 직원 보강으로 비용이 늘어났지만, 후원은 급격히 줄어들었다. 모자라는 재정은 이사들이 급전을 빌려 메우며 기다렸다. 후에 알게 된 사실은 무지개의 집에 100만 달러짜리 건물 기증 소식이 알려지면서 무지개의 집을 후원하던 분들이 무지개의 집보다는 다른 단체를 후원하게 된 것이다. 그럼에도 우리는 태평했고 아무것도 의심하지 않고 기다렸다. 그러나 장 사장은 우리의 기대와 다르게 1년 반 만에 100만 달러 건물 기증 약속을 무산시켰다.

피눈물을 흘리며 뒤늦게 깨달은 것은 매달 100달러씩 후원하겠다고 약속한 교회가 그것을 지키지 못하는 경우가 허다했으니, 후원이란 100달러나 100만 달러나 동일하고 언제든지 취소할 수 있다는 것이었다. 다만 100만 달러의 후유증은 그 액수의 위력만큼이나 회복이 불가능했다. 약속을 무산시킨 장 사장이나 한인사회에 미리 기사를 낸 언론은 사라지고, 샴페인을 미리 터뜨린 무지개의 집의 잘못으로 소문이 날개를 달았다. 무지개의 집이 소유했던 집을 팔아 빚잔치를 했으나 뉴욕에서는 무지개의 집 잘못 때문이라는 악성 소문 때문에 더욱 재생할 수 없었다. 무지개 환난의 시작이었다. 민들레네 집도 문을 닫았고, 그곳의 30여 명 자매는 뿔뿔이 흩어졌다. 김종자는 먼저 맨해튼에 직장을 얻고, SSI 수급자 세 자매가 방을 얻어 나갔다. 중고품 가게에 전화를 옮겨 임시사무실 역할을 했다. 팔린 집이 클로징하는 동안 20여 명의 무지개의 집 장기체류 자매들은 오도 가도 못하고 나만 쳐다보았다. "엄동설한, 무지개의 집 갈 곳이 없다(세계일보 기사)"라고 호소했으나 한인사회의 반응은 냉혹했다.

그때 이가전의 만회연이 우리를 초대했다. 2001년 11월, 눈이 내리는 날 노진숙 살림 선교사, 조윤주 무궁화 선교사, 자매들과 함께 평화동산(미주리주의 세인트루이스)으로 무지개 환난의 피난길(30시간 운전)을 떠났다. 이삿짐과 먹거리를 잔뜩 실은 대형차는 김남곤 목사와 유 목사가 운전해주었고, 약 보따리를 든 20여 자매를 태운 15인승 밴은 내가 몰았다. 자매들은 더 이상 뽕짝을 부르지 않았고 가느다란 숨을 길게 내쉬며 가슴속 울음으로 흐느꼈다. 자매들 속에서 하느님께서도 흐느끼셨다. 무지개 환난은 절체절명으로 나를 쓰러뜨렸다. 도착한 후 나는 침대에서 일어나지 못했다.

그러나 노진숙 살림 선교사(100여 명의 수련회 음식을 혼자 해내는 능력), 조윤주 무궁화 선교사를 비롯해서 자매들은 활동을 시작했고, 뉴욕의 무지개 친정집 밥상공동체를 평화동산에 마련했다. 그녀들은 푸드스탬프(Food Stamp)를 모아 어느 부잣집

부럽지 않은 상차림으로 먹는 일에 충실했다. 한편 만회연 임원들은 무지개 피난 행렬이 평화동산에 비어 있던 평화의 집(40여 명의 숙식 가능)에 도착하는 날 플래카드만 안 걸었을 뿐 열렬히 환영해주었다. 자매들이 도착한 것이 알려지자 만회연 각 지역회 회원들이 번갈아 달려왔다. 대지와 빈집에 이미 주인이 된 자매들은 '무지개 환대: 밥상공동체'를 실천한 터라 지역회원들은 밥상에 둘러앉아 대접을 받았다. 서로 이산가족 상봉처럼 눈물과 정을 나누었다. 국제결혼 여성들의 특이한 정서다. 만날 때마다 밥상공동체에서부터 신바람이 다시 일었다.

자매들은 신바람의 주역이며 뉴욕의 무지개 깃발이 평화동산으로 이동한 것이라는 확신이 들었다. "우리가 해야 할 일을 여 목사님이…" 하고 눈물을 훔치던 만회연도 신바람이 났다. 어떤 상황에서도 절대로 절망하지 않는 자매들의 생존 투쟁과 적응력을 보고 영화 「바람과 함께 사라지다」의 비비안 리를 떠올리며 나는 한 달 만에 다시 일어났다. 그곳은 낯설고 물선 황무지였다. 나는 자매들에게 이 황무지를 낙원으로 만들어주어야 한다는 의무감에 불을 지폈다.

나는 만회연 임원들과 37개 지역회 대표들을 평화동산으로 소집하여 매달 1회씩 7번의 교육을 실시했다. 그 결과 임원들의 의지에 따라 만회연이 이가전에 소속된 위원회에서 독립하도록 내가 앞장섰다. 만회연 2대 회장 유영심 권사는 "장성한 딸이 시집간다고 생각해주세요. 아니면 목사님들이 10년간 잘 길러주셔서 선교의 주역들이 됐다고 축하해주세요"라고 이가전 목사들에게 눈물로 호소했으나 허사였다. 이가전 목사들은 평화동산을 기도원으로 사용하다가 한국 목사들이나 세계 선교사들의 수양회 등을 위해 쓰이기를 원했다. 목사들의 강력한 반대와 불협화음에도 국제결혼 여성들에게 주인 자격을 주려면 어쩔 수 없었다. 122에이커 대지를 만회연 회원들의 회비와 그들의 기부로만 구입했고, 국제결혼 여성들을 위한 평화운동의 기지로 하려면 독립할 수밖에 없었다. 그래서 국제결혼 가정선교전국연합회(국제선)라는 이름으로 독립하고 법적인 절차(501c 등록)를 끝냈다. 국제결혼 여성들로만 정회원이 되는 회칙이 통과함으로써 국제결혼 여성 사회복지단체가 탄생한 것이다. 국제선은 평신도 국제결혼 여성들의 단체라고 규정했기에 나는 다른 남자 목사들과 함께 물러나야 했다.

따라서 목사들의 공백을 메울 국제결혼 여성 지도자를 세워야 했다. "우리 교회 예배는 참석하지 말아 달라"라는 낯선 목사의 전화도 받았다. 나는 국제선 선교를 미주리 지역의 UMC 여성 감독 앤 쉐러(Ann B. Sherer) 목사에게 보고했다. 쉐러 감독은 뉴욕연회 소속 목사인 내게 비어 있는 목사관을 사용하게 했다. 또한 자매들을 위해 '샘물교회' 설립을 허락했다. 감독은 초대 만회연 위원장으로 지도력을 발휘한 그 지역의 김민지 권사(Minji Stark)를 평신도 목회자로 임명해주었다. 무지개 자매들이 창립 멤버로 샘물교회를 개척하고 김민지 평신도 담임목사의 취임 예배까지 마치는 데 10개월이 걸렸다.

새천년을 맞아 만회연 10여 년 만에 국제결혼 여성들이 꿈꾸는 제2의 고향을 마련하고 국제선이 그들의 지도자를 세운 것이다. 김민지 목사는 취임사에서 "국

2001년 10월 샘물교회 창립 및 김민지 담임목사 취임. 왼쪽부터 그 지역 감리사(UMC), 김민지 목사, 다인종 목회 위원장(UMC), 여금현 목사

제선은 만 명 회원 연결망을 더욱 강화하고 무지개 자매들을 비롯해서 한국 기지촌 여성들과 혼혈인, 불우한 국제결혼 여성 모두의 친정집이 되게 하겠다. 더 나아가서는 평화의 사도들로 뭉치겠다"라는 결의를 선포했다. 샘물교회는 국제선의 교회이지만, 나에게는 뉴욕 무지개교회의 소명과 무지개의 집 실천이 평화동산으로 확장 이전되는 의미다. 또한 지도력 교체의 상징이다. 내가 받은 소명의 확대였고 떠날 때라는 경고였다. 나는 다음과 같은 기도문을 남겼다.

노래하는 비둘기(여금현)

주님께서 주신 평화동산을 찾아가는 길은
에덴동산을 달려가는 것과도 같았습니다.
끝 닿을 데 없이 시원하게 뚫린 길을 달리며
초여름의 생명을 뿜어내는 나무, 그리고 수풀들이
양편에 서서 박수 치며 환영해주었습니다.
주님이 마련한 동산에는 들꽃들이 피어 있었습니다.
찾아와 반기는 이도 없는데
피었다가 지고, 졌다가는 다시 피어나
구름과 비와 바람과 해와 달과 별을 골고루 맞이해
때로는 울고, 때로는 웃으면서
별, 나비, 잠자리가 자유로운 비행으로 날갯짓을 하고
노루, 사슴, 산토끼가 한바탕 춤을 추고 짓밟고 간 자리에도
다시 일어나 꽃이기를 고집하는 들꽃이여
하늘을 우러러 환한 웃음으로 찬양하는가?
주님의 동산에는 호수가 있었습니다.
하나님의 창조 이전, 하늘이 빛을 발하기 전에도
주님이 흘리신 땀방울, 눈물방울, 골고다의 핏방울에도
나의 탄생 이전 어머님의 자궁 속에도 물이 있었네.

저 높고 높은 곳에서 비가 되어 물이 되어 내려오신 은총이여
낮은 곳으로, 더 낮은 곳으로만 그 몸을 내리고
호수가 되어 생명을 잉태하고 고여 있네요.
주님이시여
우리로 하여금 길이 되게 하소서
들꽃이 되게 하소서
호수가 되게 하소서
물방울이 되게 하소서
눈물이 되게 하소서
작은 풀 한 포기 앞에 무릎을 꿇고
옷깃을 여미고 가장 작은 모습으로 더 많이 울게 하소서
우리의 가슴 속에 차곡차곡 쌓여 있는 한 맺힌 사연들이
눈물 속에 녹아 하나도 남김없이 흘러내리게 하소서.
이 눈물이 모여 호수가 되어 생명을 잉태하고
땅속 낮은 곳으로만 흘러 들꽃을 기르게 하소서
주님이 주신 동산은
집이 없는 이에게 고향이 되게 하소서
갈라진 이들이 다시 만나
한 많은 삶이 신나는 삶으로 태어나게 하소서
평화와 정의가 입 맞추고, 평등과 자유가 손에 손잡고
노래하게 하소서. 덩실덩실 춤을 추게 하소서
새가 되어 창공을 날게 하소서
노래하는 비둘기가 되어 평화를 전하게 하소서
평화의 불사조가 되어 영원을 살게 하소서.

돌이켜보면 무지개 환난은 엄동설한에 피난길 같은 고난의 행군이었지만, 다른 한편으로 국제선을 향한 새로운 출발이었으니 감격이었다. 100만 달러 건물 약

속이 없었다면 시작도 하지 못했을 것이다. 그 약속을 기다리는 동안 미래가 보장되었기에 만회연이 미루어온 대지 구입을 위해 무지개의 집이 나설 수 있었다. 또한 만회연 10주년과 새천년인 2000년이 겹치는 타이밍에 무심할 수 없었다. 나는 새천년을 빈손으로 맞이할 수는 없다고 만회연 회원들을 선동했다. 만회연 대지 구입을 위한 임원회(1999년 3월, 40명 참석)를 뉴욕 무지개의 집 주관으로 플러싱의 플라자호텔에서 개최했다. 한명숙 특별강사(전 총리의 야인시절)는 "국제결혼 여성들의 현주소"라는 제목의 강연에서 세계평화를 위해 일하는 여성이 되라고 결론 맺었다.

나는 "국제결혼 여성들의 공헌과 수난"을 주제로 최소한의 역사적 기록을 위해 씨네패밀리 선량욱 감독과 다큐멘터리를 제작했다(1999). 선 감독 팀과 한국 기지촌과 단체들, 미주 내 군기지 주변의 지역회를 돌며 인터뷰를 담아 완성했다. 그 열기로 드디어 미주리주 세인트루이스에 122에이커를 구입했다. 전국 만회연 10주년(2000년) 뉴욕 수련회는 '세계 평화를 위해 일하는 여성들'을 그녀들의 정체성으로 내걸었고, 구입한 대지와 다큐멘터리를 봉헌하는 감동적이고 역사적인 수련회를 했다. 정체성 확립(세계평화를 위해 일하는 여성들), 다큐 제작, 112에이커 대지 구입과 2회의 플러싱 플라자호텔 수련회 경비는 한인교회들과 만회연이 감당했으나, 무지개의 집은 사무국으로 캠페인을 이끌었고 모든 직원을 투입하여 전적인 봉사를 제공했다. 나는 국제결혼 여성들과 한마음 한뜻으로 더 이상 후회도 미련도 없이 죽을 만큼 일하며 신바람이 났다. 그 결과 기적이 일어났다. 우리는 대지를 마련하여 평화동산, 평화마을, 평화의 집이라 명하고, 비둘기가 태극 문양을 품은 로고도 만들었다. '세계평화를 위해 일하는 여성들'의 초석을 새긴 것이다. 이곳에 무지개 자매들이 주인이 되어 엔진을 돌리는 동력이 될 줄 상상이나 했을까! 역사는 반전을 통해 발전한다. 100만 달러 기증의 위력은 약속만으로도 이러한 기적을 이루었으니 장 사장께 감사해야 한다. 액수는 달라도 누구든 좋은 생각으로 후원을 약속했다가 취소한 분들이 얼마나 많은가? 그것을 예상치 못한 대가를 무지개 환난으로 자매들에게 닥치게 했다는 것이 죄스러울 뿐이다. 자매들이 흩어졌으니 나도 떠나야 했다.

2) 제2기: 무지개 두 번째 내 집 마련(원상복구와 후임 대표를 위한 준비)

(1) 무너진 성을 쌓으며(무지개 언약-뉴스레터 2002년 5월, 통권 제33호)

"넘어진 곳에서 다시 일어나야 한다"라는 아버님의 충고도 있었지만, 평화동산이 아무리 좋아도 뉴욕을 떠나지 않겠다는 자매들 역시 그대로 방치할 수 없었다. 무엇보다 후원자들이 사준 뉴욕의 집을 원상복구를 해놓아야 한다는 책임감이 절박했다. 10개월 만에 다시 돌아온 뉴욕에는 감신대학 선배 최원택 목사, 민병렬 목사 중심으로 무지개의 집 후원계좌를 열었고 후원 캠페인 결과 3만 6천 달러가 쌓여 있었다. "여금현 목사가 잘하는 줄 알고 도와주지도 못했는데…, 돈이 있으면 다시 돌아올 것!"을 굳게 믿었다고 했다. 의사인 방은숙 이사장과 박동규 변호사, 김세윤 회계사 등 강력한 이사진이 구성됐다(여성 6명, 자매 1명. 백인 1명, 남성 3명). 방 이사장의 열성과 '헤나표 무지개 고추장'을 비롯해서 자매들의 밑반찬, 바자회, 모금 만찬 등 무지개 가족들의 자립 의지로 두 번째 무지개 집 마련을 시작했다.

후원자들의 후원을 더해서 1년 만에 두 번째 내 집(149 Street, Flushing)을 구입했다(2002. 6). 평화동산에 정착하지 못하고 돌아온 자매들과 흩어졌던 자매들이 다시 모여들었다. 사무직원 1명과 자원봉사자들로도 운영이 가능했다. 보조금이나 60개 침상의 유혹을 버린 것이다. 새집 주인으로 입주했으나 무지개의 집에는 더 이상 신바람이 일지 않았다. 불행하게도 나는 사람 중심에서 일 중심으로 바뀌었다. 자매들이 이산가족으로 흩어진 것에 대한 죄책감이 깊은 상흔으로 남았다. 나는 떠나기로 결심했다.

(2) 무지개 여성 평화운동

무지개 여성사회교육원 개원(2001. 2)

다시 내 집 주인으로 입주한 후 무지개의 집의 지도력 교체를 서둘렀다. 제2대 대표는 장기 체류 자매들의 독립을 위한 교육과 지역사회 여성 평화교육 프로그램을 우선적으로 할 수 있도록 쉼터와 사무실을 분리하는 교육원을 개원했다. 또한 세계 단위의 국제결혼 여성 평화운동을 시작해야 한다고 생각했다. 한국에서 환경운동과 여성단체연합 반핵평화 위원장을 역임하며 전국적인 명성을 떨치던 서진옥이 2대 대표로 선임됐다. 우선 서진옥에게 무지개 여성사회교육원 원장을 위임했다. '국제결혼 여성 세계 네트워크를 통한 평화운동'을 위해 한국 수련회를 함께 추진했다. 내가 무지개의 집에서 마지막으로 한 일이었다. 평화운동 수련회는 앞으로 그녀의 몫으로 넘겨주는 행사였다. 이는 재외동포재단 이광규 이사장의 후원으로 가능했다. 한국전쟁 후 국제결혼 여성의 공로를 인정해서 청와대 초청도 확정됐으나 노무현 대통령 탄핵 시기와 맞물려 광화문 촛불집회에만 참석했으니 애석한 일이다.

무지개 여성 평화 대행진: 한국 수련회(2004. 3)

"여성이 뭉치면 평화를 낳는다"라는 제목으로 무지개 여성 평화 대행진 한국 수련회를 개최했다. 무지개의 집 사회교육원이 주관하고 한국의 재외동포재단(이사장 이광규)이 후원한 이 수련회는 국제결혼한 한인 여성들에게 조국 방문 프로그램을 통해 주체성을 확립시키고 여성, 환경, 평화 의식을 고취하여 세계평화를 위한 주체 세력으로서 역할을 감당할 수 있도록 지도력을 개발하고 육성하는 것이 목적이었다. 첫 번째 수련회에는 미국을 비롯하여 일본(2명), 캐나다(2명), 독일(2명), 한국 등에서 40명이 참석했다. 한국 수련회에는 현장 방문으로 38선 비무장

지대, MBC방송국, 이화여대 채플, 기지촌 등을 방문하고 정신대 수요집회에도 참석했다. 청와대 만찬에도 초청받았으나 노 대통령 탄핵이 진행 중이었으므로 김수환 추기경 방문으로 대체되었다.

내가 떠난 후에도 무지개 여성 평화 대행진이 기초가 되어 한국 수련회가 계속되었고, 드디어 2006년 세계국제결혼여성연합회(KIMWA, Korean International Marriage Women's Association)가 발족했다.

(3) 무지개의 집에 대한 후원

무지개의 집은 크게 한인 동포사회의 후원과 미국 기관에 신청한 보조금, 그리고 각계각층 개인의 후원으로 유지되었다. 먼저 한인 동포사회 후원은 소상업 자영업을 주로 하던 이민 1세대의 삶이 서려 있는 스토리가 있는 후원이다. 수표만이 아니라 편지가 답지할 때마다 감동하고 힘을 얻었으니 그 얘기만 써도 책 한 권의 분량은 될 것이다. 한인교회(선교부, 여선교회 등)와 개인들, 가게(식품점, 생선, 네일숍, 미장원, 꽃, 귀금속, 세탁소, 자동차 정비 등), 친목단체(동창회, 우정회, 향우회) 등에서 후원해주었다. 한민족은 어려운 때도 고난 받는 이들과 밥을 나누어 먹는 민족이다. 그리고 보조금은 미국 정부와 UMC 선교부, 뉴욕여성재단(NYWF), Sister's Fund 등에서 받았다.

의료계 후원으로는 이문세치과(퀸즈 엘름허스트 소재)의 이 원장님이 자매들의 치아를 20여 년간 무료로 치료해주셨고, 방은숙피부과의 방 원장님도 20여 년간 자매들의 건강진단을 맡아주셨다. 또 진광훈한의원의 진 원장님은 자매들에게 보약을 약 20회(각 500달러 상당) 지어주셨고, 주인예정신과 의사는 자매들의 정신상담 봉사를 해주셨다.

개인적으로 물심양면의 후원과 봉사를 해주신 특별한 분들이 참으로 많았다. 그중 몇 분만 소개해보면, 권훈옥 집사는 초창기 5년간 물심양면으로 자매들과 동고동락한 무지개의 집 최고 일꾼이었다. 해피바잉가구점의 이희상 장로(아름다운 교회)는 무지개의 집이 내 집을 마련한 후 침대만 20개, 리빙룸 세트, 사무용 책상 등 새 가구로 채워주셨다. 자매들이 독립해 나갈 때도 침대와 식탁, 의자를 기증했다. 또한 무지개의 집 부속 중고품 가게에 물건을 실어다주었다. 박동규 변호사는 초기부터 자매들의 영주권, 시민권 회복 등 법적인 절차를 무료로 봉사해주었다. 또 고철우 철사님(단학에서의 명칭)은 5년간 싱싱한 채소를 새벽마다 롱아일랜드 농장에서부터 배달해주었다. 서영원 이사는 무지개 환난 시절 모두에게 잊혀 뉴욕에 룸메이트로 남아 있던 자매들에게 정기적으로 식료품 공급과 외식을 시켜주는 등의 봉사를 가족들이 함께했다. 뉴욕 자매들은 그들을 '그린 패밀리(Green Family)'라 불렀다. 그는 "내가 만난 예수"를 뉴스레터에 올렸는데, 자매들을 예수로 발견한 사람이다.

(4) 무지개 환대: 밥상공동체 보고(1993~2004)

사회복지 활동

노숙자 돌보기 친정집의 장기 체류자(5~12년)는 13명(그중 8명은 무지개 선교사)이었다. 일주일 이상 침식을 제공받은 이들은 450여 명이었는데, 그중 혼혈인(미국 12명, 중국 3명, 일본 4명)과 입양인, 아시안 체류자가 5%에 해당한다. 특기할 사항은 10년 이상 이산가족으로 생사를 알지 못하던 가족들을 가족 상봉으로 한국 가족의 품에 안긴 자매가 12명 있었다. 또 이정희 자매가 심장마비로 사망했을 때 25명의 자매가 하얀 상복을 만들어 입고 상주 노릇을 했다. 원래 노숙자는 사망 후 미국 정부가 책임지는 것인데, 롱아일랜드 무궁화동산에 안식하게 했다. 또한 마사지 시술소(매춘업소) 단속 기간이 되면 30여 명이 일주일씩 머물다 갔고(2회), 아시아여성센터에는 노숙자 쉼터가 없어 무지개의 집에 중국인을 보내서 그들에게 단기 침식을 제공했다. 상담과 추천 서비스 등도 일일이 기록하지 못했으나 부지기수였다.

인권운동 캠페인

또한 국제결혼 여성의 실종, 살해, 투옥 등 20여 사례를 맡았다. 그중 2급 살인 누명을 쓴 송 여인 석방, 차혜선 살해사건(St. Antonio, TX, 범인은 남편으로 구속됨), 미중 오브라이언(Mijung Obrian)의 석방(대마초를 정원에 심은 마약 사범), 김 자매 방화사건 캠페인으로 중죄를 잡범으로 풀려나게 하여 아시안 주택 프로젝트로 입주한 자매 1명, 영어권 자원봉사자 수잔 정이 약물 범죄 및 에이즈(HIV) 환자로 구류센터(Detention Center)에 갇혀 추방을 기다리던 자매의 재판을 석방 캠페인을 주도하여 승리한 사례가 있다. 그 자매는 한 달간 무지개의 집에 입주해서 함께 살다가 에이즈(HIV) 환자인 애인 집으로 갔다. 그들의 애달픈 사랑을 어찌 말로 다 하랴!

'코얼리션(Mrs. O. Coalition, 강간 사건)'은 필라델피아 한인회장이 유학생의 아내를 강간한 사건으로, 영어권 여성들의 주도하에 박 권사(사감 및 3대 이사장)와 자매들이 합동으로 벌인 캠페인으로, 범인은 구속되었다. 한인 동포사회에서 이례적으로 강간 사건에서 승리함으로써 경각심을 불러일으켰다. 무지개의 집이 곤욕도 치렀지만 자매, 이사회(1세대), 영어권(1.5세대, 2세대)이 협력해서 이룬 쾌거였다. 가장 인상적인 것은 강간 피해자 100인의 광고 캠페인이다. 그녀들은 자발적으로 자신들의 이름을 광고 하단에 실음으로써 소수가 아님을 알렸고, 15달러씩 회비를 모아 뉴욕의 중앙일보, 한국일보에 전면 광고비(각 750달러)를 감당했다. 붉은색 큰 글씨로 '강간이란 무엇인가?'라는 제목이 충격을 주었다. 나는 그때 전화로 세상의 온갖 욕을 다 먹었고, 우리 소유의 차(15인승 밴, 7인승 밴, 승용차) 바퀴들이 수난을 겪었다. 나는 가정 파괴범이라는 협박을 받고 법적 보호장(Order of protection)을 늘 소지하고 다녔다. 무지개 캠페인의 영어권 주역들은 서승혜(Alex Suh), 장미정(Sharon Jang), 정영혜(Susan Chung), 장지경(Joyce Chang), 심소현(Julia Park), 황현정(Juliet Hwang), 이주현,

김은희 등으로 특히 강간 사건은 5개 한인 영어권 여성 단체(우문차, 노듯돌, Keep 등)가 연합해서 이룬 쾌거였다.

선교사 임명 및 지도자상 수여

무지개의 집 7주년 모금 만찬에서 자매 중 경력에 따라 다음의 7명에게 선교사 임명과 1명에게 지도자상을 수여했다(2000).

- 송종순: 아리랑 선교사(감옥 선교)
- 박창규: 무지개 선교사(큰언니)
- 나미란: 민들레 선교사(홈리스 없는 세상 만들기)
- 이애자: 잔디 선교사(중고품 가게)
- 노진숙: 살림 선교사(밑반찬, 바자회 등 먹거리 제공)
- 조윤주: 무궁화 선교사(병원 방문)

무지개 자매들의 예배춤(여성과 십자가)

2000년 무지개의 집 7주년 모금 만찬(가운데 송 여인과 일곱 선교사)

- 유청자: 해바라기 선교사(무지개의 집 졸업생들 방문)
- 김종자: 지도자 롤모델상 수상

지도자 롤모델상을 수상한 김종자는 수상과 선교사 임명을 받은 자매들을 대표하여 만찬에서 연설했다. 무지개 자매들은 상처받은 치유자의 성공적인 사례였고, '무지개 환대: 밥상공동체'를 실현한 공로자들이다. 그들은 무지개의 집을 빛낸 여성들이었고, 그녀들의 서로 돕는 모습은 언제나 감동을 몰고 다녔다.

(5) 무지개의 집 대표 이취임

2004년 6월 창립 11주년 행사에서 제1대 여금현 대표의 이임식과 제2대 서진옥 대표의 취임식을 했다. 내가 떠난 후 서진옥 대표는 2005년 '국제결혼 여성 세계대회' 한국 수련회를 성공적으로 수행하며 세계 모임의 밑그림을 그려냈다. 2006년 서진옥 대표도 무지개의 집을 떠났다. 2006년 제2회 세계대회에서는 국제선과 KAWA의 지도력만으로 World KIMWA(Korean International Marriage Women's Association)를 발족했다. 매년 한국에서 세계대회 수련회를 개최하며 올해 16주년을 맞이한다. 서 대표는 짧은 기간 일했으나 그의 공로를 기억한다.

이임을 준비하며 가장 힘들었던 일은 모든 실적을 숫자로 표기하는 사회복지 시스템의 실패자였다는 발견이었다. "온 천하가 생명 하나만 못하다(마 16:26)"라는 말씀이 살아있는 한, 사람 살리는 일을 숫자로 표기하는 데 동의할 수도 없지만, 숫자 표기 자체가 무지개의 집 방식과 맞지 않았다. 약물 중독자 한 사람을 고치는 데 100여 명의 손길과 물질(립스틱 하나라도)이 투여됐다. 그럼에도 보조금 신청을 위해 온갖 노력을 기울인 것은 사회복지단체[501(c)]는 그렇게 해야 하는 줄 알았다. 보조금 신청서 및 후속 보고서 작성에 따른 인력은 물론 인건비 등으로 막대한 재정지원이 불가피했다. 그럼에도 숫자 표기의 실패로 늘 낙방했다. 나는 낙방

한 것보다 보조금의 유혹에 눈을 돌렸던 것을 더 자책한다. 무지개의 집이 밥상공동체를 계속하는 한 시간이 걸리더라도 자립할 수 있을 것이다. 컬럼비아대학 사회사업과 교수가 친정집 모델과 밥상공동체에 관심을 보여 제자 한 명을 인턴으로 일 년간 보내주기로 했다. 하지만 무지개 환난으로 한 학기 후 무산되었다. '무지개 환대: 친정집 밥상공동체'가 각종 질병을 달고 들어오는 노숙자들을 위한 사회복지에 대안으로 자리매김하지 못한 것이 내게는 상처와 한으로 남았다.

3. 감독의 파송(나의 갈 길 다 가도록)

무지개의 집을 이직하고 나서 지리산 아래 섬진강이 흐르는 곳에서 2년간 휴직했다(Family Leave). 그곳의 자연은 내게 힐링을 주었다. 남편은 한국으로 파송을 받아 그곳에 남았다. 나는 2007년 뉴욕연회 박정찬 감독의 파송을 받아 백인교회(Hillside UMC, New Hyde Park, NY)에 담임목사로 취임했다. 비록 파트타임이지만 복리후생 패키지도 받을 수 있었다. 나는 교회 옆의 침실이 5개인 이층집 목사관에서 혼자 살았다. 무지개 자매들이 목사관에 드나들었다. 나는 자매들과 함께 살기를 원했으나 자매들은 6개월을 넘기지 못하고 플러싱 한인타운으로 돌아갔다. 나 혼자 살기에 큰 목사관이어서 한국에서 오는 여성단체 활동가들의 쉼터가 되기도 하고, 전 세계의 국제선 연결망에서 온 방문자들의 안식처가 되기도 했다. 장학금으로 UMC 목사가 됐고, 목회 과정에서도 많은 신세를 진 UMC 교단에 은혜를 갚는다는 심정으로 교인들을 섬겼다. 교회 주변은 한인을 비롯한 아시안이 급증하는 추세여서 백인교회의 소멸을 예고했다. 20여 명의 노인이 자신들의 부모 세대가 세운 교회에서 환송 예배(장례)를 드리게 해달라고 하느님께 기도했다고 한다. 그들은 한국전쟁 후 한국에 선교비를 꾸준히 보냈다고 했다. 나는 그들의 소원을 들어주기 위해 최선을 다하겠다고 결심했다.

우선 교회 건물을 지역사회에 오픈했다. 다양한 민족이 자신들의 언어로 예배를 드리도록 미션을 정했다. 일요일에는 본 교회(영어 예배)를 비롯해서 한인교회, 중국인교회, 스패니쉬 교회가 시간을 달리해서 그들의 목사와 언어로 예배를 드렸다. 주중에는 아시안 어린이 합창 연습, 악기 연습, 일본 여성그룹 등 다양한 문화를 접할 수 있었고 한 달에 한 번 정기적인 목사회를 통해 서로의 필요를 조정했으며 공동예배 및 밥상공동체, 야외 피크닉도 즐겼다. 교회의 재정이 안정됐고, 30대 교인 네 가정이 찾아오면서 교회는 활기를 찾아갔다. 남는 시간이 많아 목사관의 햇살이 잘 드는 곳에 텃밭을 만들었고, 교회 주변에는 꽃도 심었다. 텃밭의 채소는 일요일 친교 때 샐러드로 올라왔다. 힐사이드 교회는 '꽃밭교회(Flower Church)'라는 별명이 붙었고, 휠체어를 탄 동네의 노인들이 꽃을 보러 교회로 나와 즐기곤 했다.

처음부터 교인 엘리스를 환대 목회자(Hospitality Minister)로 임명하고 예배 후에는 예배 시간보다 길게 미국식 먹자판을 벌였다. 빈대떡을 비스켓처럼 작게 구워내곤 했는데, 그 빈대떡은 '헤나표 팬케이크(Henna's Pancake)'로 인기를 끌었고, 교회에서 요리 강습도 했다. 한아름마켓에서 김치를 사다가 집에서 김치빈대떡을 해 먹었다

2008년 부활절 유아세례 후(가운데가 여금현 목사, 가족, 친척, 교인들)

는 백인 교인이 늘어나는 재미있는 일도 있었다. 그러면서 교인들이 50여 명으로 늘어났다. 한인 미연합감리교회 전국연합회 잡지인 「섬기는 사람들」(Nov. 2010)에 "교회가 살아나기 시작했어요"라는 제목으로 우리 교회가 소개됐다. 10년 만에 유아세례를 베푼 날은 교회의 축제일이었다.

특기할 사항은 3명의 교인이 연달아 병(특히 암)이 나았다고 예배시간에 고백했고, 그 소문이 인근에 퍼진 일이다. 한 달에 한 번 힐링 서비스를 하는 날에는 낯선 사람들이 줄을 이어 찾아왔다. 나는 우리 모두 함께 기도했으니 누구를 통해 낫게 되었는지 하느님만 아시는 거라고 열심히 부정했다. 나는 병을 낫게 해달라고 기도하지 않았고, 교인들과 교독으로 "주여! 우리에게 자비를 베푸소서(Have Mercy on us, Oh Lord!)"라고만 외쳤기 때문이다. 무엇보다 신앙이 이성적인 활동임을 강조하기 위해서였다. 즉, 아프면 병원에 가야 하고 하나님은 의사를 통해서도 일하심을 믿는 것이 신앙이다. 또한 무지개의 집에 비하면 1/10도 일하지 않아 이러고도 월급을 타도 되는지 늘 송구스러웠는데, 교인들은 "편안히 쉬기를(Take Rest!)"이라는 문구가 쓰인 카드를 시도 때도 없이 보냈고 목사관엔 직접 만들어 보낸 빵과 채소 수프, 장미꽃이 떨어지지 않았다.

어느 예배 후 친교 시간이었다. 한인교회 사모의 맹렬한 목회 활동을 목격하고 감탄하는 교인들에게 "나는 사모님이 없는 목사라서 미안하다"라고 말했다. 그런데 그다음 주 예배 중 나눔의 시간(Joyce & Concern)에 재단 이사장인 백인 남성 로버트가 체크무늬의 짧은 주름치마를 입고 예배센터로 나와 "제가 오늘부터 이 교회의 사모님(I'm Pastor's Wife of Hillside UMC from now)"임을 선언하여 웃음이 폭발했다. 그 후 로버트는 언제 어디서나 자신을 '교회 사모님'이라 소개했다. 교인들은 물론 방문자들에게도. 그때마다 웃음을 주었다. 특히 감독실에서 정기적으로 열리는 캐비닛 미팅(감독의 주재하에 각 지역 8명의 감리사 회의)에 우리 교회의 주요 안건을 위해 9명의 임원이 초청되었을 때였다. 그때도 로버트는 자신을 '목사 사모'로 소개해서 웃음보를 터뜨린 일화는 유명했다. 건물 청소전문가였던 로버트는 은퇴 후 교회가 제2의 집이라며 매일 출근해서 교회 청소와 관리로 나의 목회 파트너 중 으뜸이었다. 그 밖에도 각 위원장의 파트너십을 일일이 소개하지 못함이 아쉽다.

나의 마지막 예배는 5개 언어로 교회의 온 공동체가 총동원된 합동예배로 드렸다. "지난 7년간 교인들 100%가 사랑한 목사였다"라고 목회위원장 베버리가 축사해주었다. 내가 무슨 말을 할 수 있으랴! 힐사이드 교회 목회는 나 스스로 노숙자였던 삶에 내리신 하느님의 충만한 위로였고, 교인들은 나의 수호천사들이었다. 이때 내 나이 일흔이었다.

나가는 말: 여럿이 함께 걸으면 험한 길도 즐겁다 - 신영복

하느님 이야기

나는 아무도 가지 않은 숲길을 무지개 가족들(자매들, 후원자, 자원봉사자, 이사, 직원, 방문자, 만회연)과 함께 걸었다. 나에 대한 만회연(나중에 국제선)의 신뢰는 내가 팥으로 메주를 쑨다 해도 따라주었다. 그 신뢰가 평화동산(122에이커)이라는 기적을 만들었다. 무엇보다 무지개 노숙자 자매들로부터 나는 많은 사랑을 받았다. 그 사랑에 보답하고자 성심을 다하면서 나는 즐겁지 않은 때가 없었다. 그토록 진실하고 처절한 사랑을 받은 경험은 신의 은총이다. 그 하느님은 사람을 필요할 때 불러 쓰시다가 때가 되면 버리기도 하신다. 은퇴라는 이름으로 쉼을 주시고 위로도 주신다.

무지개의 집 마지막 모금 만찬(2013년 뉴욕가정상담소와 합병이 결정된 때)에 참석했을 때, 나는 "하나가 되는 것은 더욱 커지는 것이다"라는 문익환 목사님의 말씀을 덕담으로 해주었다. 2014년 뉴욕가정상담소와 하나가 된 뉴욕 무지개의 집은 어떤 방법이든 불우 여성들을 도울 것이다. 무지개 환대: 밥상공동체인 노숙자 친정집은 자매들과 함께 평화동산에 자리 잡았고, 미국 전역의 노숙자 자매들이 모여들고 있다. 그곳은 원하기만 하면 60개가 아니라 600개, 6천 개 침상도 가능하다. 이미 평화동산에는 100여 명이 모여 매년 수련회를 할 수 있는 회관과 기숙사, 사무실 건축을 완성했다는 소식이다. 무지개 자매들을 비롯해서 자원봉사자들이 감자, 고구마, 콩 농사를 지어 전국 회원들이 방문하면 나누어준다. 그곳에 떡 만드는 기계로 만든 떡이 인기다. KIMWA는 재외동포재단의 후원으로 한국에서 매년 수련회를 개최한다. 그들은 국제결혼 여성의 정체성대로 '세계평화를 위해 일하는 여성들'로 성장할 것이다. 나 개인은 상처와 한으로 처절하게 피 흘리고 사라진다 해도 하느님은 그곳에 있고 하느님의 선교는 실패하지 않으신다. 하느님은 시간을 넘어 계시는 분, 서두르지 않으시는 분이다.

송종순 이야기

그녀는 무지개의 집에서 가석방 7년 기간을 무사히 마치고 자유인이 되었다. 그녀는 코미디언이었고 탤런트, 연극인이었으며 힘든 일을 도맡아 하는 큰 일꾼이었다. 가석방 후 네일 학원을 졸업하고 네일 기술자로 취직했다. 그때 백인 남자를 만나 사랑에 빠진 것을 보고 우리는 헤어졌다. 내가 은퇴 후 한국에 나간 지 2년 만에 경기도 이천의 한 쉼터에서 그녀를 다시 만났다. 정신병원과 쉼터가 한 울타리에 있는 경관이 좋은 산속이었다. 그녀는 자활 여성 대상 기금으로 한국 정부에서 매달 생활비를 지급받았다. 그곳은 또한 일터도 함께 있어 일하며 돈을 버는 것이 즐겁다고 했다. "여 목사님 따라서 온 거 아니에요. 얼마나 한국에 오고 싶었다고요. 이곳은 어릴 때 내 고향과 같아서 좋아요. 불고기와 갈비는 먹고 싶을 때마다 실컷 사 먹을 수 있으니 다시 오지 마세요." 평범한 아줌마로 편안해 보였다. "고혈압 환자처럼 평생 약을 잘 먹어야 해. 하고 싶은 건 미루지 말고…." 내가 그녀에게 해준 마지막 말이다. 이산가족이었다가 20년 만에 상봉한 오라버니도 내게 다시는 찾아오지 말라고 당부했다. "내가 순이를 잘 돌보겠습니다." 사슴처럼 슬픈 눈을 가진 깡마르고 키가 큰 오라버니는 매스컴에 노출되는 것을 걱정했다.

박창규 이야기

처음 노숙자로 출현해 내 눈을 뜨게 해준 박 자매는 정신질환 치료 후 정상인이 되었다. SSI 수급자가 된 후 헤어져 소식이 끊긴 가족들을 찾아(6남매와 고모) 두 번이나 한국을 방문했고, 가족들이 뉴욕에 와서 만나기도 했다. 박 자매는 무지개의 집을 떠난 적이 없는 장기체류자로 무지개의 집 산 역사다. 이 집에 드나든 모든 사람은 그녀를 모르는 사람이 없으며, 그녀 또한 그렇다. 그녀가 무지개의 집 설립 7주년 때 무지개의 집 큰언니 선교사로 임명된 이유다. 무지개 환난 대이동 때도 그녀는 뉴욕에 남았고, 내가 이직 후에야 방을 얻어 독립했다. 무지개의 집 운영 방침이 바뀌면서 그녀는 무지개의 집에 다시 갈 수 없게 되었다. 갈 곳을 잃은 박 자매는 공원에 나가곤 했다. 정신과 약을 복용하지 않아 정신질환 증세를 보이며 길거리를 헤맨다는 소식이 들려온다. 그러나 나는 그녀를 믿는다. 친정집을 잃어버린 그녀는 자매들과 자주 나갔던 공원에서 가장 행복했던 시절을 사는 것이다. 또한 룸메이트와 20여 년 같이 살던 아파트에서 벗어나 그녀 나름의 자유를 만끽한다. 그녀가 더 이상 길거리에 버려진 노숙자로 살지 않는 것은 자기 나름의 자유를 누리다가 위험할 정도가 되면 스스로 정신과 치료를 받고 정상인이 되는 길을 안다는 것이다. 언제나 그녀를 돌보는 닥터 방, 미용실 그레이스 님 등 인맥을 찾아갈 줄도 안다. 다시 뉴욕에 간다면 박 자매를 만날 수 있으니 기쁘다.

김종자 이야기

무지개 환난 이전에는 무지개의 집을 떠난 적이 없고. 자매 중에 직원이 되어 시간 제한 없이 닥치는 대로 일했다. 무지개의 집에서는 김종자가 평신도 신학원에 재학중이던 때 그녀의 이산가족을 찾았다. 그녀의 대학생 딸이 무지개의 집에 며칠간 머물렀고 이산가족 상봉의 기쁨을 나누었다. 내가 떠난 후에도 김종자는 뉴욕에서 자매들과 함께 지내며 맨해튼 세탁소에서 일하다가 아들과 딸이 결혼하여 아이를 낳자 엄마를 모셔갔다. 텍사스에서 김종자의 자녀들이 고난을 이겨낸 엄마가 자랑스럽다는 말과 함께 내게 감사 편지를 보내왔다. 새 차를 샀다고 사진을 보내준 것이 김종자와의 마지막 연락이었다. 그녀를 존경하는 것은 어떤 환경에서도 인간답게 사는 삶을 이루어낸 인간 승리의 사례로서 참 신앙인이 살아가는 모범을 보여주었기 때문이다.

나의 이야기

은퇴 후 나는 현재 샌프란시스코 해변에 있는 기초수급자 노인 아파트 원룸에 자리 잡았다. 메디케이드(Medicaid), 즉 메디칼(Medi-Cal: 캘리포니아주에서는 메디케이드를 메디칼이라 한다) 대상이다. 이곳은 노인들을 위해 봉사할 일이 많아서 좋다. 남편은 한국이 좋아서 지리산 밑에서 살고, 나는 낭만의 도시 해변이 좋아 여기서 산다. 서로의 독립된 삶을 격려하며 가끔 연인으로 만난다. 아직은 건강하기 때문이다. 누구든 아프면 이곳에서 함께 살 것이다. 내가 일곱 살 때 한 교실에서 만난 남편은 내가 아플 때 업어줄 사람이다. 마침 결혼 50주년을 맞아 올봄 두 아들이 서유럽 여행을 예약해주었다. 특히 파리의 에펠탑 2층 전망대에서 마카롱도 맛볼 것이고, 밤에는 2층짜리 센강 유람선을 즐기며 에펠탑, 오르세 미술관, 노트르담 등을 배경으로 사진도 찍을 것이다. 가슴이 콩닥거리는 걸 보니 도륙당한 청춘이 그대로 남아 있었나 보다. “노숙자 돕느라 우리 집이 노숙자가 됐어”라고 불평하는 남편을 위로해줄 것이다. 이제 하느님 없이 살고 싶다. 아니, 하느님이 내 삶에 개입하지 않도록 좀 더 자유롭게 이 땅에서 천국을 살 것이다. 남편은 나에게 은퇴선물로 ‘찬샘’이라는 별명을 주었다. “내 잔이 넘치나이다(시 23:5)”로 해석하고 감사히 받았다. 찬샘은 은퇴 후 내 이름이다. 내 잔이 넘치려면, 가득 찬 샘이 되려면 하늘에서 비(은총)가 내려야 하리! 가득 찬 샘은 쉴 사이 없이 오직 아래로만 흘러가는 것. 얼음처럼 찬 샘이라면 어떨까? 더운 여름 농부와 나그네를 살리고, 탕자가 새벽녘 냉수 먹고 돌이켜 집으로 돌아갈 수도 있을 터. 영원한 길 떠날 때 두 아들에게 남겨놓고 싶은 이름이다. "세상이 나에게 준 것은 고난이었으나 하느님이 내게 주신 것은 고난보다 더 큰 은총이었다." 터져 나오는 나의 고백이다.

여금현

1986년 예일대학교 신학대학원 졸업. 같은 해에 미국 연합감리교 뉴욕연회에서 목사 안수를 받았다. 국제결혼 여성을 위한 무지개교회를 설립(1991)했고, 국제결혼한 여성으로서 억울하게 감옥살이를 하던 '송 여인 석방운동(Free France Campaign, 1992)'을 주도했다. 송 여인이 석방된 후 1993년 무지개의 집을 설립하여 송 여인과 노숙자 여성들을 포함해 불우한 여성들을 위한 인권운동과 더불어 쉼터를 운영했다(1993~2004). 이러한 활동으로 뉴욕여성재단으로부터 Neighborhood Leadership Award(2000)와 수상자 대표 연설을 했으며, 한국 여성부 주관 해외 여성 지도자상으로 국무총리상을 수상했다(2000). 역서로 『공정한 환대(*Just Hospitality* by Letty M. Russell, 2012)』가 있다.

4 이 땅에 살기 위하여 - 민권센터 활동 25년

차주범 Ju-Bum Cha
민권센터 선임 컨설턴트

이 땅에 살기 위하여

이 땅에 살기 위하여 떠밀려서 왔더라도
떠밀려 살지 않기 위하여 씨 뿌리는 마음으로
우리는 이제 새 맘으로 시작하여야 한다
오천 년의 쓰라린 역사 꺾이지 않는 질경이처럼
이 땅의 자랑스런 코리안으로 수많은 형제들과 어깨를 걸고
당당하게 거대한 이 대륙에 꿋꿋이 서기 위하여
튼튼한 뿌릴 땅속 깊이 내려야 한다

- 김용탁 작사, 박상진 작곡, 민권센터(구 청년학교) 노래

그날의 기억

뚜렷하게 기억한다. 1994년 6월 24일 금요일 오후 7시 무렵이었다. 그날 나는 플러싱 애쉬 애비뉴에 위치한 청년학교를 처음 방문했다. 청년학교는 설립 25주년에 민권센터로 개칭하기 전까지의 단체 이름이다. 당시 민권센터는 오피스빌딩이 아닌 일반 가정집 건물을 사용했다. 무보수 상근자 두어 명이 거주하며 단체를 꾸

리던 시절이었다. 그날의 방문은 매주 금요일 저녁에 개최되던 '청년 조국사 교실'에 참석하기 위해서였다. 뿌리 교육과 청년 조직화의 하나로 진행된 조국사 교실은 동포 청년들이 사회의식에 눈을 뜨도록 인도했다.

나는 몰랐다. 순전히 흥미로 찾아간 그날의 첫 방문이 향후 미국 생활의 본질을 구성하는 계기로 작용할 줄은 전혀 예상하지 못했다. 25년이 지난 지금 돌이켜 보니 민권센터 활동은 우연과 필연의 상호작용이었다. 우연한 계기로 알게 된 단체를 방문하여 시작되었지만, 커뮤니티 단체 활동에 나의 청년과 중년의 대부분 시간을 투자한 필연적 요소도 분명히 있었다. 그것은 나의 출생과 성장 과정 그리고 미국 이주로 이어지는 인생 경로와 연동된다.

미국으로 이주

나는 이민자다. 한국에서 출생하여 20대 초반까지 한국에서 살았다. 이른바 '386'으로 불리는 세대 집단의 막내 격이다. 우리는 군부 독재하에서 제도 교육을 이수했고, 청년기로 접어들며 정치관과 역사관을 새롭게 재편하는 의식화 과정을 거쳤으며, 민주화 운동에 동참하기도 한, 이제는 한국 정치와 사회 구조에서 핵심 역할을 담당하는 기성세대다. 나는 한국에 살면서 시민단체의 회원으로 활동했던 약간의 경험을 보유했다.

나는 1992년 미국으로 이주했다. 가족과 친지들이 먼저 터를 잡고 있던 뉴욕으로 왔다. 미국에 꼭 오고 싶은 열망은 별로 없었으나 가족 재결합을 원하는 식구들의 요구에 부응했다. 이민 생활 초창기에는 1세 이민자가 당면한 어려움을 나 역시 고스란히 겪었다. LEP(Limited English Proficient; 영어 사용 미숙자)로서 인식 체계는 성인이지만 생각을 표현하는 언어 구사는 원어민 초등학생보다 못한 내 처지를 먼저 극복해야 했다. 나는 헌터 칼리지의 랭귀지스쿨(영어 코스)에 등록하여 약 1년 반 동안 수업과 자율학습을 포함하여 하루에 10시간 이상 영어 공부에 매달렸다. 한국에서는 나와 상관없는 그저 서양인의 꼬부랑말로 여겼던 영어를 미국에서 살아남기 위해 절박하게 익혔다.

우리 가족은 퀸즈 자메이카에서 생선 가게를 운영했다. 라티노 종업원을 두고 전 가족이 장시간 고강도 노동으로 유지하던 한인 커뮤니티에 흔한 소상업(스몰 비즈니스)의 하나였다. 친척들도 모두 맨해튼, 브롱스 등지에서 생선 가게를 했다. 미국에 이민 오면 공항에 마중 나온 사람이 종사하는 업종에 본인도 덩달아 투신하게 된다는 속설을 증명하는 예다. 소상업 공간은 이민 생활의 보람, 애환, 기쁨, 슬픔이 모두 응축된 치열한 '체험 삶의 현장'이다. 또한 다른 인종 간의 상호 이해와 대립도 공존하는 다인종 국가인 미국의 한 단면도 집약하여 보여주는 장소다.

평일에는 랭귀지스쿨에서 영어를 연마하고, 주말에는 생선 가게에서 생선 다듬는 기술을 수련했다. 학생이자 이민 노동자로서 머리와 몸을 최대치로 가동하며 매일 분주하게 보냈다. 특별한 장기적 전망이나 주관적 소망을 상상할 수 없는 당장 눈앞에 닥친 현실과 씨름하며 보낸 날들이다. 고단한 하루를 마치고 집으로 돌아오는 전철 안에서 자다가 가방을 통째로 소매치기 당하기도 하는 등 1세 이민자가 온몸으로 축적하는 이민 스토리를 나 역시 하나씩 쌓아갔다. 미국에 도착한 첫날 경외의 시선으로 바라보았던, 손님들과 유창하게 소통하며 능수능란하게 생선을 팔던 어머니가 구사하던 영어가 사실은 개성 넘치는 '콩글리시'였다는 사실을 알아채는 데는 그리 오랜 시간이 필요하지 않았다. 그렇게 1세 이민자는 나의 어머니처럼 언어와 여타 장벽에 맞서 온몸이 부서져라 일하며 자식들을 키우고 이 나라 미국에 뿌리내렸다.

단체 활동의 시작

위에서 말한 대로 나는 1994년부터 민권센터 활동에 합류했다. 그때는 랭귀지 스쿨 졸업 후 다니던 패션 전문 주립대학인 FIT를 미처 다 수료하지 못하고 작파한 상태였다. 나는 대부분 1세 이민자처럼 자영업 등에 종사하며 삶을 도모했다. 민권센터는 여타 봉사 기관과 마찬가지로 뉴욕주 정부에 등록된 비영리(Non-Profit) 법인단체다. 내가 처음 활동을 시작할 당시에는 창립 10년 차에 접어든 아직 청년기를 벗어나지 못한 소규모 민권단체이자 봉사기관인 커뮤니티 단체였다. 또한 자매단체로 정치 활동에 집중하는 재미한국청년연합(Young Koreans United of U.S.)과 이원화된 조직 체계였다.

나는 소정의 교육 과정을 마치고 뉴욕한국청년연합 회원이 되었으며, 민권센터의 자원봉사자로 커뮤니티 활동에 본격 입문했다. 이후 나 역시 1990년대 중반에 무보수 상근자로 센터에 거주하며 '헝그리정신'으로 단체를 일구는 여정에 동참했고, 잠시 자영업에 종사하다가 2004년에 다시 풀타임 상근자로 복귀했다. 뜨거운 열정으로 모든 어려움을 돌파하던 청년 시절에 함께 활동했던 선후배들은 모든 걸 다 바쳐 조직을 반석 위에 올려놓은 개척자들이다. 그때 우리가 함께 눈물과 기쁨으로 공유했던 진한 한솥밥 정신의 기억들은 지금도 커뮤니티 활동을 하는 우리의 심장에 인장으로 찍혀 있다.

민권센터 약사

이제 내가 봉직하는 민권센터의 지나온 활동을 본격적으로 서술해보겠다. 민권센터(MinKwon Center For Community Action)는 1984년 설립된 커뮤니티 민권단체다. 설립 당시 명칭은 '뉴욕청년봉사교육원(Young Korean American Service and Education Center)'이었으며 그 후 '청년학교'로 변경했다가 2009년 설립 25주년을 맞아 현재의 단체명인 '민권센터'로 개칭했다. 민권센터는 커뮤니티 권익 옹호와 정치력 신장을 핵심으로 활동하는 민권단체이며 그 밖에 교육, 봉사, 청소년 프로젝트, 문화 활동을 병행하고 있다.

설립 배경

미국 사회의 커다란 변화를 불러온 민권운동의 여파로 1965년 아시아 국가 대상 쿼터제 폐지와 가족 초청 전면화를 골자로 한 이민법이 개정된 후 한인 커뮤니티는 이전과 대비하면 급속한 양적 · 질적 성장을 이루었다. 반면 대부분이 이민 1세인 한인은 언어장벽, 인종차별 등의 어려움으로 힘든 이민 생활을 영위하고 있었다.

한편 '5.18 최후의 수배자'로 불리던 고 합수 윤한봉 선생은 1981년도에 미국으로 망명하여 해외동포 운동을 일구었다. 미국 전역의 청년들을 규합하여 조국의 평화통일, 민주화를 위해 활동하는 정치단체인 재미한국청년연합(한청련)을 결성

1984년 민권센터를 설립한 고 합수 윤한봉 선생(앞줄 가운데)과 한인 청년들

했다. 한청련은 지역 한청련으로 구성된 연합 단체였다. 그리고 1983년 설립된 로스앤젤레스 민족학교를 필두로 각 지역에 한청련의 자매단체들로 비영리단체인 커뮤니티센터(마당집)를 함께 건설했다. 마당집들은 한인 동포사회를 위한 봉사, 뿌리 교육, 청년 교육, 문화 활동에 매진하는 동포의 열린 마당 역할을 수행했다.

활동 약사

(1) 1980년대: 이 땅에 뿌리 내리기

민권센터 초창기에는 동포 청년들을 대상으로 한 뿌리 교육과 장년, 성인들을 위한 사회봉사 활동에 중점을 두었다. 어린이들을 돌봐주는 방과후 학교, 여름학교 프로그램을 운영해 큰 호응을 얻었다. 동포가 쉽게 이용할 수 있는 도서실을 만들어 인문, 사회 등 각 분야에 걸쳐 총 3천여 권의 책을 구비해 무료로 대출해주었다. 매달 교양강좌를 개최해 미국 사회의 시사 문제부터 실생활과 관련된 주제를 가지고 동포에게 도움이 되도록 했다. 영어가 불편해 힘든 이민 생활을 영위하던 노년층에게는 사회봉사 업무가 인기를 끌었다. 당시 민권센터 상근자들은 상담부터 문제 해결까지 전 과정을 발로 뛰어 정부 사회복지 혜택 신청, 노인 아파트 입주, 이민국 업무, 병원, 은행 관련 일까지 노인 생활과 연관된 모든 분야에 걸쳐 도움을 제공했다.

이런 활동들을 통해 민권센터는 동포사회의 중요한 단체로 인식되었으며, 한편 도움을 받은 동포가 금전과 물품을 후원하면서 단체가 점차 커뮤니티에 뿌리를 내리기 시작했다. 민권센터가 아시안아메리칸법률교육재단과 공동으로 시작한 무료 법률상담은 법적 조력을 제대로 받지 못하던 저소득층 동포의 중요한 권익 신장 창구가 되었다. 이민법, 반아시안 폭력, 인종차별 문제, 세입자 권리 등에 걸쳐 다양한 분야의 상담을 했다.

민권센터 창립 이듬해인 1985년에는 '뉴욕한인문화패 비나리'를 창단하면서 문화 활동의 족적을 내디뎠다. 당시만 해도 동포사회에 건강한 민족문화 보급 활동이 미약한 수준이었는데, 비나리는 민족문화를 동포사회에 심고 타민족에게 우리 문화를 알리는 역할을 담당했다. 비나리의 창립 기념 창작 마당굿 「청산이 소리쳐 부르거든」은 플러싱 공연을 필두로 필라델피아, 보스턴, 로드아일랜드에서 총 2,500명의 관객을 동원하는 호응을 이끌어냈다. 그 후 비나리는 1987년 미국 내 최대 규모 축제 중 하나인 퀸즈 축제의 한국관 장식과 진행을 맡기도 했으며, 타민족 커뮤니티가 주최하는 각종 문화 행사에 초청되어 한국 문화를 알리는 전도사 역할을 수행했다. 또한 한국의 문화계 인사와 공연팀을 초청해 문화 강연이나 노래, 연극 공연을 개최해 각박한 이민 생활을 하는 동포가 한자리에 모여 함께 웃고 우는 훈훈한 광경이 연출되었다.

소수민족 중의 소수민족인 코리안아메리칸 커뮤니티(재미한인사회)가 미국 사회에서 제 권리를 누리기 위해서는 소수민족 연대 활동이 꼭 필요했다. 민권센터는 설립 초기부터 이러한 사실을 인식하고 이민자 권익 워크숍 참여, 인종차별과 경찰폭력에 항의하는 시위에 참여하는 등 재미한인사회(코리안아메리칸 커뮤니티)를 넘어 다인종 커뮤니티와 연대하는 활동의 기초를 닦았다.

(2) 1990년대: 권익 옹호 활동의 확대와 커뮤니티 단체의 모범 확립

1992년 LA(로스앤젤레스) 폭동은 엄청난 충격으로 재미한인사회(코리안아메리칸 커뮤니티)를 강타했다. 코리안아메리칸 커뮤니티는 우리 모두 미국의 사회문제에서 결코 자유로울 수 없다는 사실을 자각했다. 한편 중간선거에서 의회를 장악한 공화당의 반이민 정치인들은 미국 사회문제의 원인을 이민자 커뮤니티에 돌리는 반이민 정책과 법안들을 쏟아내기 시작했다. 미국 내 반이민 추세의 신호탄은 캘리포니아 '주민발의안 187'이었다. 서류 미비자에게 제공되던 모든 공공혜택을 박탈

뉴욕시청 앞에서 개최한 이민자 단체 집회와 기자회견에서 연설하는 필자(2004)

하도록 규정한 이 법안에 이어 각 주에도 유사 법안들이 도미노 현상으로 상정되었으며, 급기야 연방 차원에서 합법 이민자의 사회복지 혜택도 제한하는 반이민 법안이 상정되고 통과되었다. 반이민 추세가 반이민 물결이 되어 미국 전역의 이민자 커뮤니티를 옥죄는 순간이었다.

민권센터는 이때부터 본격적으로 이민자 권익 옹호 활동에 나섰다. 우선 당시 이민자 커뮤니티를 탄압하기 위해 반이민 세력이 내세웠던 논리를 배격하고 이민자 커뮤니티의 미국 사회 공헌도를 알리는 작업부터 시작했다. 반이민 세력은 이민자를 사회보장비만 축내며 미국 경제를 망친 집단으로 몰아세웠다. 그러나 진실은 완전히 정반대였다. 이민자 각 개인은 정부로부터 받는 혜택보다 더 많은 세금을 납부하고 직업을 창출해 미국 경제에 활력을 불어넣는 미국 사회 발전의 중추였다. 민권센터는 이민자에 대한 편견에 대항해 교육 활동과 간행물 발간 등을 통해 반이민 논리에 대항하는 이민자의 진실을 알리는 활동을 벌였다.

민권센터는 이와 더불어 반이민 법안에 반대하고 올바른 이민정책을 연방 차원에서 관철하는 구체적인 캠페인을 펼치기 시작했다. 수많은 자원봉사자와 상근자들이 힘을 합쳐 반이민 법안 반대 서명운동, 이민자 권리 지키기 집회를 벌이며 반이민 추세의 심각성을 동포사회에 알리고 타민족 커뮤니티와 함께 이민자의 생존권을 지키는 활동을 힘차게 시작했다. 민권센터는 1990년대 초반부터 후반까지 다음과 같은 이민자 권익 옹호 캠페인을 벌였다.

워싱턴포스트 광고 캠페인(1995)

미 정치권 정책 입안자들이 매일 정독하는 워싱턴포스트지에 사회보장 혜택마저 박탈하는 내용의 반이민 법안에 반대하고 이민자의 사회 공헌도를 제대로 알리기 위해 기획된 캠페인이다. 민권센터의 자원봉사자와 상근자들은 두 달여에 걸쳐 매일 거리로 나가 '1인 1달러' 모금운동으로 광고비를 모았다. 뜨거웠던 여름을 더욱 뜨겁게 달구었던 그해 여름의 캠페인으로 결국 목표를 훌쩍 넘긴 광고비를 모금하고 전국의 300개가 넘는 다인종 커뮤니티 단체의 참여를 이끌어내 워싱턴포스트지에 2회에 걸쳐 반이민 법안 반대 전면광고를 게재했다.

종이접시 보내기 캠페인(1995~1996)

연방의회의 반이민 정치인들이 무차별 삭감하기 시작한 사회보장 혜택에는 저소득층과 노년층 이민자의 생활에 절대적으로 필요한 푸드스탬프도 포함되었다. 민권센터는 음식을 담는 용기인 종이접시에 이민자의 서명을 받아 연방의회와 정부의 주요 정치인에게 보내는 종이접시 보내기 캠페인을 벌였다.

복원 96(Fix 96) 캠페인

1996년 미 의회는 이민법을 부분 개악해 합법 이민자의 가족 초청을 더욱 어렵게 만들었다. 그리고 서류 미비자들의 추방 조항을 강화해 한 번 출국한 서류 미비자는 3년 또는 10년에 걸쳐 재입국이 불가능하도록 했다. 민권센터는 이민 법률단체 및 타민족 이민자 단체들과 미국의 이민정책을 1996년 이전으로 돌리도록 요구하는 '복원 96' 캠페인을 진행했다.

1990년대 초에 시작된 이민자 커뮤니티를 향한 탄압은 이민자의 삶을 힘들게 했지만, 동시에 정치적 각성을 이루는 계기도 되었다. 아직 이민자 커뮤니티의 조직력이 전국 단위에서 발휘되지 못하던 시절에 재미한인사회(코리안아메리칸 커뮤니티)는 모범적인 활동으로 이민자 권익 옹호 운동의 첨병에 우뚝 서는 자랑스러운 활동 성과를 남겼다. 클린턴 전 대통령이 백악관 앞뜰에서 사회보장 혜택의 일부를 복원하는 법안에 서명하는 서명식에 민권센터의 대표가 초청되어 참여한 장면은 우리의 뿌듯한 기억으로 남아 있다.

민권센터는 1990년대에 들어와 이민자 권익 옹호 활동을 비롯해 시민참여 활동 및 교육, 사회봉사, 문화 프로그램을 확대 운영하며 코리안아메리칸의 대표 단체의 하나로 성장했다. 이 시기에 민권센터는 커뮤니티 활동과 타민족 연대를 양대 축으로 하여 이민자 권익 옹호와 시민참여 활동에서 중요한 역할을 담당하는 단체로 자리매김했다.

(3) 2000년대: 커뮤니티와 함께 개척해온 이민자 커뮤니티와 미국의 내일

2000년대의 미국은 새로운 세기를 향한 희망보다는 9.11사태의 암울한 그림자가 절망을 드리운 시기였다. 9.11사태가 불러온 애국주의 광풍은 '국가 안보'라는 미명하에 미국의 모든 정책 방향이 결정되는 최대 기준이 되었다. 이민자 커뮤니티뿐만 아니라 미국의 일반 시민도 심각한 인권침해를 당하고 시민적 권리가 제약되는 현상이 일어났다. 1990년대의 이민자 권익 옹호의 성과는 이어지지 못하고 이민 개혁을 비롯한 주요 이민정책은 아예 논의되지 못하거나 실현이 연기되었다. 아울러 미국 사회는 다인종이 화합하는 미래 전망이 불투명해지고 인종 간의 갈등

이 격화되고 대립하는 양상이 심화했다.

민권센터는 이런 사회적 배경하에서 기존의 이민자 권익 옹호 활동을 지속하는 한편 미국의 바람직한 내일을 제시하는 활동을 병행하기 시작했다. 시와 주, 연방을 두루 아우르는 이민자 권익 옹호 활동으로 이민자 복지예산 증액, 이민자 학생 교육체계 개선을 요구하고 이민자 커뮤니티와 미국 사회의 올바른 발전을 위해 반드시 필요한 이민 개혁을 촉구하는 활동에 집중했다.

이와 더불어 아프리칸아메리칸(흑인)과 이민자 커뮤니티의 관계 개선을 도모하는 캠페인(Building Bridges Campaign)과 미국 사회에 이민자에 관한 진실을 제대로 알리는 활동을 시작하고 인종에 상관없이 모든 주민에게 영향을 끼친 시 정부와 주정부의 사회복지예산 삭감에 반대하는 캠페인에 주도적으로 참여했다. 민권센터는 이렇듯 이민자 커뮤니티를 포함해 모든 커뮤니티에 중요한 정책 사안의 해결을 위해 땀 흘리며 다인종이 화합하는 미국의 내일을 여는 전망을 세우고 모든 이와 함께하는 커뮤니티 단체로서의 면모를 갖춰나갔다. 이 시기에 민권센터는 다음과 같은 주요 활동을 펼쳤다.

포괄적 이민 개혁 캠페인

현재 미국의 이민 시스템은 완전히 붕괴되었다. 1,100만 명에 달하는 서류 미비자, 극심한 이민업무 적체, 부족한 이민 노동력 등의 문제를 양산해 이민자 커뮤니티, 더 나아가 미국 사회의 올바른 발전에 가장 심각한 방해 요소로 작용하고 있다. 민권센터는 전국의 여러 단체와 손잡고 합리적인 이민법 개정을 위한 포괄적인 이민 개혁 캠페인에 심혈을 기울였다. 뉴욕타임스 광고 캠페인, 이민자 사진엽서 보내기, 아시안아메리칸 로비 데이 활동을 주도하고 미국 전역에서 수백만 명이 참가한 이민자 대행진에 코리안아메리칸 커뮤니티를 조직해 참여했다.

드림액트 캠페인

서류 미비 학생들이 합법 신분을 취득해 아메리칸드림을 펼칠 수 있도록 하는 드림액트의 상정과 통과를 위해서도 민권센터는 큰 노력을 기울였다. 서명운동, 풀뿌리 로비활동을 전개하는 한편 워싱턴 D. C.에서 개최된 전국 집회에 참여해 타민족 학생들 및 단체들과 정치권에 드림액트 통과를 촉구했다.

평등한 운전면허 취득 캠페인

9.11사태의 여파로 이민 신분에 따라 이민자의 신상을 확인하고 정부 기관 이용 등에 있어 제약을 가하려는 리얼 아이디(Real ID) 법이 통과되어 각 주에서는 서류 미비자의 운전면허 취득을 원천 금지하는 정책이 시행되었다. 뉴욕주에서도 약 30만 명의 주민이 운전면허증을 상실했다. 민권센터는 60여 개 사회단체, 노조 등이 연합해 결성한 '뉴욕운전권리연맹'의 주관단체로 캠페인을 이끌었다. 그 결과 전임 주지사에 의해 운전면허 발급 정책이 바뀌었으나 정치 공세로 인해 무효화된

민권센터의 18년 노력으로 도입된 이민 신분에 상관없이 모든 뉴욕 거주민의 운전면허증 취득을 허용한 '그린라이트 법'의 실행 직전에 개최한 커뮤니티 설명회에서 정보를 안내하는 필자(2019)

안타까운 일이 벌어졌다. 그리고 2019년 민권센터는 드디어 '그린라이트 법안'의 통과를 이끌어낸 연맹의 일원으로 뉴욕주가 서류 미비자에게도 운전면허증 취득을 허용하는 13번째 주가 되는 데 일익을 담당했다.

이민자의 진실 캠페인

미국 사회에 만연한 이민자에 관한 편견을 바로잡고 이민자의 사회 기여도를 정확히 알리고자 기획된 캠페인이다. 민권센터는 지역 차원에서 유색인지위향상협의회(NACPP)와 협력해 교육, 홍보활동을 통해 미국 대중이 이민자에 대해 올바른 이해를 갖도록 노력했다.

아프리칸아메리칸(흑인)과 이민자 커뮤니티 연대 활동

사회적 편견 때문에 관계가 소원한 아프리칸아메리칸과 이민자 커뮤니티 간의 유대를 강화하고 공동 정책 현안을 가지고 함께 일하기 위해 뉴욕이민자연맹(NYIC)이 주도한 'Building Bridges Conference, 흑인과 이민자 커뮤니티 연대를 위한 컨퍼런스'에 민권센터가 주최 단체의 하나로 참여했다.

사회복지 예산 삭감 반대 운동

경제 불황으로 세입이 감소하자 시 정부와 주 정부는 대규모 사회복지 예산 삭감을 단행했다. 민권센터는 시 정부와 주 정부가 합리적인 재정 정책으로 사회복지 예산을 삭감하지 않도록 하기 위해 뉴욕주의 100개가 넘는 단체가 모여 결성한 '하나의 뉴욕연맹(One New York Coalition)'의 주관단체로, 올바니(뉴욕주 정부 청사와 주의회가 소재한 뉴욕 주도)와 뉴욕시청 앞 대규모 집회 및 풀뿌리 로비활동을 적극적으로 펼쳤다. 그 결과 주 정부의 세제 정책을 바꾸어 삭감 예정이던 사회복지 예산의 일부를 복원하는 성과를 올렸다.

민권센터는 근래에 이르러 코리안아메리칸과 이민자 커뮤니티의 정치력을 신장하는 활동에도 많은 힘을 쏟았다. 유권자 등록, 유권자 교육, 유권자 분석, 유권자 권리 보호, 선거 참여 지원, 투표 참여 독려 활동, 후보 토론회 등을 포괄하는 종합적인 정치력 신장 캠페인을 매년 실시하고 있다. 코리안아메리칸 커뮤니티 최초로 해마다 뉴욕시 한인 유권자 분석 자료를 완성해 과학적인 정치력 신장 캠페인의 토대를 구축했다.

최근 민권센터의 정치력 신장과 시민참여 활동은 민권센터가 주관하고 19개 한인 및 아시안 단체가 소속된 아시안 정치력 신장 연맹인 APA VOICE를 중심으로 진행되고 있다. APA VOICE는 매년 선거 시기에 투표 참여 권장 활동(가정방문과 전화 걸기), 선거 안내서 발간 등을 통해 뉴욕시 전역의 한인과 아시안아메리칸 유권자들을 접촉하여 민주주의의 중요한 과정인 선거에 유권자들이 적극적으로 참여하도록 유도하고 있다.

신규 이민 유권자 등록 8만 명 돌파

2004년부터 신규 시민권자를 대상으로 한 이민 유권자 등록 캠페인을 실시해 2018년까지 8만 명이 넘은 신규 이민 유권자 등록을 달성했다. 매주 시민권 선서식이 열리는 브루클린 법원 앞에서 수많은 자원봉사자와 실무자의 땀방울이 모여 이룩한 결실로 이민자 커뮤니티 정치력 신장의 초석이 될 기념비적인 성과다.

민권센터는 2000년대 들어 봉사 활동의 범위를 대폭 확장했다. 저소득층, 신규 이민자, 노년층을 비롯한 커뮤니티 주민의 법적 권리를 보호하고 생활에 도움이 되는 재정 서비스를 늘렸다. 이민자 권리 법률 클리닉을 운영해 소속 변호사들이 이민법, 주택법, 노동법 분야에서 무료 상담부터 법률 대변까지 법률 서비스를 관장한다. 재정 서비스는 저소득층 세금 보고 대행, 푸드스탬프* 신청 대행 등을 한인, 중국계 주민과 타민족 주민에게 제공한다.

민권센터 봉사 프로그램은 매년 이용 주민이 증가하고 있으며, 커뮤니티 주민의 생활 유지에 든든한 조력자로 자리매김했다. 민권센터는 매년 일체 무료로 제공하는 봉사 프로그램의 직간접 서비스로 5천 명 이상의 커뮤니티 주민을 돕는데, 금액으로 환산하면 500만 달러 상당의 경제 혜택을 창출하고 있다.

커뮤니티 조직화

민권센터는 커뮤니티 조직화에도 더욱 박차를 가했다. 커뮤니티 조직화는 정책의 영향을 직접 받는 커뮤니티 주민을 권익 옹호 활동에 적극 결합하려는 목적으로 집중 실시된다. 각급 커뮤니티 모임에 참가하는 장년, 세입자, 이민자 청년과 드리머들**은 커뮤니티 권익 옹호와 정치력 신장 활동에 적극적으로 동참한다. 민권센터는 단체 설립 초기부터 다양한 교육 활동을 펼쳐 단체 활동에 참여하는 청년들에게 올바른 사회의식을 심어주기 위해 노력했으며, 이를 바탕으로 실제 활동의 장에 결합하도록 커뮤니티를 조직화하는 풀뿌리 커뮤니티 단체의 성장 모델을 구축해왔다.

2019년 현재 민권센터는 재미한국청년연합 회원 경력을 보유한 사람들과 기타 전문인들로 구성된 12명의 이사진이 단체를 이끌고 있으며, 존 박 사무총장과 한인 1세, 1.5세, 2세와 중국계로 구성된 20여 명의 정직원, 펠로우들이 네 가지 핵심 활동 영역에서 실무를 담당하고 있다.

---

* 보충영양 보조 프로그램으로 미국 내에 거주하는 저소득층에게 식료품 구입을 지원하는 프로그램

** 어린 시절 부모와 함께 미국으로 이주하여 성장한 서류 미비 청소년, 청년들. 이들에게 합법 신분을 부여하려는 취지로 연방의회에 상정되었으나 아직 통과되지 못한 '드림액트'에서 유래한 명칭

민권센터의 비전을 표현한 공식 좌우명(Vision Statement)은 "민권센터는 정의롭고 공정한 사회를 건설하기 위해 일하며, 모든 이에게 꿈과 감동이 살아 숨 쉬는 세상을 지향한다"이며 단체의 사명을 적시한 공식 미션(Mission Statement)은 "민권센터는 모든 이를 위한 경제 및 사회정의 실현을 이루고자 한인 커뮤니티 역량 강화에 힘쓰며 광범위한 아시안과 이민자 커뮤니티와 연대 · 협력한다"이다.

활동의 기억들

민권센터는 설립 당시부터 간직해온 '바르게 살자', '뿌리를 알자', '더불어 살자'라는 단체 모토를 지난 35년간 실제 활동으로 구현해왔다. 코리안아메리칸으로서 이민자의 정의를 실현하며 화합하는 미국 사회를 건설하는 여정이 민권센터 활동의 핵심이다. 민권센터의 모든 거대 프로젝트나 일상 프로그램은 모두 단체의 모토와 미션을 현실화하기 위한 노력이다.

나는 그동안 부족한 지혜와 능력으로 민권센터가 한인 커뮤니티 내에서 본격 성장하는 시기부터 전체 뉴욕시 아시안아메리칸 커뮤니티를 선도하는 단체의 위상으로 성장한 지금까지 여러 역할을 담당해왔다. 처음에는 봉사 프로그램의 하나인 시민권 신청 대행을 돕는 단순 자원봉사자로 시작했고 이민자 권익 옹호 코디네이터, 교육/커뮤니케이션 디렉터 등의 역할을 거쳐 현재는 단체 지도자의 일원으로 일정 정도 기능을 발휘하고 있다. 나의 커뮤니티 활동 여정에는 뉴욕한국청년연합 회원들이 주축인 무보수 상근자들이 풍찬노숙하며 단체를 일구었던 조직 건설기와 변호사 등 전문인들을 월급 주는 스태프로 영입하여 단체의 질적 · 양적 규모를 확장한 발전기까지 숱한 스토리들이 녹아 있다.

나의 민권센터 활동은 이민자 권익 옹호, 시민 참여, 사회봉사, 청소년 프로젝트라는 개념어로 설명되는 단체의 모든 핵심 분야와 결부되어 있지만, 결국은 단순하고 확고한 지향점이 있다. 그것을 설명하는 일상 언어는 사람과 이웃이다. 사람의 존엄성을 지키고 이웃의 안녕을 보살피려는 활동가의 가슴 깊숙이 자리 잡은 순정한 본능이 지금까지 나를 이끌었다. 그리하여 서류 미비자 청년들의 합법화 추진 법안인 드림액트 통과와 9.11사태 이후 바뀐 운전면허증 정책을 다시 되돌리려는 금식 투쟁에도 망설임 없이 동참했다. 2004년 전국 행동 주간의 하나로 진행한 1주일간의 금식 투쟁은 이민자, 사회단체 관계자들이 하루씩 돌아가며 릴레이로 금식하는 방식으로 진행됐다. 당시 뉴욕 지역에서는 4명이 1주일 내내 금식 투쟁을 감행했는데, 2명은 유력 노조 지도자였고 나머지 2명이 나의 동지이자 당시에는 전신인 청년학교 사무국장이던 현 민권센터 문유성 회장과 나였다.

나의 모든 커뮤니티 활동의 기억에서 나 개인이 차지하는 지분은 기껏해야 전체의 10% 남짓에 불과하다. 나머지 90%는 함께한 동료 선후배, 그리고 가장 중요한 한인 동포와 타민족 이민자가 주역이다. 아직도 내 뇌리에는 활동 현장에서 몸과 마음으로 함께한 동포의 모습이 선명하게 각인되어 있다. 약 10년 전, 뉴저지에 거주하는 서류 미비자 A씨는 어느 날 갑자기 가족과 생이별했다. 차량국에 운전면허증을 갱신하러 갔다가 이민단속국으로 넘겨져 구금소에 수용됐다. 매일 장시간 노동으로 가족을 부양하던 남편은 부지불식간에 사라진 엄마를 애타게 찾는 어린 자녀들의 양육까지 떠맡아야 했다. 없는 살림에 아내를 구명하고자 이리 뛰고 저리 뛰던 남편은 지푸라기라도 잡는 심정으로 민권센터의 문을 두드렸다.

민권센터는 즉각 A씨 석방운동에 돌입했다. 소속 이민 변호사가 사례를 담당하고, 보석금을 모금하고, 뉴저지 이민단속국 앞에서 집회하고, 단체와 교회들을 순회하며 탄원서 서명을 받으며 전방위로 뛰었다. 한인 동포도 우리의 노력에 화답했다. 어느 동포는 이름을 밝히지 않고 보석금에 보태라며 출근하는 직원 편에 후원금을 건네주었다. 어떤 동포는 본인도 신분 없이 살며 서러움을 겪었다는 사연을 적은 손편지와 함께 후원금을 보내주었다. 우리의 절박한 노력은 결실을 거두어 A씨는 수개월간의 구금소 생활에서 풀려나 가족의 품으로 돌아가 지금까지 계속되고 있는 이민 법원 재판에 임하게 되었다. 실로 오랜만에 애써 밝은 표정으로 사랑하는 자식들에게 밥을 차려주던 A씨의 발목에는 이민단속국이 설치한 전자 발찌가 채워져 있었다.

B씨는 아메리칸 드리머다. 어린 나이에 부모님을 따라 미국으로 이주했다. 고등학교를 졸업하기 전까지는 여느 친구들과 다름없는 꿈을 꾸는 청소년이었다. B씨는 대학 입학 원서를 작성할 즈음에야 본인이 남들과는 다른 처지임을 발견했다. 영주권 취득을 시도했던 부모는 고용한 변호사의 부실한 업무 처리로 실패했다. 새로운 희망의 장으로 여겼던 미국이 절망의 땅으로 변모한 순간이었다.

2012년 오바마 대통령은 서류 미비 청년 구제책인 DACA(Deferred Action for Childhood Arrivals: 서류 미비 청소년 추방유예정책)를 공표했다. B씨같이 미국 사회의 그늘에서 숨죽여 살던 드리머들이 민권센터로 물밀듯이 찾아왔다. 무료 DACA 신청 서비스를 이용하기 위해서였다. 당시 우리는 그들의 DACA 신청을 도우면서 한편으로는 드리머 청년들도 조직했다. 일부 드리머 친구들은 본인의 구제를 넘어 부모님, 더 나아가 모든 서류 미비자를 위한 이민 개혁 캠페인에 합류했다. B씨도 그중 한 명이었다. 본인의 DACA 신청을 하러 왔다가 자원봉사자가 되어 맹활약했고, 결국 정식 실무자로 선임됐다.

나는 지금도 2013년 그날의 장면을 뚜렷이 기억한다. 뉴욕 일원의 단체들이 맨해튼에 소재한 한 교회에서 '이민 개혁을 위한 뉴욕연맹' 결성 집회와 기자회견을 개최한 날이었다. B씨는 드리머이자 민권센터의 대표로 연설했다. 연설하는 도중 그는 본인 가정의 스토리를 소개하며 목이 메어 제대로 말을 잇지 못했다. 가슴에서 돋는 슬픔을 누르며 떨리지만 힘 있는 목소리로 정치권에 이민 개혁의 조속한 실현을 촉구했다. 언론사에 보도자료와 함께 보낼 사진을 찍고 있던 나는 예배당 한쪽 구석으로 숨어 들어가 오열을 쏟았다. 드리머들은 과거는 아프고 현실은 어렵고 미래는 불투명한 캄캄한 처지에서 생존의 길을 찾으며 오늘도 사투하고 있다. 민권센터는 B씨의 어머니가 영주권 취득에 성공하도록 도왔다.

나는 커뮤니티 단체 활동을 하면서 '대단한' 내가 미약한 동포를 위해 봉사한다는 오만한 선민의식을 가져본 적이 한 번도 없다. 커뮤니티 운동은 미약한 자가 미약한 자들과 함께 일구는 공동의 섬김이라는 믿음 하나로 여기까지 달려왔다.

민권센터 조직 현황

단체 운영의 양대 핵심 요소는 사람과 돈이다. 과거 무보수 상근자들이 헌신하던 시절에는 한두 명이 단체에 상주하며 먹고 자면서 단체를 운영했다. 열혈 운동가들이 자신의 전부를 던져 조직을 건사하던 형태였다. 현재는 20여 명의 유급 직원들과 펠로우들이 일정 수준의 임금을 받고 노동법과 직원 매뉴얼에 근거한 운영 체계하에서 확대된 프로그램 영역들에 복무한다. 활동 영역별로 상시적으로 인턴을 유치하여 인력으로 활용하기도 한다. 조직 운영 방식과 구성원들을 기준으로 과거와 현재를 비교하면 여러 측면에서 격세지감을 느낀다.

설립 초기에는 주로 1세가 주도했고, 지금은 직원 대다수가 1.5세, 2세이며 중국계도 포함된다. 지역사회 다인종 주민에게 봉사 프로그램 서비스를 제공하고 이민자 권익 옹호와 정치력 신장 활동의 장에서 한인 커뮤니티의 범주를 넘어 아시안아메리칸 커뮤니티를 이끌고 전체 이민자 커뮤니티 차원의 연맹에도 가입하여 공조하는 모습이 반영된 인원 구성이다. 직원들 간에 사용하는 중심 언어도 영어로 바뀐 지 한참 되었으며, 민권센터를 찾아오는 주민의 상당수가 영어 사용이 불편한 한인과 이민자이기에 일부 2세를 제외한 모든 직원이 이중언어를 구사하거나 세 가지 이상의 언어 능력을 보유하고 있다. 실무진은 통상의 비영리단체처럼 여성의 비율이 다소 높으며 설립 초창기에는 무보수 활동가들이 헌신했으나 단체와 재정 규모가 대폭 성장하고 월급을 지급하는 현재는 기혼자들이 점점 증가하는 추세다.

현재 민권센터의 재정 규모는 내가 처음 합류한 1990년대 중반에 비해 10배 이상 늘어났다. 단체 운영 재원은 여느 비영리기관처럼 세 가지 주요 재원 조달처로부터 마련한다. 정부 지원, 사설 재단기금과 커뮤니티 후원이다. 전체 예산에서 정부 지원의 비중은 적고 여러 사설 재단의 기금과 갈라 행사 등을 통해 모금한 커뮤니티 후원이 주를 이룬다.

민권센터가 걸어온 길은 풀뿌리 커뮤니티 단체가 설립부터 성장까지 하나의 전형을 보여주는 성공 사례다. 아울러 한인과 이민자 커뮤니티의 발전과 변화가 시기별 단체의 방향성 정립에도 반영되어 있다. 설립 당시에는 작은 묘목이었던 민권센터가 커뮤니티의 참여와 후원을 거름 삼아 이제는 한인과 아시안 커뮤니티에서 나름 중요한 역할을 수행하는 튼실한 아름드리나무로 자랐다. 그리고 나도 열정만 충만했던 미숙한 자원봉사자에서 열정과 냉정을 겸비한 리더로서 경험치를 확대한 활동가로 성장했다. 물론 인간과 세계에 대해 더 많이 배우고 실천을 통한 깨달음으로 자기 성찰과 완숙미를 더 기해야 한다. 인간은 배워도 배워도 끝에 도달할 수 없는 존재다.

변화의 길목에서

어떤 종류의 조직에나 주어진 내부의 책무는 자명하다. 계승과 혁신이다. 초심을 잃지 않고 과거로부터 이어진 중요한 유산을 잘 계승하면서 동시에 변화하는 현재에 호응하는 혁신을 스스로 할 수 있어야 지속 가능한 단체로 존속한다. 이런 점에서 민권센터와 나는 어느 정도 성공을 거두었고, 한편으로는 도전에도 직면해 있다. 민권센터에서는 1세, 1.5세와 2세가 지도자와 현장 실무진까지 골고루 포진하여 일하고 있다. 당연히 항상 쉽지만은 않다. 이민자로서 한민족의 정체성을 간직한 1세와 미국에서 출생하여 성장한 2세 사이에는 언어, 문화, 사고방식 등에서 눈에 보이거나 보이지 않는 장벽이 분명히 존재한다. 여기서 관건은 차이를 틀린 것으로 간주하지 않고 다른 것으로 존중하는 자세다. 다행히도 민권센터의 구성원들은 열린 마음으로 단체의 활동 역사를 깊이 이해하면서 새로운 변화에도 대응하는 기본자세로 계속 나아가고 있다.

민권센터는 설립 25주년이던 2009년 기존의 영어 단체명 Young Korean American Service and Education Center를 현재의 명칭인 MinKwon Center for Community Action으로 바꾸었다. 단체 이름에서 'Young'을 제거하면서 청년 세대 중심에서 모든 연령을 아우르는 폭넓은 주민을 수용하는 면모로 일신했다. 많은 한인 단체가 단체명에 사용하는 'Korean'을 없애고 대신 '민권'을 발음 그대로 영어로 옮긴 이름으로 한인 단체이면서도 소수민족 중의 소수민족인 한인 커뮤니티의 입지를 넓히고 점차 정의와 평등을 구현하는 타민족과 주류 사회의 사회 운동과도 결합하겠다는 의지를 담았다.

민권센터는 한인 커뮤니티와 미국 사회의 개혁과 발전에 기여하는 유의미한 단체로 계속 역할을 담당하고자 오늘도 계승과 혁신을 함께 추구하며 단체의 활동을 지속하고 있다. 이런 과정에서 나의 역할은 신세대 활동가들이 단체의 정신을 유려하게 계승하도록 돕고 조직 전체의 변화를 주제로 한 논의도 능동적으로 수용하여 실행하는 연결 고리가 되는 것이다.

글을 맺으며

졸필로 민권센터의 35년 역사와 연동된 나의 25년 커뮤니티 활동을 조망해보니 복합적인 감정이 밀려온다. 한 미욱한 이민자 청년을 커뮤니티 일꾼으로 키워낸 조직에 감사하고 그간 성취한 일정 정도의 성과에 보람을 느끼면서도 미처 이루지 못한 목표들을 떠올리며 아쉬움도 곱씹는다. 특히 작금의 트럼프 행정부는 합법과 비합법 신분을 가리지 않고 모든 이민자의 권리를 침해하고 이민 문호를 축소하는 반이민 기조와 정책으로 일관하고 있다. 현재의 추세가 몇 년간 지속된다면 한인과 이민자 커뮤니티는 급격한 위축이 불가피하며, 미국 사회는 이민자가 2등 시민으로 전락하는 1965년 이민법 체제 이전의 시대로 역행하게 된다. 풀뿌리 커뮤니티 단체 활동가로서 방어적인 이민자 보호를 넘어 공세적인 포괄적 이민개혁의 제도화가 나에게 주어진 마지막 소명이다. 이민자의 나라 미국에서 이민자 권익 옹호를 위해 활동하는 자의 숙명이다.

장강의 뒷물결이 앞물결을 밀어내는 자연의 이치 앞에서 그 누구도 자유로울 수 없다. 나 역시 활동가로서 쓰임새와 유통 기한이 얼마 남지 않았다. 박수 칠 때 떠나겠다는 일념으로 오늘도 커뮤니티 활동에 작은 힘을 보탠다. 개인은 유한하지만 조직은 영원했으면 좋겠다는 희망사항도 아울러 피력한다. 마지막으로 솔직하게 진실을 고백한다. 나는 능력이 너무 부족하여 소망하는 바를 다 이루지 못한 적은 있었다. 그러나 민권센터와 나는 이민자의 권리를 지키는 활동의 현장에서 뒤로 물러선 적은 없었다. 이는 조직의 유구한 역사를 기술한 두꺼운 역사책의 한 귀퉁이에 한마디 정도로 언급될 한 미약한 활동가의 변명이다.

차주범

경기도 파주 출생
한국에서 중등 교육과 병역 이수

1992 미국으로 이주하고 이민 노동자로 정착
뉴욕 주립대학 FIT 중퇴

1994 민권센터 활동 시작

현재 민권센터 선임 컨설턴트 직책으로 풀타임 상근
한인 언론사 칼럼니스트, 방송인으로도 활동

5 미국 이민과 노인복지 향상을 위한 활동

임형빈 Hyung-Bin Im
뉴욕 한인노인상조회 창립/초대 회장, 현 뉴욕한인노인유권자연합회, 한미충효회 회장

미국에서의 이민 생활 가운데 나 이외에도 한인 커뮤니티를 위해 헌신적으로 봉사하며 수고하시는 분들이 많이 있는 줄 안다. 재외한인사회연구소의 『뉴욕 한인복지를 위해 공헌한 사람들』 출판 프로젝트에 자전적 에세이를 써 달라는 권유를 받고 뉴욕에 와 생활하면서 30여 년간 나름대로 한인사회, 특히 한인 노인사회를 위해 나눔과 봉사를 해온 나날들을 내가 섬겨온 단체와 기간별로 구분하여 써보기로 했다. 그 일들을 해오면서 힘들고 어려운 때도 있었지만 무엇인가 해야 한다는 사명감을 가지고, 또 하면 된다는 신념으로 초지일관 노력한 끝에 성취감을 느끼며 살아왔다. 그래서 한국에서 지내왔던 내 삶의 간략한 스토리와 1984년 뉴욕에 와서 지금까지 지내온 삶을 구분하여 서술할 예정인데, 많은 부족함이 있을지라도 이해와 사랑으로 읽어주시면 감사하겠다.

한국에서

나는 1925년 10월 21일 경기도 양주군 화천면 율정리에서 태어났다. 역사적으로도 유명한 회암사가 자리 잡고 있는 천보산 기슭 아래 위치하고 있다. 그곳에서 어려서 한문도 배웠고 초등학교(당시 보통학교)를 다녔다. 중학교는 서울로 다녔는

결혼식 사진(천도교 예식장, 1954)

데, 의정부에서 기차 통학을 했다. 당시 부친이 양주군청 학무과장으로 근무하셨기에 우리 식구가 의정부로 이사 와서 살던 때였다.

해방 후 나는 교사 검정시험에 합격하여 양주군 내 별내국민학교, 덕정국민학교 교사로 근무하다가 서울 서대문국민학교로 전근하여 교사 생활을 계속하면서 현 경희대학교 전신인 신흥대학교 야간부 정경학과 3년을 졸업했다, 말하자면 나는 주경야독(晝耕夜讀)으로 경희대학교 제1회 졸업생이기도 하다.

1950년 한국전쟁이 터지자 군에 입대하여 육군 중위로 군 생활을 했다. 휴전 무렵 서울 서대문국민학교에 근무할 때 동료 교사이던 홍정옥 선생과 결혼하게 되었는데, 그때의 일화를 지금도 잊을 수 없다. 우리의 결혼식장은 종로 3가에 있는 천도교 예식장이었고, 주례는 소속 부대 사단장인 김관오 준장께서 서주신 관계로 장교, 사병 등이 30여 명이나 참석해주었다. 신랑 측 들러리는 동료 장교 두 사람, 신부 측 들러리는 동료 교사 두 사람, 꽃들러리는 홍 선생이 담임을 맡은 반 남녀 학생들이 서게 되었다. 당시 홍 선생은 방산국민학교에 근무 중이었는데 교장, 교감선생님을 비롯하여 전교 선생님들과 홍 선생 담임 반 학부형 등 50여 명이나 동원되었다. 전시 때였으니 우리 부모님도 피난처인 부산에서 일시 상경하셨고 일가 친척들은 여러 지역에 피난 가 있던 관계로 많이 모이지 못했으나, 아버님이 남선 전기주식회사 과장으로 계셨기 때문에 서울 수복 후 미리 상경해 있던 20여 명의 사원과 산업은행 부장이던 형님도 미리 상경해 있던 행원 20여 명과 함께 참석해 주셨다. 결혼식 피로연은 서울에서 유명한 아사원에서 했다. 그때만 해도 아직 사회가 안정되지 않은 시기였는데, 그만큼 성대한 잔치를 치를 수 있었다는 것이 얼마나 다행이었는지…. 지금도 그때를 생각하면 결혼식 장면들이 눈에 선하게 떠오르며 만감이 교차한다.

군에서 제대한 후에는 대한통운(당시는 조선운수주식회사)에 입사했고, 불과 입사 4~5년 사이에 계장, 과장대리, 과장, 지점장 등 고속승진이 이어졌다. 천안지점장으로 근무하던 시절이 나에게는 가장 행복한 시간이었다고 회고해본다. 천안지점장 재임 기간 동안 지방 기관장들과 남달리 절친한 교제가 있었는데, 그중에서도 지방검찰청장, 법원장, 시장, 군수, 경찰서장들과는 더욱 밀접한 관계였다. 그래서 회식이 있을 때는 어김없이 나를 초대할 만큼 인기가 대단했다.

대한통운이 국영기업체에서 민영화되던 때의 일이다. 동아건설의 최준문 사장이 대한통운회사를 인수한 후 초도순시가 있었다. 부산을 기점으로 대구, 대전을 거쳐 천안으로 오는 중에 나는 사장님을 마중하기 위해 경찰서장 1호차를 빌려 타고 소정리까지 미리 나갔다. 사장님을 만나 사장님 차로 갈아타고 차 안에서 대화를 나누며 지점에 도착하자마자 미리 준비한 브리핑 보고를 했다. 브리핑을 마치고 나자 사장님께서는 만족해하시는 듯 대구와 대전 지점에서는 적자 브리핑을 받았는데, 천안지점에서는 130%의 흑자 운영을 했으니 매우 기쁘다고 말씀하셨다. 다음에는 사장님이 주요 기관장을 방문하는 시간이었다. 그때만 해도 지점장용 차가 없었기에 이번에는 검찰지청장 차를 빌려 총무과장이 타고 안내역을 맡았고, 나는 물론 사장님 차에 동승하고 있었다. 차 안에서 사장님은 의아하다는 듯이 "당신은 어떻게 권력 기관장들 차만 빌려 타느냐?"라고 하시기에 이곳 모든 기관과 친교가 깊어 필요할 때 부탁하면 응해줘서 쓰고 있다 했더니 "당신 정말 재주 좋은 사람이구먼!" 하고 감탄하셨다. 기관장 방문 시 검찰지청장이나 지방법원장 등을 면담하는 자리에서도 그들에게 존댓말을 쓰지도 않고 친구와 대화하듯 자연스럽게 말하는 나를 보고 사장님은 또 한 번 놀란 기색이었다. 게다가 그들은 "임 지점장이 이곳에 부임해온 후부터 사회봉사도 하고 인간성도 매우 좋아 우리도 서슴없이 도와주지요"라고 했다. 최 사장님은 감개무량한 듯 "여러분께서 천안지점에 많이 후원해주셨기에 아까 지점에서 좋은 운영실적 보고도 들었습니다. 정말 감사합니다" 하고 다시 한번 정중하게 인사했다.

저녁에는 천안 전체 기관장들을 고급 요릿집에 초청하여 만찬을 베풀었다. 이 자리에서 최 사장님의 인사말 가운데 "여러 기관장님께서 통운 천안지점에 물심양면으로 아낌없이 협조 지원해주심에 진심으로 감사를 드립니다. 아까 보니까 지점에 차가 없어 경찰서장님, 검찰지청장님이 차까지 빌려주시는 것을 보고 감명 깊었습니다. 다시 한번 감사를 드립니다. 그래서 제가 상경하는 대로 지점장용 차를 마련하여 보내주기로 결심했습니다"라는 것이 아닌가. 나는 생각지도 못했던 것인데, 사장님 말씀이 끝나자 많은 기관장이 박수를 치며 환호하던 장면은 지금도 눈에 선하다.

그 후 나는 충주지점장으로 전근 발령을 받고 약 2년간 근무하다가 지인의 권유로 월급 생활을 그만두고 전남 광주에서 물류회사인 호남상사를 설립하여 운영하게 되었다. 그러던 어느 날 5.18 광주민주화운동이 발생해 10여 일간 회사의 문을 닫고 장사를 못하게 되어 답답하기 이를 데 없었다. 그때 마침 미국에 살던 넷째 딸이 한국에 나와 있다가 초청 이민 절차를 마치고 함께 미국으로 가자고 하는 바람에 회사 뒤처리는 처남에게 맡기고 미국행 비행기를 타게 되었으니 미국 이민은 내 팔자인 것 같기도 하다.

그리하여 1981년 11월 고국과 일가친척들을 떠나 비행기에 몸을 싣고 기내에 앉아 있으려니 여러 가지 상념이 교차했다. 과연 미국이라는 나라에서 행복한 삶을 살 수 있을까. 내가 태어난 조국 땅에 머물러 있는 것이 좋았을 걸 하고 후회하는 일은 없을까 걱정도 해보았다. 그렇다고 이제 와서 되돌아갈 수도 없고, 참고 노력하며 살아보자는 결론을 내렸다.

미국 이민

1981년 미국으로 이민 왔을 때 나의 첫 기착지는 남가주 오렌지카운티였다. 당시에는 한국 동포 만나기가 여간 어려운 게 아니었다. 일요일에 교회나 가야 한국 동포를 만나볼 수 있던 때였다. 그래서 나는 한국 동포를 만나기 위해 교회를 찾았고, 처음 나간 교회가 추원호 목사님이 시무하는 오렌지순복음교회였다. 그곳에 가서 한국에서 알고 지내던 몇 분을 만나고 나니 어찌 그리 반가웠던지. 그래서 나는 일요일마다 교회에 출석하여 교제를 나누게 되었다. 그러다 보니 차츰 신앙심도 자라고 1년 후에는 세례도 받고 집사 직분까지 받게 되었다.

처음 미국에 왔을 때 내가 할 수 있는 일은 별로 없었다. 그래서 채소 가게에서 일하기도 하고, 때로는 페인트칠하는 일도 했다. 한국에서라면 체면상 막노동은 엄두도 내지 못했겠지만, 이곳 미국은 직업에 귀천이 없는 나라이니 정말 다행이라고 생각했다. 그렇게 일하고 주말이 되면 주급을 받는 것이 얼마나 즐거웠는지 모른다. 그러던 중 1984년 초봄 뉴욕으로 오게 되었고, 뉴욕에서 본격적인 이민 생활이 다시 시작되었다.

돌이켜볼 때 뉴욕에 와서 35년 세월을 살면서 나름대로 여러 일을 추진했고, 그 과정에서 수많은 난관에 가로막혀 고전할 때도 있었지만 절대 좌절하지 않고 초지일관 노력한 끝에 그런대로 성취감을 느끼며 살아왔다고 자부한다. 거기에는 평소 부정적인 생각보다는 긍정적으로 받아들이고 실천하는 삶이 한몫했다. 그리고 나의 인생 여정에서 무엇인가 해야 한다는 사명감, 또 하면 된다는 신념으로 매사에 적극적으로 임해왔다. 이러한 삶의 원동력은 뭐니 뭐니 해도 새벽에 교회에 나가 매일 기도에 힘씀으로써 하나님께서 역사해주신 은혜라 믿고 감사를 드린다. 이제 지난날 어렵고 힘들었으면서도 모든 것을 이겨내고 보람을 느끼며 한인 노인복지 향상을 위해 내가 해온 일들을 기술해보겠다. 독자들이 이해하기 쉽게 내가 설립했거나 관여한 기관별로 분류하여 기술하기로 한다.

한인 노인복지 활동

플러싱노인회(1984년 설립, 회장 재임: 1984~1988)

1984년 캘리포니아에서 뉴욕으로 이주한 후 플러싱 지역에 거처를 정하여 살고 있을 때도 플러싱 지역에는 많은 한인 노인이 살고 있었다. 그러나 그들에게는 마땅히 오갈 데가 없었다. 그들의 일과는 고작 공원 벤치나 커피집 구석에 삼삼오오 모여 앉아 담소를 나누는 것뿐이었다. 나는 한인 노인들의 이러한 정황을 보고 플러싱노인회를 설립했다(1984). 그러자 매일 20~30명의 노인이 노인회 사무실에 나와 장기와 바둑, 화투 등으로 소일할 수 있게 되었다. 그리고 노인회는 기초영어, 미국 역사, 사회상식 등의 강의도 제공했다. 또 연말이면 경로잔치를 베풀어 노인들에게 즐거움을 선사했다. 이 경로잔치에는 플러싱노인회 회원뿐 아니라 기타 지역 노인들까지 초청하여 하루를 즐길 수 있게 했다.

그리고 1988년 플러싱노인회는 롱아일랜드 파일런 메모리얼파크 공원묘지 측과 교섭하여 한인 전용 묘지 300기를 구두 계약하게 된다. 계약 내용은 현재 시가로 1만 4천 달러 상당의 묘지 1기를 당시 1,200달러의 저렴한 가격으로, 그것도 일시불이 아닌 매달 20달러씩 상환하는 획기적으로 유리한 조건으로 계약하는 성과를 이뤄내기도 했다.

대뉴욕지구상록회(회장 재임: 1989~1992)

대뉴욕지구상록회는 1976년 11월 초대 회장 서상복 씨를 주축으로 설립된 후 1989년 내가 취임하기 전 13대 회장까지는 많은 분이 2년 임기를 제대로 채우지 못하고, 때로는 1년에 두세 번씩이나 회장이 바뀌는 수난을 겪기도 했다. 13대 회장 역시 취임한 지 불과 2개월 만에 개인 사정으로 사퇴하고 5개월이 지나도록 후임자 없이 회장이 공석인 상태에서 직원들조차 출근하지 않아 사무실이 거의 방치되다시피 했다. 거기다가 여름철 폭우로 인해 건물 지붕이 새어 사무실이 온통 물바다를 이루었다.

설상가상으로 여러 달 건물 모기지도 미납되어 차압 위기에까지 이르게 되었다. 이런 상황이 되자 몇몇 임원이 내게 찾아와 회장을 맡아달라고 간청했다. 이러한 긴급한 상황에서 하는 수 없이 회장을 맡겠다고 수락했으나 이에 소요될 경비 문제가 걱정이 아닐 수 없었다. 때마침 장남이 곗돈 1만 달러를 탄다는 소식을 듣고 부탁했더니 "좋은 일인데 쓰세요" 하며 선뜻 돈을 내놓았다. 그 돈으로 우선 회관을 수리하고 밀린 모기지를 납부하여 상록회를 정상궤도에 올려놓았다. 그런 다음 나는 상록회에 소셜서비스(사회봉사 서비스)는 물론 서예반, 영어회화반, 중국어반까지 개설하여 노인들이 여가 선용을 할 수 있도록 힘썼다. 또한 폐쇄 위기에 처한 상록농장도 새로운 개선책을 마련하여 뉴욕시 공원국으로부터 재승인을 받아냈다.

그러나 내가 상록회장으로 재임하는 동안 한 가지 아쉬웠던 점은 회장 임기 내에 뉴욕시 점심 프로그램을 따내지 못한 일이었다. 당시 나는 상록회 특별이사로 10명의 쟁쟁한 인사들(뉴욕한인회 이문성 회장, 우촌식당 최무남 사장, 김남수 목사, 홍종학 사장,

이강국 변호사, 최재설 사장, 경제인협회 조병창 회장, 청과협회 최재홍 회장, 임세창 보험사 사장, 뉴욕 곰탕 김유봉 사장 등)을 영입하여 뉴욕시에 점심 프로그램을 승인받기 위해 교섭하는 일을 추진 중이었는데, 1992년 10월 회장 임기가 만료되어 회장직을 그만두어야 할 처지에 이르렀다. 이 일을 성공시키기 위해 회장 연임을 고민하던 중 마침 주변에서도 적극 권유하여 재출마를 결심하기에 이르렀다. 그런데 라 장로라는 이사가 자신을 차기 이사장에 앉혀달라고 요청했다. 나는 생각하기를 이렇게 감투 욕심만 있는 사람보다 인격 면으로나 능력 면으로나 현 이사장인 김일윤 씨라야 협조가 잘될 것 같아 이 청을 거부했다. 그러자 라 장로가 일부 이사들을 선동하여 갖은 모략과 간교를 꾸며가며 송○○ 이사를 회장 후보로 내세워 임 회장의 재선 욕심을 막아야 한다며 언론에 유포하는 등 소동을 피웠다. 사실 나는 감투 욕심 때문이 아니라 단지 추진하던 대사를 성공시켜보려는 의욕으로 재출마를 고려했을 뿐이다. 나는 이런 분위기에서 회장을 할 의욕도 상실하여 재출마를 자진 포기하고 말았다. 이렇게 되자 특별이사직으로 영입됐던 인사들도 자연 사퇴해버렸다. 따라서 시 당국에 교섭 중이던 점심 프로그램도 속수무책으로 중단되고 말았다. 후에 생각해보니 만약 내가 회장 재출마를 포기하지 않았으면 점심 프로그램을 성공시켰을 텐데 하는 아쉬움이 있다.

또 내가 상록회장으로 재임하는 기간에 이런 일도 있었다. 1991년 당시 어느 일간지에 “정신병에 울고 가족에게 버림받은 김 노인”이라는 제목의 기사를 읽고 임원 몇 사람과 같이 브롱스에 있는 정신병원을 방문했다. 환자를 만나 내용을 들어본즉 이름은 김행불, 나이는 69세, 몇 해 전부터 정신병으로 입원 치료를 받아오던 중 상태가 호전되어 퇴원하고 싶어도 갈 곳도 없고 자식들과도 연락이 두절된 상태여서 그저 외롭고 답답한 심경에 병이 다시 재발할 위험성까지 있다는 것이었다. 나는 매주 한식과 과일을 사 들고 그를 방문했으며 한인 노인들이 많이 입소해 있는 스테이튼 아일랜드 양로원에 입소할 수 있도록 주선해주겠다고 약속도 했다.

이러한 사실이 신문에 보도되자 아버지의 거처를 알게 된 아들이 찾아와 그 노인은 아들의 손을 잡고 집으로 돌아갈 수 있었으니 참으로 다행한 일이었다.

노인문제상담센터(1993년 설립)

상록회장 임기를 마치고 집에서 쉬고 있으니 좀 답답함을 느꼈다. 그래서 노인복지업무를 전담하는 단체를 만들어야겠다는 생각이 들어 개설한 것이 노인문제상담센터다(1993년 설립). 상록회 부회장을 역임한 바 있는 문정빈 씨의 협조하에 2명의 사회복지사를 전문직원으로 채용하여 상담센터의 업무를 개시했다. 때마침 뉴욕상록회가 제 기능을 발휘하지 못하고 있던 터라 노인문제상담센터는 80여 명의 회원이 등록하는 등 활기찬 운영이 계속되었으며, 봄가을 소풍 때는 300여 명, 또 관광여행 때는 100여 명이 참여하는 대성황을 이루었다. 특히 연말이나 구정 때는 우리 센터가 불우한 노인들을 위한 특별한 경로잔치를 베풀어 노인들에게 즐거움과 위안을 선사하고, 잔치가 끝나고 귀가할 때는 두둑한 선물 보따리까지 들려주었다. 선물 보따리를 받아들고 만면에 기쁜 표정을 짓던 노인들의 모습이 내게는 인상 깊었다.

또 하나 잊을 수 없는 일화는 1995년 가을 정호열이라는 노인이 찾아와 어려운 사정을 털어놓았다. 그의 사연은 자식의 초청으로 내외가 미국 온 지 몇 해가 되는데, 근래 자식이 노름에 빠져 많은 빚을 지게 되고 부부싸움까지 한 후 아들 며느리가 각각 집을 나가버리고 소식도 없다는 것이다. 그런데 손자 손녀까지 떠안고 생활하자니 도저히 견디기 힘들어 상담코자 왔다는 것이다. 하도 딱해서 수중에 있는 돈과 직원들의 호주머니까지 털어 기백 달러를 마련해주고 일단 돌려보냈다. 그리고 며칠 후 나는 맨해튼 네일 가게에서 홍보 전단을 뿌리는 일을 찾아내 정 노인에게 그 일을 하게 했다. 겨울이 닥치면서 길거리에서 몹시 추울 것 같아 장갑과 겨울 점퍼도 한 벌 사서 전해주고 위로했다.

그런데 어느 날 이 노인이 사색이 된 채 다시 찾아왔다. 말문을 열지 못하고 있는 그를 살살 달래서 물어보니 일을 알선해주셔서 식생활은 근근이 이어가고 있으나 아파트 렌트비를 여러 달 못 냈더니 아파트를 비워달라는 바람에 잠을 못 이루는 형편이라는 것이었다. 나는 기도 끝에 당시 아는 중앙일보 기자를 생각해내고 즉시 통화하여 이 사실을 기사화해줄 것을 부탁했다. 다음날 이분이 곤경에 처한 사실이 중앙일보에 보도되자 여러 독지가로부터 후원금이 답지하기에 이르렀다. 불과 1주일 만에 4천여 달러가 모아져 급한 불을 끄고 안주할 수 있게 되었으며, 기사를 본 아들이 돌아와 부모 앞에 무릎 꿇고 사죄하며 눈물을 쏟았다. 또한 그들은 나의 전도로 교회에 등록하고 예수 그리스도를 영접하기에 이르렀으니 나의 작은 관심과 사랑이 한 가정을 새롭게 하고 하나님을 영접하는 놀라운 역사가 이루어진 것이 그저 감사할 뿐이다.

한인노인상조회(1996년 설립, 회장 재임: 1996~2002)

노인들이 세상을 떠날 때 자녀들에게 주는 부담을 줄여보자는 의도로 지난날 플러싱노인회장 당시 파일런 메모리얼파크에 한인 전용 묘지 300기를 마련한 바 있다. 이에 대한 후속 조치로 장례비 역시 상부상조하자는 뜻으로 1996년 4월 노인상조회를 창설하기에 이르렀다. 노인상조회는 회장인 나와 수석부회장 이재현, 부회장 김일윤, 김금석, 이사장 이응호, 일반이사 11명으로 출발했다.

상조회는 회원 사망 시 남아 있는 회원들이 조의금을 모아 상주에게 전달하는 상부상조의 정신으로 조직된 단체다. 현재 사망 회원 1인당 상조금을 1만 5천 달러씩 유족에게 지급하고 위로한다. 그리고 상조금은 전체 생존 회원 수로 분할하여 납부하므로 회원 부담이 적다. 이러한 사실이 한인사회에 알려지자 날로 회원 가입이 늘어나 설립 후 현재까지 총 가입자 1만여 명, 생존회원이 7,700명에 이른다. 1996년 창설 이후 금년 7월 현재 사망회원은 2,400명이고 이에 지급된 상조금은

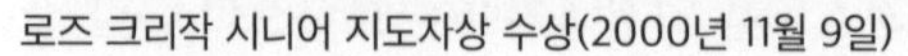
로즈 크리작 시니어 지도자상 수상(2000년 11월 9일)

로즈 크리작 시니어 지도자상 상패

무려 2,900만 달러에 이른다. 노인상조회는 자가 회관까지 마련했고, 고정자산과 유동자산의 총합이 200만 달러로 한인사회에서 가장 거대하고 건실한 단체로 자리 잡았다.

노인상조회 발족 초창기에 뜻밖에도 뉴욕상록회가 상조부를 다시 발족하게 되었고, 코로나 경로회관에서도 무궁화상조회를 결성하여 세 기관이 경합하는 큰 어려움에 빠진 적도 있었다. 그러나 나는 열정적으로 가가호호 방문하여 한인 노인들에게 가입을 호소했고, 그것이 적중하여 불과 1개월 만에 수백 명이 가입하는 성과를 거두었다. 이렇게 되자 뉴욕상록회는 두 달도 못 가 상조부 활동을 접었고, 무궁화상조회 역시 상조 사업은 손을 떼고 묘지 알선에만 주력하는 등 결국 경쟁자들을 모두 물리치고 노인상조회가 독자 성장하여 오늘에 이르렀다. 이 또한 하나님의 도우심이 있었음이니 감사할 뿐이다.

2000년 11월에 나는 영광스럽게도 로즈 크리작 시니어 리더상(Rose Kryzak Senior Leadership Award)을 수상했다. 이 상은 뉴욕시 노인들의 복지향상과 권익증대를 위해 헌신적으로 봉사하다가 99세를 일기로 타계한 로즈 크리작 여사의 공로를 기리기 위해 장로교 및 개신교 원로연합(UPRAM: United Presbyterian & Reformed Adult Ministries) 이 제정한 상으로, 로즈 크리작 여사처럼 노인복지사업에 크게 공헌한 인재를 발굴하여 시상하기로 되어 있다. 그해 5명의 수상자 중 한인사회에서는 유일하게 내가 영예의 수상을 하게 되어 무척 감개무량했다.

그리고 내가 상조회 회장으로 재직하는 동안 간암에 걸려 시한부 인생을 살고 있는 생면부지의 한 중년 가장을 도운 일이 있는데, 그분 역시 생계가 극히 어려운 처지에서 설상가상으로 간암까지 발병했지만 병원 치료는 엄두도 못 내고 절망 속에서 나날을 보내는 가련한 분이었다. 우선 생활에 보태 쓸 수 있도록 기백 달러를 마련해주고 기도하던 가운데, 전에 내가 상록회장 재직 시 상록회원에게 무료검진을 해주던 암 전문의를 떠올리게 되었다. 나는 곧 묵은 명함첩을 뒤져 그의 전화번호를 발견했으며, 그와 통화가 이루어졌다. 그분 역시 어려운 분들을 이해해주고 돕는 분이라 수술전문의 미국인 의사와 협의하여 무료로 수술을 받을 수 있도록 주선해주었다. 이 얼마나 감사한 일인가. 그가 새 소망을 얻고 기쁨의 눈물을 흘리는 모습을 보고 나 또한 감격의 눈물을 흘리지 않을 수 없었다.

플러싱 경로센터(2001년 설립)

나는 뉴욕상록회 때 추진하던 노인들의 점심 프로그램이 중단된 것을 늘 아쉬워했다. 그러나 꿈을 잃지 않고 지내오다가 2001년 10월 드디어 다운타운에 있는 야간업소인 관광열차 자리에 경로센터를 오픈하기에 이르렀다. 관광열차 사장인 고영숙 씨가 장소를 무료로 사용할 수 있도록 배려했을 뿐 아니라 전기료, 수도료도 일체 본인이 부담했다. 또한 고영숙 씨는 여성 사업가 10여 명과 함께 '작은돌봉사회'를 조직하여 경로센터 무료 점심 프로그램을 위해 매달 1천여 달러의 현금 지원과 쌀, 과일 등 일체의 부담은 물론 무료봉사까지 해주셨다. 그러한 '작은돌봉사회'의 헌신이 있었기에 정부 당국의 보조금 없이도 경로센터의 운영이 가능했다. 그 밖에도 여러 독지가와 한아름마켓(H-mart), 서울식품 등에서 계속 지원해주어 큰 힘이 되었다. 또한 경로센터 관장 황성하, 사무총장 김춘원 목사, 총무 리사 김 등이 열정적으로 업무를 수행했다.

경로센터를 운영하면서 가장 자랑스러웠던 일은 서복성 팀장과 서을난 부부가 중심이 되어 라인댄스팀을 구성한 일이었다. 라인댄스팀은 중국 여성도 6명 정도 참여한 남녀 혼성팀으로, 총 20여 명이 하나가 되어 매일같이 연습에 열중했다. 라인댄스는 건강에도 물론 좋지만, 율동이 얼마나 아름다운지 때로는 타 단체 행사에도 초청을 받아 공연할 정도로 경로센터의 명물로 등장했다. 또 서예반도 열성을 다해 수련한 결과 한국이나 동남아 서예대전에까지 출품하여 대상, 특상, 입상 등 여러 명이 수상하게 되었는데 이 또한 자랑이 아닐 수 없었다. 또 『상록수』라는 회지 신문도 1만 부나 발행했다. 『상록수』 창간호에는 뉴욕 총영사의 축사, 한인회장 및 각 단체장의 축사며 노인들이 알아두어야 할 복지 상식 등을 실었다. 이 외에도 『상록수』는 경로센터가 활동하고 있는 자랑스러운 일들의 홍보지 역할도 했다. 당시 한인사회 단체 중에 이런 회지를 발행한 기관을 찾아볼 수 없을 때였는데 경로센터가 유일하게 회지를 발행했다.

이 외에 경로센터를 운영할 때 우리가 나서서 해결해준 한 가지 사례를 소개하면, 코로나 노인 아파트에 거주해온 박선호(70세) 씨는 부인 명의로 계약한 아파트에서 살고 있었는데 부인이 노환으로 양로원에 입주하게 되었다. 부인이 양로원에 들어가고 9개월에 접어들자 이 사실을 알게 된 아파트 측으로부터 방을 비워달라는 강제퇴거령을 받기에 이르렀다. 박 씨는 합법적인 신분이 아닌 처지라 속수무책인 상태였다. 어느 날 나는 박 씨의 전화를 받고 그 사실을 알게 되었고, 이에 대한 시급한 대책이 필요함을 절감하게 되었다. 이전에 이와 비슷한 처지에 놓여 있던 정호열 노인의 경우와 같이 각 언론을 통해 딱한 사실을 알리고 도움의 손길을 호소했다. 그리고 경로센터 회원들로부터도 작은 정성을 모아 300달러를 전달하고 그 후 익명의 인사로부터 1천 달러, 뉴욕장로교회 1,500달러, 회계사 한창연 씨 1천 달러 등 총 3,500달러를 추가로 전달했다. 그리고 노인 아파트 측과 교섭하여 엄동설한 겨울만이라도 아파트에서 나도록 합의를 보았다. 박 씨는 다음 해 2월 중순에 2인 1실 방을 구해 나가 어려움 없이 지내게 되었으니 참으로 다행스럽고 감사한 일이다. 이 또한 하나님께 드린 기도 덕분인 줄 믿고 하나님께 감사를 드린다.

한미충효회(2007)

이민 와 미국에 살면서 부모에게 효도하는 정신, 어른을 공경하는 마음이 점차 사라져가는 것을 보며 참으로 안타까운 생각이 들었다. 그래서 우리나라의 아름다운 전통문화를 계승 발전시켜야 한다는 취지 아래 1999년 서울에 있는 충효국민운동본부의 뉴욕지부를 설치하기에 이르렀다. 당시 충효본부의 김종상 부회장과 이종대 이사장이 뉴욕을 방문하여 지부 설치를 간곡히 부탁한 일이 있고, 나 또한 그 취지에 공감하여 받아들였다. 그리고 5월 가정의 달을 기하여 효자효부 시상식과 경로잔치를 개최하기 시작했다. 그 후 계속 잘 진행돼오고 있던 중 2006년 7월 충효국민운동본부 사무총장 하만수라는 자가 뉴욕을 방문하여 우리와는 하등 상의도 없이 뉴욕상록회와 자매결연하는 파렴치하고 치사한 행동을 했다.

이를 계기로 뉴욕지부와 뉴저지지부(지부장 주옥근)가 충효국민운동본부를 동시에 탈퇴하고 같이 한미충효회를 새롭게 발족하기에 이른다(2007). 그 후에도 계속해서 효자효부 시상식 및 경로대잔치를 개최해온 지 18년째다. 그간 수상자들의 실적을 보면 장수상 16명, 효자상 21명, 효녀상 16명, 효부상 15명, 장한 어버이상 3명, 장한 부부상 5명, 효행상 14명, 효행장학생 14명 등 총 184명을 배출했다. 이 행사를 해오면서 적지 않은 어려움도 있었지만, 많은 분이 상호관심을 가지고 격려와 지원을 해주신 데 대해 감사를 드린다.

그리고 또 한 가지 사안은 2003년 7월 일간신문에 "나홀로 병원"이라는 제목

한미충효회(회장 임형빈) 주최 '제18회 효자효부 시상식 및 경로대잔치'. 2018년 5월 12일 플러싱 대동연회장에서 개최된 이날 행사에 500여 명이 참석.

으로 실린 기사가 있었다. 기사 내용은 뉴저지 홀리네임병원에 입원 중인 함동운 노인에 관한 것으로, 함 노인은 가족도 없고 돌보는 사람도 없어 80여 일째 홀로 쓸쓸한 나날을 보내고 있다는 것이다. 함 노인은 홀로 미국에 와서 구두수선 등으로 생계를 유지해왔고 심장질환이 악화하여 부득이 입원했으나 사회보장금도 못 받는 신분이며 병원에서도 큰 혜택을 못 받고 있다고 한다. 나는 수 차례 함 노인을 방문하여 한식과 과일 등을 사다주며 위로했다. 그리고 알고 보니 함 노인이 노인상조회 회원이지만 여러 달 회비를 납부하지 않아 회원 자격을 상실할 상태임을 알고 그간 밀린 회비 150달러를 대납해주고 앞으로 계속 대납해줄 것을 약속했다. 하지만 그는 유감스럽게도 5개월 후 세상을 하직하고 말았다. 다행히도 함 노인의 상조비를 내가 대납해주었기에 상조금을 탈 수 있었고 그 돈으로 무사히 장례를 치를 수 있었으니 천만다행한 일이었다는 생각이 든다.

노인유권자연합회(2004년 발족)

또한 가장 유익한 일로 기억되는 것이 있다면, 2004년 한인 노인유권자연합회의 발족이라 하겠다. 한인이 미국 땅에 단단한 뿌리를 내리고 살려면 우리의 권익을 신장하기 위해 부단한 노력이 지속되어야 하며, 이에 가장 영향력 있는 방법은 무엇보다 선거에 참여하여 투표하는 것이 첩경이라 생각했다. 따라서 노인들이 조직을 통해 솔선수범을 보이면서 젊은 세대들의 투표 참여를 독려하고 적극적으로 권장하여 투표율을 높여 우리 한인의 위상을 높이고, 나아가서는 후세가 정치인으로 선출될 수 있는 기틀을 마련하고자 한인 노인유권자연합회를 발족한 것이다.

노인유권자연합회는 플러싱을 위시해서 여러 지역에 17개 지부를 두고 각 지부 단위로 활동을 전개하기로 했다. 특히 2010년 인구 센서스 때는 이 조직을 통해 큰 성과를 거두어 인구 센서스 국장으로부터 개인 표창과 협회가 감사패를 받게 된 일도 자랑이 아닐 수 없다. 그뿐만 아니라 2014년 1월에는 뉴욕주 상원의원 전체 회의에 상정된 안건으로서 헌신적인 사회봉사 실적이 인정되어 전원 만장일치의 결의문 채택으로 공로상을 받은 적도 있다.

노인유권자연합회 초기 조직구도(17개 지부)

본부	회장 임형빈	부회장 김명신, 황기섭, 김용슬
플러싱 지부	지부장 정승현	부지부장 유원탁
와이스톤 지부	지부장 김일윤	부지부장 김종관
용커스 지부	지부장 임은해	부지부장 최경숙
브롱스 지부	지부장 이상빈	부지부장 조헌구
베이사이드 지부	지부장 김성호	부지부장 황성하
코로나 지부	지부장 최성모	부지부장 김진창
엘머스트 지부	지부장 정성욱	부지부장 손근순
자메이카 지부	지부장 주기주	부지부장 김부동
서니사이드 지부	지부장 최병헌	부지부장 김경진
아스토리아 지부	지부장 김시혁	부지부장 최재호
루스벨트아일랜드 지부	지부장 최학규	부지부장 이규곤
스테이튼아일랜드 지부	지부장 김용술	부지부장 홍봉남
롱아일랜드 지부	지부장 김종수	부지부장 이건교
브루클린 지부	지부장 김문희	부지부장 유순례
맨해튼 지부	지부장 서복성	부지부장 고영희
우드사이드 지부	지부장 오흥정	부지부장 조수길
포레스트힐 지부	지부장 현천주	부지부장 임송근

기타

(1) 뉴욕한인원로자문위원회

제28대 뉴욕한인회 김기철 회장이 당선되어 취임한 후, 김 회장의 주도로 뉴욕한인회 원로자문위원회를 구성하게 되었다. 그리고 연말, 구정 또는 추석 등을 기해 1년에 2~3회씩 자문위원들을 초청하여 만찬을 베풀고 한인회의 그간 활동상황 등을 설명하고 자문을 구하는 행사를 하기 시작했다. 그 후 일부 인사의 의견이 뉴욕한인회 원로자문위원회라고 하면 한인회 정관에도 없는 기구인데 마치 한인회에 속한 것 같은 기구로 오해할 소지가 있다 하여 순수 '뉴욕한인원로자문위원회'로 명칭을 변경하고 독립성을 유지하기로 했다. 이후 원로자문위원회는 뉴욕한인회나 민권센터, 시민참여연대 등에서 실시하는 각종 행사 및 시위행진, 궐기대회 등에 적극 참여했다.

(2) 노인단체연합회

1991년 11월 24일 맨해튼 뉴욕곰탕 2층 연회장에서 뉴욕 지역 7개 노인단체와 뉴저지 3개 단체 그리고 시카고, 보스턴, 워싱턴, 플로리다, 필라델피아, 메릴랜드, 미네소타 등 20여 개 노인 단체장들이 모여 창립총회를 열었다. 이 자리에는 뉴욕총영사, 뉴욕한인회장, 뉴욕교회협의회 회장 등이 참석하여 축사하고, 투표 진행결과 뉴욕한인상록회 회장이던 내가 총회장으로 당선의 영예를 안게 되었으며, 부회장에 미네소타노인회 이월우 씨와 시카고노인회의 윤명희 회장, 그리고 사무총장에는 필라델피아노인회의 박종명 회장이 선출되었다.

그 후 2009년 6월 5일 로스앤젤레스 옥스퍼드호텔에서 열린 한국 대한노인회 미주지부 총회에 미주 전체 지역 노인회장 150여 명이 참석했다. 이 자리에 서울에서 대한노인회 이심 총재님과 LA 총영사 및 지역 단체장들이 대거 참석하여 축사가 이어졌다. 미주총회장에는 이영송 씨가 선출됐고, 워싱턴주 상원의원인 신호범 씨와 뉴욕의 임형빈 회장이 상임고문직을 위촉받기도 했다.

(3) 한미헤리티지재단

미국 속의 한국어 보급을 위해 한미헤리티지재단이 발족되어 최경미(목사) 이사장을 주축으로 브롱스, 브루클린 지역의 중 · 고등학교에 애프터스쿨(방과후 학교) 한국어반이 운영되고 있고, 나아가 한국어 세계화 운동의 확산을 목적으로 뉴욕주 한국어 교사 양성과정과 뉴욕의 학교마다 애프터스쿨을 확충하기로 하고 이를 적극 지원하기 위해 상임고문으로 위촉된 바 있다.

(4) 사랑방 운영

2014년 일부 한인 노인들이 맥도날드에 가서 커피 한 잔을 시켜놓고 오랜 시간 자리를 차지하고 있다는 이유로 강제로 쫓겨나는 사건이 발생했다. 이로 인해 한인 단체들이 분노하여 맥도날드의 인종차별, 노인차별 행태를 규탄하는 시위와 함께 맥도날드 불매운동 사태까지 야기된 바 있다. 이를 계기로 내가 장로로 시무하고 있는 좋은씨앗교회 친교실을 개방하여 사랑방 간판을 달고 노인들이 부담 없이 휴식공간으로 사용할 수 있도록 했다. 그리고 이곳에 와 장기, 바둑 등으로 소일하는 15~16명의 노인에게 매일같이 차 대접은 물론 점심 식사도 제공했다. 이런 사실이 사회에 알려지면서 각 단체에서 협찬 지원이 이어져나갔다. 그러다가 근래에는 각처에 노인주간보호센터가 생겨서 노인들이 그곳을 많이 이용하여 사랑방 운영은 중단 상태에 있다.

(5) 장학재단

플러싱 경로센터의 이사장으로 있으면서 경로센터 운영자금의 대부분을 부담

해오던 김철원 변호사가 갑작스럽게 타계함에 따라 경로센터가 자금 면에서 거의 마비 상태에 이르렀다. 이때 나는 '강력한 변호사'라는 광고카피로 유명한 변호사 앤드류 박에게 도움을 요청하여 1, 2차를 통해 그에게서 2만여 달러의 지원을 받아 경로센터 재생의 길을 열었다. 이를 기점으로 앤드류 박 변호사는 브루클린노인회, 예림경로회관, 퀸즈한인회, 한미충효회, 뉴욕 · 뉴저지 추석대잔치 등에 후원금을 전달하는 선행이 이어졌다.

그러다가 꿈나무 양성을 위한 장학재단을 설립하자는 나의 권고에 따라 앤드류 박 변호사가 2013년 설창장학재단을 발족시키고, 재단 장학위원장에는 본인(임형빈), 장학위원에는 김기철 회장, 김영덕 박사, 이정공 회장, 주옥근 회장, 김명신 장로, 황경일 목사, 곽호수 회장, 최윤희 회장, 이명석 회장, 박원일 변호사 등 10명을 위촉했다. 그리고 그해 8월 12일 대동연회장에서 제1회 시상식을 시작으로 2014년 제2회, 2015년 제3회, 2016년 제4회, 2017년 제5회에 걸쳐 매년 8명씩 선발하여 1인당 3천 달러씩 총 2만 4천 달러의 장학금 전달 행사를 한 바 있다. 2018년에는 일반장학생 시상식을 생략하고 음악 분야의 예술에 뛰어난 학생들을 선발하는 특별한 장학금 시상식을 하기도 했다.

(6) 사랑의 터키 한미재단

사랑의 터키(칠면조), 쌀 보내기 운동이 시작된 지는 금년 들어 32회째를 맞는다. 2014년부터 나도 이 운동에 참여키로 했고, 뉴욕 지역을 분담하는 총괄본부를 설치하고 총괄본부장직을 맡기도 했다. 그래서 매년 추수감사절 시기가 되면 뉴저지 본부 전상복 회장댁에서 각 관계자들이 모여 준비모임과 대책회의를 한다. 그리고 별도 일정을 잡아 가두모금 캠페인도 벌인다. 특히 해마다 정부 기관, 정치인, 사회단체, 업소, 개인 등 100여 개 협력단체 인사들로부터 정성 어린 수만 달러의 성금이 답지됨은 실로 감사한 일이 아닐 수 없다. 이 돈으로 쌀과 터키를 구입하여 뉴저지, 맨해튼, 뉴욕 등 전 지역의 어려운 사람들을 돕는 기관, 단체 및 연로자들에게 나눔의 행사를 하게 된다. 우선 내가 관할하는 뉴욕 총괄본부 내의 수요 기관만도 14개 단체에 이르며 2018년 지급된 쌀이 500포대, 터키 2천 파운드(50상자)나 된다.

사랑의 터키/쌀 기관별 배정 상황표

단체명	쌀(포)	터키(상자)
스테이튼아일랜드노인회	70	5
브롱스노인회	70	5
플러싱 데이케어	100	
브루클린노인회	40	
사랑방 모임	40	3
사랑의 집	20	4
나눔의 집	20	4
무지개의 집	20	3
오른손 구제센터	20	4
주님의식탁교회	20	3
밀알장애인선교회	20	
코코아장애	20	2
농아인교회	20	3
거리식탁센터	20	2
기타		2
계	500	40

글을 맺으며

38년 전인 1981년 막내딸의 초청으로 미국에 이민 온 당시 내 나이는 57세였다. 미국에 와서 로스앤젤레스에서 3년을 지낸 후, 1984년 뉴욕으로 이주하는 딸을 따라 뉴욕에 와서 2019년 현재까지 35년 동안 한인이 많이 사는 플러싱 지역에 거주하고 있다. 현재 내 나이 구순을 훌쩍 넘겼지만, 아직까지 건강을 유지하며 퀸즈지역의 한인 노인복지 향상을 위해 여전히 바쁜 일상을 보내고 있다. 그리고 내 조언 혹은 도움이 필요한 개인이나 단체가 있으면 언제든지 달려가 나의 경험을 함께 나누며 발전적인 방향으로 일이 진행되도록 힘을 보태고 있다.

임형빈 회장

1981 미국 이민

1984~1988 플러싱노인회 창설 및 회장

1989~1992 대뉴욕지구 한인상록회 회장

1991 미 동부지역 한인노인단체연합회 창설(초대 회장)

1993 한인 노인문제상담센터 설립(회장 역임)

1999 대한민국 충효국민운동본부 뉴욕지부장

2007 대한민국 충효국민운동본부 뉴욕지부에서 한미충효회로 독립

2001~2010 플러싱경로센터(점심 프로그램) 설립

2004~현재 뉴욕지구 노인유권자연합회 회장

2009 대한노인회 미주총연합회 상임고문 위촉

2014 임형빈회고록 『아름다운 섬김』 펴냄, 쿰란출판사

수상

2000 로즈 크리작 시니어 지도자상 수상

2004 뉴욕한인회 '올해의 한인상' 수상

2016 대한민국 보훈처로부터 '호국영웅기장' 수여

6 내일을 위한 지역사회 봉사기관과 함께한 나의 여정

장화인 Hwain C. Lee
뉴저지 AWCA 창립 / 뉴욕 퀸즈 YWCA 창립 이사

글을 시작하며

1965년 봄, 새벽의 안개 속을 헤치며 흥분된 마음으로 장충동에서 신촌까지 버스를 타고 이화동산으로 향했다. 김옥길 총장님은 기독교 교육 첫 강의 시간에 이화동산에서의 새벽기도 모임을 공지하셨고, 원하는 학생은 누구나 참석하라고 말씀하셨다. 그 많은 학생 중에 겨우 10여 명이 참석했다. 나는 새벽마다 총장님을 만날 기회를 놓치지 않았다. 이것이 나의 대학 생활의 시작이다. 나는 중·고등학교에 다닐 때도 많은 여성 지도자들의 이야기와 그들의 뒤를 이어 한국의 세계화를 위해 일생을 바친 김활란, 김필례 선생님 등을 가까이 보며, 그분들이 여성 지도자 교육에 일생을 바치신 것과 YWCA(Young Women's Christian Association) 등 기독사회봉사기관을 통해 많은 여성 지도자들이 사회를 변화시키는 모습을 보았다. 나는 대학 1학년 때 YWCA 회원이 되었다.

당시 나의 어머니는 서울 YWCA에서 자원봉사자로 일하셨고 나의 멘토가 되어주셨다. 백 세가 될 때까지 70여 년 동안 내 옆에서 나의 가장 좋은 친구이며 선생님으로 나를 지켜주셨던 어머니와 지난 50년 이상 나의 파트너가 되어주고 있는 남편, 그리고 나를 가르쳐주시고 이끌어주신 여러 선배님이 계셨기에 오늘의 내가 있다고 생각한다. 이 지면을 통해 내가 왜 뉴저지 AWCA를 시작하게 되었으

며, 어떻게 여성들의 지도력 양성을 위해 노력했는지, 지금까지 AWCA에서 한 활동이 어떠한 모습으로 변해왔는지를 간단히 소개하고자 한다.

AWCA는 2020년이면 40주년이 된다. 특별히 AWCA의 사업을 위해 수십 년 동안 봉사하신 자원봉사자들, 실무자, 그리고 많은 후원기관, 개인적으로 후원해주시고 기도로 격려해주신 많은 분께 진심으로 감사를 드린다.

미국 이민자로 정착

대학 4년 동안 나는 YWCA의 회원으로 활동하며 대학생 YWCA를 통해 많은 것을 배웠다. 그리고 1968년 생각지도 않게 YWCA 전국 대학생 회장으로 선출되었다. 그해 1968년 세계대학생대회가 핀란드의 헬싱키에서 개최되었을 때, YWCA 대학생 회장이던 나는 자동으로 한국 여대생 대표로 그 회의에 참석하게 되었고, 기독학생운동(SCM, Student Christian Movement), YMCA(Young Men's Christian Association), YWCA(Young Women's Christian Association)의 학생 대표 세 사람은 그 회의를 위해 특별한 훈련을 받게 되었다. 당시 SCM 대표는 광주에 살았기 때문에 YMCA 대표인 이원규 씨와 나는 차례대로 지도자 한 분씩을 만나면서 세계대회를 위한 훈련을 받았다. 우리를 지도해주신 분들은 이계준, 강원용, 김영옥, 서남동, 박형규 목사님, 오재식 YMCA 총무님, 그리고 현영학 교수님 등이셨다. 이러한 경험을 통해 나는 하나님의 말씀을 우리 생활에 어떻게 실천할 수 있는지, 그리고 특히 세상 사람들에게 그리스도인으로 어떻게 보여야 하는지를 고민하게 되었다.

헬싱키 세계대학생대회는 나와 이원규 씨에게 참으로 의미 있는 대회였다. 대학생대회 참석을 위해 특별한 훈련을 함께 받으며 가까워진 우리 두 사람은 1970년 5월 9일 결혼하게 된다. 결혼할 당시 한국의 경제 상태는 그렇게 좋지 않았다. 남편은 미국으로 이민 가기를 결정했고 본인이 가족에 대한 책임을 져야 한다고 생각했다. 나는 그동안 대학원 과정을 마치고 조교로 일하다가 그 일을 그만두고, 가족 이민자에게 허용되는 미화 500달러를 바꾸어서 뉴욕 케네디공항에 도착했다. 그때 우리에게는 만 1세 된 첫째 아들 존(John)이 있었고, 곧 태어날 둘째를 가진 나는 만삭의 몸이었다.

플러싱 YWCA의 발족에 참여

미국에 온 지 5년이 지난 1978년, 드디어 뉴욕 지역에 사는 YWCA 동지들이 함께 모였다. 당시 서울YWCA에서 일하셨던 김은순 선생님과 홍인숙 선생님을 중심으로 뉴욕 YWCA가 발족되었고, 대학생 Y운동 출신인 나는 이사의 한 사람으로 YWCA를 도왔다. 우리는 그 당시 한인사회에 가장 필요했던 일하는 부모들을 위해 자녀들을 맡아 지도해주는 방과후 학교를 시작했다. 학교가 파하면 아이들을 플러싱 Y센터로 데려왔다. 그리고 3시간 혹은 4시간 동안 아이들이 학교 숙제 등을 할 수 있도록 도와주었으며, 부모들이 일을 끝내고 돌아올 때까지 아이들을 돌보아주었다. 우리는 그 시간에 배고픈 아이들에게 간식 등을 제공했고, 예능반 등을 만들어 그들의 시간을 유용하게 보낼 수 있도록 했다.

그다음으로 필요했던 일은 매주 토요일 어른들을 위한 노인대학 프로그램이었다. 이 노인대학 프로그램은 대개 아침 예배로 시작해서 영어교실, 체조, 그리고 취미에 맞는 다양한 수업을 각자가 선택하여 배우는 프로그램이었다(요즘 AWCA에서도 이 프로그램을 하고 있다). 나는 2년 동안 YWCA의 이사로 열심히 플러싱(Flushing, NY)에 다녔다. 그러나 세 아이의 엄마로서 뉴저지에서 플러싱까지 다니기란 그렇게 쉽지 않았다.

그때 나는 몇몇 친구를 설득하여 가까운 뉴저지를 중심으로 주부클럽(백합클럽, 한마음클럽)을 시작했고, 점차 뉴저지에서의 활동이 많아지면서 1980년 뉴저지

뉴저지 프랭클린에 있는 어머니의 곳간

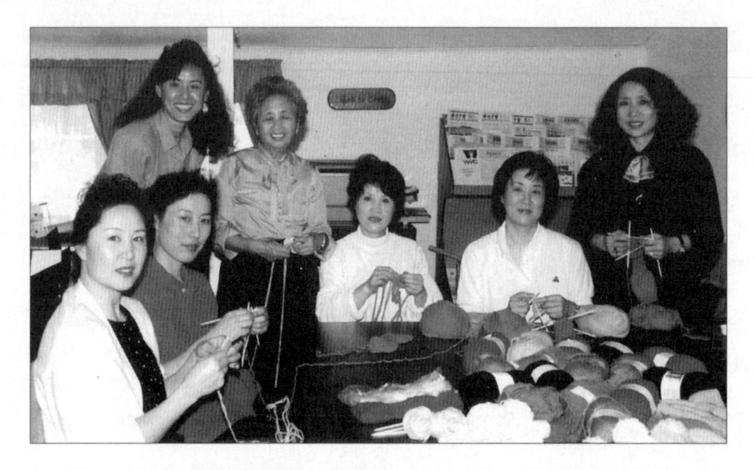

주부클럽 회원들이 양로원에 계신 노인들을 위해 뜨개질을 하고 있다.

YWCA를 정식으로 발족했다(당시 홍인숙 총무와 많은 Y 동지의 도움에 지금도 감사하고 있다. 그때 나와 함께 백합클럽을 시작한 위옥환 이사는 지금까지 나의 좋은 친구며 동역자로 함께 일하고 있다). 주부클럽 회원들이 만날 수 있는 장소를 우선 뉴저지 프랭클린(Franklin)에 있는 우리 어머니의 곳간(농장의 창고)에서 시작했다. 그 당시 총무는 홍영선 선생님이었다.

프린스턴 신학교와 예일 신학대학원 학생이 되다

1985년 어느 날 나는 신학교를 가야겠다는 생각을 했다. 그 당시 내가 가진 지식과 경험으로는 도저히 기독교 여성운동을 할 자격이 되지 않음을 불현듯 깨달았다. 우선 나는 미국을 잘 몰랐다. 그리고 이민사회에 대한 지식과 이해도 없었다. 그때 나에게는 두 명의 중학생 아들과 한 명의 초등학생 딸이 있었음에도 공부를 더 해야겠다는 생각을 떨칠 수 없었다. 다행히 우리가 이민 온 지 8개월 만에 딸을 후원하기 위해 미국으로 오신 나의 어머니가 우리와 함께 사시면서 모든 일을 도와주고 계셨다. 어머니에게는 큰 희생이었지만, 사랑하는 딸을 위한 어머니의 집념은 대단했다. 이러한 어머니의 집념과 남편의 이해와 후원으로 나는 프린스턴 신학교에 입학했다.

프린스턴 신학교(Princeton Theological Seminary)는 모든 신입생이 학교 기숙사에서 지내야 했다. 그러나 아직 어린 세 아이의 엄마인 내가 기숙사 생활을 하는 것은 불가능했다. 신학교 총장과 의논하여 통학을 허락받고 나는 집에서 약 2시간 걸리는 프린스턴을 일주일에 3일을 운전하고 다니며 수업을 들었다. 다행히도 나는 3년의 정규적인 프린스턴 신학교 학과과정을 무사히 마칠 수 있었다. 지금도 새벽 2시, 3시경에 밀린 숙제와 집안일을 정리해야 했던, 그래서 늘 피곤에 절어 있던 그 시절을 생각하면 끔찍하기도 하다. 그 시기는 진정 나의 눈물과 기도의 시간이었다는 것을 고백하지 않을 수 없다.

이렇게 신학부를 마치고 난 이후 내게 또 다른 도전이 생겼다. 여성 지도자들(Women's Leadership)의 확장을 위해 일하고 있는 내가 여성에 대한 지식이 별로 없다는 사실을 인식하게 되었다. 나는 다시 고민하던 중 남편과 의논했다. 그러자 남편은 내게 좋은 조언을 해주었다. "당신! 예일대에 가서 여성 신학자인 레티 러셀 박사 밑에서 공부하면 어때?"라고 넌지시 말했다. 사실 나는 도저히 엄두가 나지 않았다. 어떻게 우리 집에서 또 2시간이나 걸리는 그곳에 다닐 수 있단 말인가…! 그러나 곧 나는 남편의 격려에 힘 입어 용기를 내어 가기로 결심하고 예일 신학대학원(Mater of Sacred Theology)에 원서를 냈다. 그리고 여성신학(Feminist Theology)을 전공하고, 내게 젖어 있는 유교 문화와 예수님의 가르침을 여성 입장에서 비교 연구한 「한인 여성의 삶에서 본 공자와 그리스도의 대화(A Dialogue with Confucius And Christ)」를 대학원 논문으로 제출하고 후에 출판했다(University Press of America, 1991).

예일 신학교에 가서 여성 신학자인 레티 러셀 박사 밑에서 여성 신학을 공부하는 동안 나는 여성으로서 살아온 사고방식을 그리스도와의 대화를 통해 재정립하는 좋은 계기를 만들었다. 우리가 배운 현모양처, 그리고 남존여비 덕목의 메타포는 코리안아메리칸 여성으로서의 자아상을 이해하고 발견하는 데 적합하지 않다는 것을 깨닫게 되었다. 그것은 첫째, 유일하고 독특한 인격자로서의 여성을 인정하지 않았다는 것, 둘째, 하나님의 형상대로 창조된 한 인간인 여성이 인간 본연의 자유와 평등함을 배제당하고 있었다는 것을 보게 되었다. 그 당시 여성 신학자 중에는 이러한 문제를 가지고 극단적인 방향으로 나가는 학자들도 많았다. 그러나 나는 남자와 여자의 평등과 협력 관계를 더 강조하며 동반자(Co-Partnership)론을 제시했다.

그것은 우리 여성이 준비되어 있든 아니든 간에 하나님께서는 여성들을 위한 목적을 가지고 계신다는 것이다. 창조 시 남녀 간의 관계에 대한 하나님의 고유한 의도를 나타내는 말씀인 임마누엘(마 1:23)은 '하나님께서 우리와 항상 함께 계시다'라는 뜻으로 하나님께서 고통 받는 인류와 동반자가 되기를 택하셨다는 것이다. 그리고 섬김을 받는 것이 아니라 섬기시기를 택하셨다(막 10:45). 더 나아가 우리는 그리스도 안에서 새로운 피조물이라는 것이다(고후 5:17).

이러한 말씀을 바탕으로 남자와 여자는 동반자로 하나님께 부름 받고 섬김을 받는 것이 아니라 서로 섬기며, 공동의 순례길에서 협력자로서 하나님의 목적을 이루어나가기 위해 부름 받은 동등한 협력자가 되어야 한다고 생각했다. 그리고 더 나아가 새로운 피조물로서 남성과 여성의 관계뿐 아니라 모든 사람이 가지고 있는 문화적 차이에서 생기는 일들을 지역사회 봉사기관을 통해 서서히 변화시킬 수 있는 통로를 만들면서 우리의 지역사회에 영향을 미칠 수 있는 기관으로 발전시키는 일을 해야겠다고 다짐했다.

뉴저지 한인 YWCA로 탄생

뉴저지에서 YWCA라는 이름으로 활동하려면 먼저 지역 YWCA 회원이 되어야 했다. 나는 먼저 우리 회원들과 가까이 있는 몽클레어(Montclair) YWCA와 리지우드(Ridgewood) YWCA를 각각 찾았다. 그들은 우리를 반갑게 받아주었고 6월 7일 32명의 회원이 모여 그날부터 미국 기관 YWCA에 정식으로 회비를 내는 회원 자격으로 모임을 시작했다. 당시 몽클레어 YWCA 총무였던 앤 글래딩(Ann Gladding)의 적극적인 도움으로 새 이민자 프로그램(YWCA New American's Program)이라는 이름하에 프로그램을 시작했다. 우리가 주로 진행했던 프로그램은 성경 공부, 기타 클래스, 여성합창단 그리고 몽클레어와 리지우드 Y에 있는 프로그램에 참석하는 일 등이었다. 그러나 실질적으로 한인이 많지 않은 두 지역의 Y 프로그램에 참석하는 것은 그렇게 쉽지 않아서 내가 대표로 다리 역할을 할 수밖에 없었다. 그래도 미국인 양로원 등을 방문하며 찬양 봉사를 하는 한인 여성합창단의 활약은 지역사회에서 크게 환영받았다.

1987년 그동안 뉴저지 연합감리교회의 최진섭 장로님이 중심이 되어 시작한 YWCA 그룹과 우리 몽클레어 YWCA 그룹은 그해 3월에 뉴저지 한인 YWCA로 합치게 되었다. 그다음 해인 1988년 1월 10일 총회에서 나는 회장으로 추대되었다. 그리고 그해 처음 열린 '회원의 날' 행사에 전혜성 박사를 모시고 "새 시대의 여성"이라는 제목으로 강연을 듣는 시간을 가졌다. 그때 우리는 최진섭 장로님을 뉴저지 YWCA의 고문으로 모셨다. 한인 YWCA는 지역사회를 위해 3개월에 한 번 소식지(Newsletter)를 발간하기로 했는데, 뉴스레터 창간호에 최진섭 장로님께서 YWCA에 바라는 글을 쓰셨기에 아래에 소개한다.

> "제가 간절히 바라는 것은 우리 회원 하나하나가 하나님이 원하시는 인격체가 되자는 것입니다. 우리가 주님이 가르쳐주신 '이웃 사랑하기를 제 몸과 같이 하라'고 하신 말씀을 따라 우리 이웃의 아픔과 상처를 주님의 이름으로 어루만지고 감싸주며, 잘못된 것이 있더라도 용서와 사랑과 권면으로 옳은 개인, 옳은 가정, 옳은 사회, 옳은 국가, 옳은 세계가 될 수 있도록 기도와 봉사와 사랑으로 힘쓰고, 어느 곳에서든지 하나님의 딸들로서 부끄러움이 없도록 살아가면 믿지 않는 이웃들이 우리들의 생활을 통해 하나님을 볼 수 있고 찾을 수 있도록 우리 회원 한 사람 한 사람을 주님의 도구로 써주실 것이라고 믿고 서원합니다."(1987년 11월 14일 YWCA 뉴스레터 창간호에서)

1994년 여성합창단의 활동은 대단했다. 매주 모여 합창 연습을 했고, 주로 양로원을 방문하여 찬양 봉사를 했으며, 1년에 한 번 정기연주회를 했다. 또 1994년 뉴저지 매디슨(Madison, NJ)에 있는 드류대학에서 한국 대통령 영부인 이희호 여사가 명예 박사학위를 받을 때 특별 합창을 하기도 했다.

뉴저지 버겐카운티 한인 YWCA는 새 이민자 프로그램(New American's Program)이라는 이름으로 1년에 500여 명이 참여했다. 중요한 프로그램은 노인학교, 가정상담소, 그리고 성인을 위한 여러 가지 수업이 있었다. 또 한인이 모이기 쉽게 한인 밀집 지역과 가까운 포트리의 메인 스트리트(110 Main Street, Fort Lee)에 있는 교회를 빌려서 활동을 시작했다. 그때 교포에게 가장 도움이 된 프로그램은 시민권 대행 서비스였다. 우리 기관에서 직접 시민권 인터뷰를 진행하여 이민자에게 시민권을 취득할 수 있도록 많은 도움을 주었다. 당시 많은 한인이 합동으로 선서를 하고

이희호 여사와 뉴저지 YWCA 합창단(첫째 줄 맨 오른쪽이 필자). 1994년 드류대학에서

버겐카운티 YWCA 강당에서 공동 시민권 선서를 하는 모습. 1996년 9월 29일 128명이 함께 미국 시민권을 받고 선서했다.

시민권을 취득하는 모습을 보는 것은 우리에게는 감동적인 순간이었으며 또한 우리의 자랑이었다.

이 일을 하면서 가장 큰 문제는 장소가 너무 좁다는 점이었다. 나의 가장 큰 관심은 어떻게, 그리고 어떤 프로그램을 해서 한인을 도울 수 있는가였지만, 그러한 프로그램을 할 만한 공간이 부족한 것은 큰 고민거리였다. 그 당시 우리의 포트리 공간은 1천 제곱피트밖에 되지 않았다. 그 좁은 공간에서 어른들의 점심 식사도 대접했고, 70명 정도의 회원이 시간에 따라 강의와 체조 등을 할 수 있는 다목적 공간으로 만들기 위해 매번 의자와 책상들을 옮겨야 했다. 그 당시 가장 큰 프로그램은 수지침 강의였는데, 2천여 명이 넘는 수강생들이 몇 기에 걸쳐 초급반, 중급반, 고급반으로 훈련을 받고 나갔다. 수지침을 배운 분들은 단지 배운 것에 그치지 않고 그것을 실제로 지역사회에 필요한 분들을 위해 도움을 많이 주기도 했다.

그 이후 우리는 3천 제곱피트 정도 되는 팰리세이즈파크의 그랜드 애비뉴(333 Grand Ave, Palisades Park)에 있는 공간으로 장소를 옮겼다. 그곳에서는 더 많은 사람을 수용할 수 있었다. 새해에 다운타운의 사람들을 초대하여 우리의 전통음식인 떡국을 대접한 것은 잊을 수 없는 일이다. 그리고 상담소 등의 일은 지금은 하나님 나라로 가신 신전식 장로님(소아과 의사)께서 환자가 없는 시간에 자신의 사무실을 사용할 수 있도록 배려해주셨다. 상담자들이 그곳에서 상담을 할 수 있었던 것에 대해 지금도 감사드리고 있다.

1990년 후반 그레이스아카데미(Grace Academy, 시니어 프로그램)의 모습

무료 서비스 기관 AWCA

회원 운동으로 커뮤니티 서비스와 봉사기관으로 성장한 YWCA 여성사회봉사센터는 다시 그 이름을 바꾸어야 했다. 그것은 Y의 회원기관으로 계속하려면 우리 재정의 4분의 1을 미국 Y에 회비로 보내야 했다. 모든 서비스를 무료로 제공하는 우리는 점차 재정의 부담을 느끼게 되었고, 그때 미국 Y는 우리에게 좋은 제안을 해주었다. 독립하여 새 봉사기관(비영리단체 501c)으로 신청하라는 것이었다. 우리는 그 의견을 감사하게 받아들였다. 그리고 우리 단체의 이름을 '아시안여성사회봉사센터(Asian Women's Christian Association)'로 정하고 501c 비영리단체로 정부의 허락을 받았다. 물론 목적과 정신은 지금까지 해오던 YWCA의 것을 그대로 계승했다. 그래서 우리는 계속 Y/AWCA라는 이름을 우리 마음속에 간직하며 꾸준히 일했다.

이렇게 새로 탄생한 AWCA는 이름 그대로 아시안을 위한 커뮤니티센터로 사업을 넓힐 수 있었다. 이것은 우리에게 도전이 되었으며, 아시안의 공동체에 우리 한인이 도움을 줄 수 있는 좋은 계기가 되었다. 기관의 이름이 보여주듯이 우리는 곧 중국인과 일본 이민자를 위한 프로그램을 시작했다. 이를 위해 중국말과 일본말을 할 수 있는 자원봉사자들도 모셔왔다. 요일을 다르게 정해서 중국인과 일본인을 위한 시니어센터(Grace Academy)를 각각 운영하며, 현재 60여 명의 중국 회원과 40여 명의 일본 회원이 계속 학생으로 참석하고 있다. AWCA가 지속적으로 진행하고 있는 아시아계 미국인을 위한 가정상담, 사회보장제도 교육 및 안내, 직업소개 등의 일은 많은 이민자에게 도움을 주고 있다.

2000년대의 AWCA

2000년대를 맞이하면서 AWCA는 많은 발전을 했다. 첫째는 2014년 드디어 현재 위치하고 있는 티넥(9 Genesee Ave., Teaneck)으로 장소를 옮기면서 우리의 공간이 4

배로 넓어졌다. 우리가 할 수 있는 프로그램 수와 형태가 바뀌었고, 더 젊은 세대에게 초점이 맞추어졌다. 이사들뿐 아니라 프로그램을 준비하는 실무자들도 더 젊은 세대를 중심으로 바뀌어 갔다. 2019년 11월 1일 AWCA는 39년째 연례 행사인 연례 만찬(Annual Dinner) 행사를 했다. 다음에 지난 1년간 AWCA의 활동 상황 일부를 예로 보여 드린다.

사회복지 세미나 모습

중국 커뮤니티 세미나

기화 장학금 수혜자와 함께한 곽기화 선생님(은퇴 간호사)

AWCA 내일을 기대하며 바라는 마음

지난 40년 동안 AWCA는 장족의 발전을 했다고 볼 수 있다. 그동안 6명의 사무총장이 거쳐 갔다. 현재는 제7대 사무총장인 제미경 총장이 AWCA를 대표하는 회장으로 일하고 있으며, 이사회를 이끈 이사장님들도 2년마다 돌아가며 맡았다. 직원들도 많이 바뀌었고, 이사회도 세대가 많이 젊어졌다. 자원봉사자들, 그리고 이사들까지 합치면 수십 명의 직분과 그들의 임무, 의식 구조도 많이 달라졌다. 어제까지 이야기하던 밀레니얼(Millennials) 시대도 이젠 벌써 지나가고 있음을 느낀다. 이제 우리는 다음 세대인 Z세대[1990년대 중반부터 2010년대 초반에 태어나 어려서부터 인터넷을 자연스럽게 접한 세대로 IT 기술에 익숙하고, 스마트폰, SNS를 자유롭게 사용하며, '디지털 네이티브(디지털 원주민)' 세대라고 불리기도 함. 출처: 위키백과]를 향한 준비를 신속히 하지 않으면 안 되는 시기가 되었다. 그러나 우리를 지켜주시는 하나님의 말씀은 변함이 없음을 안다. 그리고 영원히 그 말씀이 우리를 지켜주실 것도 믿는다. 그래서 지난 50년의 나의 삶은 아무것도 아니라는 것 또한 느낀다.

그러면 내가 다음 세대에 바라는 것은 무엇일까? 앞에서 나는 50년 전의 이야기를 하며 내가 어떻게 Y/AWCA 운동에 발을 들였는지를 이야기했다. 나의 첫 번째 관심은 "여성 지도자는 어떤 사람들인가?", "어떻게 여성 지도자가 될 수 있을까?" 그리고 "어떻게 이 사회에 영향력을 줄 수 있을까?"였다. 지금은 시대가 바뀌어서 여성이나 남성의 차이가 별로 없지만, 나의 어린 시절만 해도 남녀차별이 심했다. 그래서 그것을 극복하기 위해 어떻게 해야 하는지에 대한 관심이 많았다. 나는 신학교를 다니며 그 중심 된 역사적 배경과 정체성에 대한 정립을 어느 정도는 할 수 있었다고 생각한다. 그리고 바로 지난 나의 결혼생활 50년이 그것을 배우기에 좋은 시간이었다. 얼마 전 나는 뉴욕 여성목회자협의회에서 여성 목회자들에게 "내일의 체계를 바꾸는 도덕적 지도자"라는 강의를 했다. AWCA는 바로 우리 사회 속에서 체계를 만들어가는 기관이다. 왜냐하면 AWCA를 거쳐 간 사람들은 많은 변화를 경험하기 때문이다. 가정의 변화, 사람들과의 관계, 지역사회와의 관계, 그리고 미국에 사는 이민자의 정체성을 하나하나 세워가는 과정들을 위해 AWCA가 그 역할을 하고 있기 때문이다. 바로 AWCA는 우리 자신이 교육받고, 이웃을 교육하며, 내 이웃에게 영향력을 줄 수 있는 사람들이 되고자 노력하는 곳이다. 우리는 10년에 한 번씩 AWCA의 사명과 목적을 시대가 요구하는 목적으로 재정리해왔다. 최근의 AWCA 목적을 소개하면, "AWCA는 예수님의 사랑 안에서 아시아 여성과 그들의 가족이 건강한 자원으로 지역사회에 공헌할 수 있도록 돕는 것을 목적으로 하며, 그것을 위해 전문상담, 교육, 사회복지 서비스 및 홈케어 프로그램을 운영한다"이다.

얼마 전 남편과 함께 일하는 의사인 몽고메리(Montgomery)로부터 그의 딸(Nina Montgomery)이 편저하여 출판한 두 권의 책, 『목적에 대한 견해(*Perspective on Purpose*)』와 『영향력에 대한 견해(*Perspective on Impact*)』를 받았다. 이 책은 니나 몽고메리가 그동안 세상에 많은 영향력을 미치며 살아온 6명이 쓴 글을 모은 책이었다. 나는 이 책을 읽으며 27세밖에 되지 않은 젊은 여성에게서 미래를 볼 수 있었다.

지난 50여 년 동안 바른 여성 지도자, 그리고 어떻게 하면 세상을 위해 좋은 영향을 줄 수 있는 지도자가 될 수 있는지를 생각하며 살아온 내가 젊은 세대로부터 내일의 희망을 볼 수 있는 경험을 할 수 있었음에 다시 감사를 드렸다. 일반적으로 우리의 관심은 어떻게 하면 이 세상에서 성공할 수 있을까, 어떻게 하면 내 자녀들을 좋은 학교에 보낼 수 있을까, 어떻게 하면 경제적으로 잘살 수 있을까 등 본인들이 원하는 욕망을 위해 살지만, 다른 많은 사람은 자기를 내려놓고 내 이웃, 나를 진정으로 필요로 하는 사람들을 위해 배려와 나눔을 지향하는 사람들 또한 많이 있음을 인지한다. 그래서 나는 세상에서 단순하고 소박한 젊은이들의 목소리에 귀를 기울이는 것도 우리의 덕목 중 하나가 되어야겠다는 생각을 한다.

AWCA는 지난 40년 동안 많은 발전을 했다. 우선 기관이 커졌고, 광범위한 영역에서 AWCA가 많은 영향을 주고 있다. 나는 AWCA가 이렇게 성장할 수 있었던 이유는 다른 사람들에게 알리려고 노력하지 않고 착실하게 이웃을 돕는 일에 더 주력했기 때문이라고 생각한다. 오른손이 하는 일을 왼손이 모르게 하라고 하신 예수님의 말씀대로 일하려고 노력했다는 것이다. AWCA 일꾼들은 윤리적 · 도덕적 지도자가 되고자 노력하면서 먼저 하나님께 선택받은 자로 살도록 서로 격려하며, 다른 사람들을 섬기는 데 초점을 맞추려고 노력했다. 그리고 AWCA 일꾼들은 도움이 필요한 사람들을 위해 항상 준비된 사람들로, 다른 사람들의 능력을 개발하는 데 도우미들이 되자고 했으며, 자신들이 인정받거나 대접받는 것보다 지역사회를 위한 도구들이 되고자 노력했다. 이러한 AWCA 정신이 다음 세대에도 계속 이어갈 것을 소망한다.

이제 짧은 시간 동안 두서없이 써 내려간 글을 마치고자 한다. 나의 72년 삶을 되돌아보며, 철이 나기 시작한 열 살 때부터 지금까지 항상 하나님께서 나를 이끌어주신 것에 감사를 드린다. 새벽에 눈을 뜰 때부터 잠자는 시간, 아니 꿈속에서도 그분은 나를 이끌어주신 분이다. 나는 계속 이렇게 항상 내가 서 있는 곳에서, 그 시간을 위해, 최선을 다해, 감사하며 사는 사람이 되고자 노력할 것이다.

장화인

이화여자대학교 교육심리학과를 졸업(1969, EMA Award 수상)했고, 동 대학원에서 교육학 석사학위를 받았다. 1988년 프린스턴 신학대학원 졸업 후, 예일 신학대학원에서 여성 신학 전공(MST), 그리고 드류 신학대학원에서 박사과정을 마친 후 목회학 박사학위를 받았다.

1965년 대학 시절에 YWCA 운동에 참여하여 전국 YWCA 대학생 위원장을 지냈으며, 1968년 핀란드의 헬싱키에서 열린 세계대회에 한국 대표로 참여했다. 미국 장로교회의 장로이며 20여 년 동안 이화여자대학교 국제재단 이사로 봉사했고, 1978년 뉴욕 한인 YWCA를 시작할 때 동참했다. 계속해서 NJ YWCA(1980)와 AWCA(Asian Women's Christian Association)를 창설하여 현재까지 이사로 봉사하고 있다. 지난 10여 년 동안 뉴욕신학대학에서 교수로 봉직했으며, AWCA 이사장으로 뉴욕신학대학교에서 수여하는 'Urban Angel' 수상자가 되었다. 현재는 뉴욕신학대학교 글로벌 리더십과 영성(Global Leadership and Spirituality) 분야에 연구교수로 봉직하고 있으며, 드류대학교의 재단이사로 봉사하고 있다.

저서로는 *Confucius, Christ and Co-Partnership: Competing Liturgies for the Souls of Korean-American Women*(University Press of America, 1994), 『개나리 꽃 다시 필 때』, *Korean-American YWCA and the Church*, 『진정한 자유를 찾아』, 『왜 YWCA인가?』, 『지도자가 되는 길』, 『하나님께 이끌려 산 삶』, 『이방세계에서 활약한 YWCA 여인들』 등이 있다.

7 YMCA와 함께한 50년

이원규 William Lee
NY 한인 YMCA 창설

50년의 세월이 너무도 빨리 지나갔음을 실감합니다. 가끔 잊고 지나갔던 일, 그리고 잘 몰랐던 것들을 책 혹은 미디어를 통해 보고 들으면서 새삼 생각할 기회를 갖는 것은 감사한 일입니다. 먼저 지난 10여 년 동안 한인 커뮤니티에 역사적 자료를 남기기 위해 수고하시는 재외한인사회연구소 소장님과 여러분께 진심으로 감사를 드립니다.

아래에 간략하게 두서없이 적어갈 나의 이야기들은 바로 지난 50년 동안 심장내과 의사가 아닌 나의 다른 일면의 이야기가 될 것입니다. 그리고 이 글을 쓰면서 내게 다시 한번 생각할 수 있는 좋은 시간이 된 것을 감사드립니다. 지금 생각하면 다시 되돌아가고픈, 그리고 더 잘할 수 있었을 것 같은 그런 아쉬움을 가지며 송구한 마음으로 아래에 몇 자 적어보려고 합니다.

기독학생운동 참여

나는 중학생이 되면서부터 기회가 될 때마다 조부님(이용설 박사)을 따라다니며 한국의 독립운동에 참여하셨던 많은 어른이 흥사단 및 교회 그리고 한국 YMCA에서 회의하시는 것을 보며 자랐다. 그리고 어떻게 하면 그분들의 뒤를 따라갈 수 있을까 생각하곤 했다. 그때 어른들의 나라 사랑하는 마음과 한국의 세계화를 위한 노력은 대단했다. 한국전쟁 후 한국의 재건을 위해 사시는 모습들을 보면서 나도 대학생이 되면서 연세대학교 의과대학에 있는 기독학생운동에 참여했다. 1968년 전국 대학생 YMCA 이사장으로 선출되었고, 전국 대학생 YWCA 위원장으로 선출된 아내 장화인을 만났다. 우리 두 사람은 학생 대표로서 대학생들의 힘을 인정해주는 기성세대와 함께 일할 좋은 기회를 가졌다.

당시 대학 기독학생운동은 크게 YMCA, YWCA, IVF, CCC, SCM 등 각 대학 캠퍼스를 중심으로 활동했다. 내가 다녔던 연세대학교 의과대학의 기독학생클럽은 학교에서 학생들이 모여 매일 아침 예배를 드렸고, 토요일 저녁이면 환자들을 위로하기 위해 병동을 돌면서 찬양하는 저녁찬양(Evening Choir) 활동, 그리고 성경공부(Bible Study), 농촌 계몽, 세미나 등의 활동을 했다. 그 이외에 타 대학의 대학생들과 연합해서 하는 여름 수양회, 많은 대학생이 서로 만나서 교통할 수 있는 세미나, 강연회, 그리고 친교 프로그램 등이 있었다. 이런 프로그램은 대학생들에게 폭넓은 대화의 광장을 열어주었고, 특히 대학생들의 지역사회 참여를 장려하면서 젊은이들의 지도력 양성에 큰 공헌을 했다. 그리고 정치, 경제, 사회, 문화와 특히 종교에 대한 대학생들의 관심을 불러일으키는 중요한 원동력이 되기도 했다. 이러한 사회적 움직임에 따라 세계 기독교 기관도 기독 청년들의 사회 참여를 권장했고, 세계 기독교 기관의 모임에 대학생들을 대거 참여시켰다.

1968년 여름, 세계대학생대회(The World Student Conference)가 핀란드의 헬싱키에서 "기독교의 현존(Christian Presence)"이라는 주제로 열렸다. 즉, 기독교인이 사회참여를 하면서 어떻게 하면 세상에 예수님의 가르치심을 실천할 수 있는가, 그리고 정치, 경제, 사회, 문화, 교육, 심지어 교회 자체에까지 그것을 재해석하며 미래를 위한 새로운 패러다임을 구현해보자는 것이 모임의 주제였다.

그때 이화여자대학교 3학년에 재학하며 전국 대학생 YWCA 회장으로 일하던 장화인, SCM 전국 대학생 대표 박현명, 그리고 YMCA 전국 대학생 대표였던 필자가 선발되어 세계학생기독연맹(WSCF, World Student Christian Federation) 세계대회에 한국 대표로 참석하게 되었다.

세계대학생대회는 세계 전역에서 1천여 명의 대학생 대표들이 모이는 대규모 행사였다. 그리고 초교파적인 범교파운동(Ecumenical Movement)이 일어나고 있었다. 1960년대는 학생들의 힘이 전 세계에 펼쳐졌고 대학사회의 민주화, 기독교의 현존, 공산주의 라틴아메리카의 진보적 학생운동이 일어나던 시기였다. 나는 이러한 세상의 변화를 보면서 그동안 보지 못했던 열린 세상, 그리고 기성세대의 열린 마음, 즉 젊은이들과 대화하며 그들의 말에 귀를 기울이고, 젊은 대학생들이 세상을 변화시킬 수 있다는 신뢰와 믿음을 보여주는 모습을 보았다. 이런 점은 그동안 한국 사회에서는 경험하지 못한 것이었다. 이러한 경험은 후에 내가 지역사회에 들어가 새로운 프로그램을 시작할 때 많은 도움이 되었다. 즉, 이민자들이 힘들고 고생할 때 그것을 헤치고 새로운 방향으로 나아갈 수 있는 통로를 제시할 수 있는 큰 용기를 내게 주었다고 볼 수 있다.

헬싱키 세계대학생대회 때 한 가지 아쉬웠던 기억이 있다. 대회가 끝나고 모든 참석자가 공산국가인 소련의 도시 상트페테르부르크(St. Petersburg)를 방문하는 프로그램이 짜여 있었다. 그러나 우리 세 명의 한국 학생은 한국 여권을 가졌기 때문에 공산국가에 들어가는 것이 허락되지 않았다. 그러나 헬싱키 세계대학생대회는 개인적으로 내 인생에서 중요한 대회였다. 이 대회에 함께 참석한 나와 장화인은 대회 기간 중 많은 대화를 나눴고, 서로의 믿음과 인생관이 같다는 것을 알고 가까워지기 시작했다. 그리고 학생 대표에서 친구 관계로, 그리고 곧 연인이 되었다. 나는 연세대 의대를 졸업하고 공군 군의관에 입대했다. 그리고 장화인과 결혼한 후 3년 동안 공군 군의관으로 복무를 마친 후, 1972년 미국으로 이민 왔다.

1970년대 초 미국 이민자로 정착

1968년 세계대회에서 아시아 대표 실행위원으로 선출된 이후, 나는 계속해서 기독 학생대표로 세계학생기독교연맹(WSCF, World Student Christian Federation)의 실행이사회에 참석했다. 이때 나는 홍콩, 말레이시아, 태국 등을 여행할 기회를 얻었다(1969~1972). 또한 아시아 기독학생 의사회의 일원으로 개발도상국의 의료 문제 등을 논의하는 데도 참여했다. 이러한 경험은 내게 아시아에 있는 기독교 기관과 네트워크를 가질 수 있는 좋은 통로를 만들어주었다. 더 중요한 것은 아시아인과 미국인을 포함한 서방 국가의 사람들 사이에는 상당한 문화적 차이가 있다는 것도 알았다. 이 경험은 내가 미국으로 이민 온 후에도 동양과 서양을 이해하는 데, 그리고 문화가 서로 다른 사람들과의 관계를 맺는 데 큰 어려움 없이 적응하며 일할 수 있는 밑거름이 되었다.

당시 한국은 경제적으로 매우 어려운 시기였다. 그리고 미국은 의사가 모자라 외국 의과대학 졸업생(Foreign Medical Graduate)인 외국인 의사들에게 미국 이민을 개방했다. 우리는 한국에서 허용하는 한 가족당 500달러를 가지고 뉴욕 케네디공항에 도착했다.

나는 도착한 다음 날부터 브루클린 롱아일랜드 대학병원에서 인턴으로 일을 시작했는데, 하루 걸러 한 번씩 밤샘 근무를 했다. 아내 장화인은 미국에 도착하고 한 달 후에 둘째를 출산하고 연년생 두 아들을 돌보느라 온종일을 보냈다. 우리는 엘리베이터는 물론, 세탁기도 없는 병원 아파트 3층에서 열심히 살았다. 당시 브루클린은 안전한 곳이 아니었다. 나는 일을 마치고 오면 종일 집에 갇혀 있던 아내를 돕기 위해 근처에 있는 세탁소에 가서 빨래를 해왔고, 아이들의 우유를 사러 가까운 식품점으로 뛰어다니곤 했다.

1년간 무사히 인턴을 마친 후 나는 뉴저지 의과대학병원에 레지던트로 일하게 되었다. 그리고 후에 의과대학에서 교수가 되었다. 할아버지와 아버지가 외과 의

사이셨지만, 나는 여러 과 중에 심장내과를 택했다. 뉴저지 의과대학에서 심장병 권위자인 팀 레이건(Tim Ragan) 박사를 만나게 된 것은 나에게 또 하나의 큰 행운이었다. 그 교수 밑에서 쓴 논문이 선택되어 러시아의 모스크바에서 열린 세계심장학회(World Congress of Cardiology)에서 논문을 발표할 수 있는 영광을 얻었는데(1982), 이는 심장내과 전문의로 인정받는 결정적 계기가 되었다.

부교수가 된 나는 학생들을 가르치는 데 전념했다. 그렇게 열심히 학생들을 가르친 결과, 1982년에는 학생들로부터 '올해의 최고 의사(Best Doctor of the Year)'라는 상을 받았다. 사실 한국인으로서 영어로 강의하는 것이 그렇게 쉽지는 않았지만, 그때는 내게 다른 어떤 것도 생각할 여유가 없었던 것으로 기억한다. 지금도 나는 '내게 이루어진 모든 것이 내가 하려고 노력해서 된 것이 아니다'라고 생각한다.

우리는 당시 800달러의 월급으로는 생활이 어려웠다. 낮에 종일 병원에서 일하고, 다시 밤에 다른 병원에 가서 추가로 일하는 야간근무(Moonlight, 의사들이 달을 보며 일한다고 해서 밤에 일하는 것을 말함)를 시작해야 했다. 야간근무를 하면서 나는 하버드대학병원에서 수련을 받은 존 스트로벡(John Strobeck)이라는 친구를 만나게 되었고, 후에 우리는 함께 파트너가 되어 개업까지 하게 되었다. 그 친구와 나는 1988년 뉴저지 리지우드(Ridgewood)에 있는 밸리(Valley) 병원에서 혈관형성술(Angioplasty) 시술을 처음으로 시도했다. 그로 인해 우리의 명성이 높아졌고, 뉴저지 중재(Interventional) 심장학회를 만드는 계기도 되었다. 그것은 나의 기대를 초월한 것이었다.

1973년 한인 YMCA 창립

미국에 온 지 2년 만에 드디어 YMCA 운동의 길을 열기 시작했다. 마침 서울 YMCA 간사였던 이신행 선생이 미국에서 정치학 박사 공부를 하기 위해 뉴욕대학(NYU)으로 오셨다. 우리는 1973년 3월 28일, 맨해튼(125 W. 14th Street, New York)에 있는 맥버니(McBurney) YMCA 회관에서 뉴욕 한인 YMCA 발기 모임을 가졌다. 그때 참석한 필립 박(Philip Park), 이범선, 김재원, 신성국, 한진관, 남병헌, 임관하, 이종익, 이정두, 허련, 김정석, 이재원, 이영준, 홍인숙, 김영일, 차창근, 이신행 그리고 필자 등 19명의 발기인으로 뉴욕 한인 YMCA가 시작되었다. 곧이어 1974년 뉴욕 한인 YMCA는 기독학생운동(SCM) 미국 대표로 세계학생대회에 참석하셨던 손명걸 목사님을 이사장으로, 이신행 박사를 총무로 모시게 되었다. 우리는 당시 뉴욕 사회에 필요한 것은 어떠한 프로그램보다 기독교 청년운동이 중요하다는 데 의견을 모았다. 그것은 뉴욕 지역에 공부하러 온 젊은 대학생들이 많다는 점과 이민 와서 새로운 문화에 적응하려는 젊은 청년 그룹이 많다는 점에 중점을 두었기 때문이다.

얼마 후, 당시 뉴욕 롱아일랜드(Long Island)에서 한인교회를 담당하고 계셨던 박성모 목사님의 배려로 한인교회 대학생들을 중심으로 YMCA 활동을 시작하게 되었다. 그 운동이 바로 '산막촌 운동'이다. 산막촌이란 말 그대로 산에 가서 장막을 친 마을이라는 뜻으로 붙여진 이름이었고, 청년들이 텐트를 치고 함께 밤을 보내면서 대화를 나누며 타향에서의 외로움을 달래는 모임이었다. 이것은 이민으로 시달린 피로를 풀고 외로움을 달래며 함께 꿈을 이야기하고 그 꿈을 실현하기 위해 서로의 비전을 나누는 현장이 되었다.

1978년 한인 YMCA는 뉴욕 플러싱 YMCA로 이전하게 되었다. 그리고 대학생회인 '화백운동'을 결성하여 제1회 뉴욕 한인 YMCA 청년운동인 '한가위 운동'을 펼치게 되었다. 화백운동은 대학생들로 구성된 모임으로 젊은이들이 미래를, 그리고 그들의 삶을 구상한다는 의미에서 학생들이 직접 이름을 지었다. 이 모임은 30여 명의 대학생이 정기적으로 만났으며, 대학교수나 저명인사들을 초대하여 식사를 나누고 강연을 듣는 시간을 가졌다. YMCA(Young Men's Christian Association; 젊은 기독교 남성들의 모임)의 의미에 맞게 그 모임의 주요 목적은 그러한 기회를 통해 회원들을 바른 기독교인이 되도록 함과 동시에 그들의 지도력을 양성하고 건전한 사회인이 되도록 가르쳐 실제 삶에서 YMCA가 추구하는 사명을 가지고 살 수 있도록 도와주는 것이었다. 사실 YMCA는 1885년 영국에서 젊은 남자 청년들을 위한 운동으로 처음 시작되었다. 영국에서 조지 윌리엄스(George Williams)에 의해 시작된 Y 운동은 산업혁명 이후 미국으로 건너오게 된다. 그리고 당시 미국에 온 많은 청년이 숙소가 없어 고생할 때 뉴욕 YMCA는 그들에게 숙소를 제공했고, 음식을 아주 저렴한 가격에 제공했다. 그렇게 시작한 뉴욕 YMCA는 점차로 젊은 기독교 청년회로 미국 전역으로 퍼져나갔으며, 멀리 아시아와 한국에까지 YMCA 운동으로 확산되었다. 나의 조부님도 한국에 YMCA가 처음 들어왔을 때 서울 YMCA 건물을 세우는 데 공헌하신 분이었다. 그렇게 세계적으로 퍼져나간 YMCA는 특별히 기독교 운동에서 지역사회 중심의 기관으로 바뀌면서 신체의 건강을 강조하여 수영장과 신체 단련 수업(피트니스 클래스) 등을 제공해왔다. 이제는 YMCA에 여성회원들도 있을 뿐만 아니라 여성 직원들의 수도 점점 늘어가고 있다.

미국 YMCA가 한창 지역사회 중심으로 건물을 짓고 수영장을 만들고 체육관을 세우며 건물 중심의 프로그램을 운영할 즈음 뉴욕 근교에 한인의 인구는 급속도로 증가하기 시작했다. 나는 1979년 2대 한인 YMCA 이사장으로 취임했고, 그때 나의 조부이신 이용설 전 서울 YMCA 이사장님과 한승인 뉴욕한인교회 장로님, 강원용 전 경동교회 목사님, 박성모 뉴욕한인교회 목사님 등을 고문으로 모셨다.

1980년부터 1990년대까지 뉴욕 한인 YMCA는 점차로 한인이 주로 사는 지역사회로 뻗어나가기 시작했다. 1988년 Y 대학부 출신인 민홍식 총무가 취임하면서 청소년 지도 교육센터를 개설했고, 서울 YMCA가 주최하는 '가족 동요창작 경연대회', '청소년 지도자 교육센터', '여름 캠프' 등을 운영했다. 이 외에도 지역사회가 요구하는 많은 프로그램을 운영했는데, '무료 직업훈련 프로그램', 1994년 8월에 주최한 '흑인과의 공동캠프' 등이 지역사회에 공헌한 프로그램이라고 할 수 있다. 특히 그 당시 한인사회의 문제와 미래의 발전을 모색하기 위해 여러 훌륭한 분을 초청하여 가진 강연회는 지역사회의 많은 호응을 받았다.

다음은 역대 YMCA 이사장들과 YMCA 연례 만찬 강사들이다.

연례 YMCA 이사장

1974	손명결	1993	권영주
1976	이원규	1995	이원규
1983	박승증	1999	최민기
1986	이영익	2003	권경혁
1987	권영주	2004	김대중
1989	김승주	2005	이건호
1990	홍성완	2007	김경렬
1991	김가일		

연례 만찬 강사

1981	이윤구 박사(유네스코 한국대표)
1983	이상철 목사(토론토 한인교회)
1985	이정식 박사(정치학 교수, University of Pennsylvania)
1986	사무엘 모펫 교수(Samuel H. Moffett, 프린스턴 신학교)
1987	제임스 콘 교수(James Cone, 유니온 신학교)
1988	제임스 레이니 총장(James T. Laney, 에모리 대학)
1989	안병무 박사(한국신학대학)
1990	이상현 박사(프린스턴 신학대학원)
1991	노창회 대사(UN)
1992	문동환 박사(한국신학대학 교수)

1993	칸 아카타니(Kan Akatani, Japanese Catholic Council)
1994	도날드 그레그 대사(Donald Greg, The Korea Society)
1995	박수길 대사(UN)
1996	서광선 박사(세계 YMCA 회장)
1997	제임스 레이니 주한 미 대사(James T. Laney)
1998	이시영 대사(UN)
1999	이원규 박사(YMCA USA 이사)
2000	정동수 총장(Deputy of Assistant Secretary)
2002	장화인 박사(AWCA 회장)
2003년	김삼훈 대사(UN)

1990~2000년대 YMCA 활동

한인 YMCA는 SAT(미국의 대학수능시험)반, 시민권 교육, 방과후 학교(After School), 직업교육, 그리고 한인에게 필요한 주제를 가지고 모이는 강연 및 논단 등이 플러싱 YMCA를 중심으로 이루어졌다. 한편 이 시기에 한인교회가 급속도로 팽창하면서 많은 한인교회가 YMCA가 하던 비슷한 프로그램을 하기 시작했고, YMCA는 서서히 민홍식 총무를 중심으로 플러싱 YMCA에서 이민자를 위한 국제환영센터(International Welcome Center) 역할을 하게 되었다.

1994년 4년마다 열리는 세계YMCA연맹(World Alliance) 총회가 창립 150주년을 기념하여 영국 런던에서 열렸다. 당시 YMCA연맹은 시카고로 본부를 옮겼고, 나는 YMCA USA 국제부 이사 자격으로 세계YMCA연맹총회에 미국 대표로 참석하게 되었다. 그 후 20여 년 이상을 뉴욕 이사로 일하면서 초창기 미국 YMCA가 노예 문제를 두고 많은 정치적 문제로 고심했던 일, 그리고 무작정 뉴욕으로 몰려온 이민자에게 따뜻한 잠자리를 마련해주기 위해 웰컴센터(Welcome Center), YMCA 호텔을 운영한 일 등 뉴욕 YMCA가 세계에서 가장 규모가 큰 YMCA로 발전했다는 사실과 뉴욕시에만 34개 지부와 2억 달러에 가까운 예산이 현재도 운영되고 있다는 것을 배웠다.

국제 YMCA의 시작

나는 당시 대뉴욕지구 YMCA 내에 국제부가 따로 없는 것을 의식했다. YMCA USA가 하는 중요한 국제사업은 UN에 NGO 자격으로 참여하는 것과 국제 캠프 지도자 프로그램(International Camp Counselor Program)을 통해 세계 각 지역에서 오는 청소년 지도자들을 대뉴욕지구 YMCA에서 맡아 훈련시키는 일이었다. 이 국제 캠프지도자 프로그램은 지난 30년간 실무자로 일하던 앨리스 메어스(Alice Mairs)와 함께 진행했다. 1980년 YMCA USA 본부를 시카고로 옮기게 되면서 1900년대의 가장 중요한 프로그램이던 지역 YMCA의 국제화가 점점 약화되고 있던 시점에 이 프로그램의 중요성이 더욱 커졌다.

나는 뉴욕 지역 인구의 50% 이상이 외국에서 태어났다는 것에 특별히 관심을 두었다. 그래서 뉴욕 중심의 34개 YMCA 지부에 좀 더 국제화하기를 권장했다. 당시 나의 관심은 세계에서 모여드는 많은 사람이 미국을 배우고 가는 반면, 미국에 사는 미국인도 세계를 배울 기회가 있어야 한다고 생각했다. 그래서 청소년들에게 외국에 가서 세계를 배우고 오게 하는 프로그램을 시작했다. 그것은 '나가자 세계로(Go-Global)' 프로그램으로 청소년이 세계와 함께하는 지도자가 되도록 이끌어주고 도와주는 것이 목적이었다. 매년 이 프로그램에 참여하는 청년들은 30~60명이 넘었으며 현재까지도 계속되고 있다. 이러한 프로그램을 총괄하는 지부를 '국제부'라고 하고 내가 초대 이사장으로 시작했다.

1973년 발족한 한인 YMCA는 플러싱 YMCA 건물을 이용하며 지역사회에 많은 도움을 주었다. 영어 교육, 직업훈련, 그리고 시민권 교육 등은 중요한 프로그램이었으며, 특히 YMCA에 있는 수영장 등 체육 시설은 그 지역 동포에게 많은 호응을 얻으며 중요한 프로그램으로 발전해갔다.

내게 가장 어려운 일이 있었다면, 자원봉사자들을 모시는 일이었다. 이사에서부터 가르치는 선생님들까지 자원봉사로 자기의 시간과 재능은 물론 재정도 최선을 다해 기부해야 하는데, 그러한 분들을 모셔오기가 그렇게 쉽지는 않았다. 특히 한 번 약속한 것을 계속해서 할 수 있는 분들이 그렇게 많지 않았기 때문이다. 아마도 이민 생활의 가장 큰 어려움이 아니었나 생각된다.

반대로 미국 친구들의 경우는 달랐다. 내가 미국 이사회에 몇몇 클럽 친구들을 소개했는데, 그들은 후에 본인들이 속한 회사에서 CEO가 되어도 약속한 일을 오히려 더 열심히 하고 경제적 기부도 많이 하는 것을 보며 우리 한인이 가야 할 길이 아직 멀다고 느꼈다. 미국인은 벌써 그들의 선조가 3대, 4대까지 간 사람이 있었고, 그에 비하면 우리는 겨우 1세나 1.5세라는 것이 우리의 이민 역사다. 가만히 살펴보면 그들은 우리보다 여러 면에서 여유가 있다. 그러면서 그들은 자기들의 선조가 이 땅에 이민자로 와서 고생한 것을 자랑스럽게 생각한다. 고생한 만큼 성공했기 때문일 것이다. 나는 요즈음 우리 2세에게 희망을 갖는다. 벌써 많은 한인 2세가 미국 주류사회에 들어가서 활동하고 있는 것을 자랑스럽게 생각한다. 분명히 한인 3세, 4세가 앞으로 코리안아메리칸(Korean American)으로서 정체성을 가지고 이 사회에 많은 영향을 줄 것이라고 기대한다.

2002년 YMCA는 내게 또 하나의 영예스러운 상을 수여했다. 자원봉사자로 10년 이상 일한 사람에게 주는 영예로운 상인 레드트라이앵글 훈장(Order of Red Triangle)이었다. 지난 150년 동안 총 36명에게 수여했다고 한다. 나는 Y를 위해 더 열심히 일하라는 것으로 이해하고 죄송한 마음으로 감사히 받았다. 그리고 10년 후인 2013년 뉴욕 YMCA는 백악관에서 미국 대통령이 수여하는 'Champion of

Change'를 받도록 나를 추천해주었다. 이민자를 위한 프로그램을 개발한 것과 미국 YMCA에서 국제 문제를 다룬 사람 중 한 명으로 인정해서 내가 선정된 것 같았다. 그 당시 나는 스스로 부끄러운 마음으로 어떻게 할 수 없었던 것을 지금도 기억한다.

내가 와이맨(Y man)으로 살 수 있었던 것은 하나님께서 주신 축복이었으며, 많은 것을 배울 좋은 기회이기도 했다. 특히 이웃을 배려하는 것, 지역사회를 위해 자기 자신을 헌신하는 것, 그리고 자기들이 맡은 것에 대한 책임을 지는 것 등을 보면서 어떻게 사회를 변화시키며, 어떻게 지역사회에 영향을 줄 수 있는지를 볼 좋은 기회였다. 처음에 내가 새로운 미국 문화에 접하는 것은 쉬운 일이 아니었다. 그러나 많은 시간을 Y 동료와 보내며, 10년 이상 계속 그들과 많은 일을 함께하면서 서로 친구가 되고, 동지가 되고, 함께 지역사회에 대한 애정을 갖게 되면서 공동체의 한 가족으로 변하는 것을 느꼈다. 미국 친구들의 이야기를 들어보면 우리보다 2, 3세대 먼저 이민자의 생활을 시작한 그들의 선조도 쉽지 않게 정착했다.

YMCA에서 이민자를 위한 프로그램을 시작했다고 2013년 'Champion of Change'라는 상을 백악관으로부터 받게 추천해준 당시 뉴욕 YMCA 회장

이제 시대가 변하고, 사람들이 원하는 것들이 변하면서, 우리는 더욱 개인화되고, 혼자서 거의 많은 것을 컴퓨터의 도움으로 할 수 있는 세상이 되었다. 이제는 베이비붐 세대들에게 도전하는 새로운 세대(Z세대: 1990년대 중반부터 2010년대 후반에 태어난 세대로 어렸을 때부터 IT 기술을 많이 접하고 자유롭게 사용하는 세대를 일컫는 말)가 나타났다. 이렇게 새로운 문화를 받아들이며 이해해야 하는 때 우리가 살고 있음을 절실히 느낀다.

나는 예수를 믿는 한 사람으로서 아무리 세상이 급변해도 그리스도 중심의 운동이 YMCA뿐 아니라 모든 사회와 기독교 기관에서 계속해서 이루어져야 한다는 생각에는 변함이 없다. 이렇게 우리의 삶을 변화시키는 운동 속에서 그 시대에 예수님이 우리에게 주신 사명이 무엇인지를 생각하고, 그 사명을 찾으며, 그리고 실천하는 것이 우리가 해야 할 일이라고 생각한다.

아시아기독교고등교육재단(United Board for Christian Higher Education in Asia)

내가 YMCA 이외에 자원봉사자로 지난 20년간 섬긴 아시아기독교고등교육재단(United Board for Christian Higher Education in Asia)은 또 다른 세계를 가르쳐준 기관이다. 이름 그대로 아시아에 있는 기독교 대학들을 돕는 재단이다. 즉, 아시아에 있는 대학들의 '기독교인의 현존'을 위해 일하는 기관이라고 볼 수 있다. 이 재단은 1922년 창립되어 30년 동안 중국의 30여 개 대학을 후원하면서 학교 건물을 건축하고 도서 구입, 장학금 지급, 그리고 미국 교수 등 교직원들의 아시아 지역 방문을 지원해왔다. 하지만 중국이 공산국가가 되면서 기독교 기관의 후원이 어려워지게 되자 중국 주변 국가의 대학을 후원하기 시작했다. 타이완의 둥하이대학, 홍콩의 충치대학 등이다. 점차 기독교 학교인 일본 도쿄에 있는 국제기독교대학(International Christian University), 한국의 연세대학, 이화여자대학, 서울여자대학, 필리핀의 실리만

아시아 기독교고등교육재단

(Silliman)대학과 태국, 인도, 인도네시아 등지에 있는 대학들을 도와주었다. 1980년 중국을 다시 후원하게 되면서 현재 아시아 기독교고등교육재단은 13개국에 있는 80여 기관을 도와주고 있으며, 이 프로젝트를 위해 1년에 약 600만 달러의 지원금을 지급하고 있다.

내가 이 재단의 이사가 되고 몇 년이 지난 1990년대의 일이다. 유나이티드 보드(United Board)재단은 "기독교인의 현존(Christian Presence)"이라는 주제로 뉴욕에서 회의를 했다. 목적은 기독교 대학에서 기독교인의 현존이 무엇을 의미하는가를 조명하는 작업이었다. 당시 이사장을 역임하셨던 제임스 레이니(James Laney, 에모리 대학 총장), 조지 루프(George Ruff, 컬럼비아 대학 총장) 등이 참여했고, 그 외에도 저명한 신학자와 신학대학 총장들, 많은 대학의 교수들이 참석했다. 이 모임은 내겐 특별한 경험이었다. 1968년 세계학생대회에서 그리스도인의 현존에 대해 열띤 토론을 했던 한 사람으로서 사회의 부정을 의식하고, 사회 정의를 외치며, 민주주의의 확립을 위해 투쟁하는 것이 진정한 기독교인의 사명이라고 믿었던 자신을 다시 한번 재조명해보는 좋은 기회였다.

YMCA 명예의 전당 수상(2019)

2019년 7월 YMCA USA는 3년마다 열리는 전국대회(National Convention)에 나를 초대했다. 내가 지난 50년 동안 YMCA를 위해 자원봉사한 것을 기억하기 위한 YMCA 명예의 전당(Hall of Fame)을 수상하는 자리였다. YMCA에서 활동하며 1968년 학생대표 이후 내 일생에 비행기값과 호텔비를 받으며 여행한 것은 그때가 처음이었다.

맺는말

YMCA 세계연맹, 대뉴욕지구 YMCA, 그리고 YMCA USA와 유나이티드보드 재단을 통해 나는 '기독교인의 현존'이라는 의미를 더욱 친밀하고 절실하게 접하게 되었다. 그리고 많은 지인과 그리스도인이 우리 사회를 더욱 바르게 세워나가는 중심이 될 뿐 아니라 진정으로 사회가 변하는 데 많은 영향을 주고 있음을 보았다. 나는 하나님의 말씀 속에 깊이 뿌리내린 YMCA가 시대의 흐름에 따라 세속화되어가는 기관으로 이해되는 것에 안타까움을 느낀다. 그러나 그 현실을 이해하며 함께 가야 한다는 사실도 잘 알고 있다. 우리가 살고 있는 현장에서 시대와 함께 성숙되고 변화되어야 하는 것은 우리 모두 추구하는 궁극적인 바람이 아닌가 생각한다.

YMCA와 인연을 맺은 것이 조부 때부터라고 하면 70년, 나 자신과의 인연은 50년이 지났다. 내게 만약 지난 50년 동안 YMCA에서 무엇을 배웠냐고 묻는다면 서슴지 않고 어떻게 성숙한 기독교인이 될 수 있는지를 배웠다고 할 것이다. 그리고 나를 격려해주고 사랑해주셨던 많은 선배님, 멘토, 그리고 YMCA와 여러 기관에서 함께 일했던 사랑하는 나의 동지들에게 끝까지 그들을 기억하며 따라가려고 노력하고 있다고 말할 것이다. 마지막으로 YMCA의 가르침인 존경(Respect), 책임(Responsibility), 정직(Honesty) 그리고 사랑(Love and Care)을 계속 나의 마음속에 기억하며 그것을 실천하도록 노력할 것이다. 가정과 사회에서 굳건히 본이 되어준 어른들, 본인들의 삶의 현장에서 사랑을 실천하며 지구촌 곳곳에서 우리의 역사를 만들어가는 많은 선후배에게 진심으로 감사를 드리며 이 글을 마친다.

이원규

심장내과 의사로, 1969년 연세대학교 의과대학을 졸업했다. 1972년 미국으로 이민 와서 뉴저지 의과대학 교수를 지냈으며, 지금까지 37년 동안 노스저지 심장학회(Cardiac Associate of North Jersey) 원장으로 일하고 있다. 뉴저지주 리지우드에 있는 밸리 병원에서 심장내과 과장을 역임했고, 뉴저지 심장학회(Interventional Cardiology) 회장을 역임했다. 뉴욕에서 뉴욕 한인 YMCA를 처음 시작했으며, 1982년부터 국제 YMCA 이사장(1995~2004), YMCA USA 이사(1982~1996)를 지냈다. 뉴저지 장로교회 장로인 그는 '아시아기독교고등교육재단(United Board for Christian Higher Education in Asia)'의 이사로 봉사(21년)했으며, 뉴욕신학대학교(New York Theological Seminary)에서 이사장으로 봉사(6년)하면서 다른 많은 봉사기관을 후원했다.

뉴저지 의과대학 Golden Apple, YMCA The Order of Red-Triangle, Ellis Island Award, 백악관 '변화의 챔피언'(A White House Champion of Change), 그리고 YMCA Hall of Fame 등을 수상했다.

8 비영리단체와의 만남을 되돌아보며

김은경 Eun-Kyung Kim
퀸즈 YWCA 사무총장, 무지개의 집 사무총장 역임

나는 음악을 좋아했다. 말을 하기도 전에 먼저 노래를 불렀다고 한다. 두 살 때부터 피아노를 치기 시작했는데, 집에서 동네 아이들에게 피아노를 가르치시던 어머니를 보면서 자연스럽게 피아노에 앉게 되었던 것 같다. 나는 똑같은 것을 반복 연습하는 것에는 흥미가 없었고 음악의 구성에 대해 더 흥미가 있어서 초등학교 때부터 곡을 쓰기 시작했다. 그리고 동네 아이들을 모아서 내가 만든 노래를 가르치기도 했다. 결국 나는 대학에서 음악(작곡)을 전공했고, 미국에 와서 석사와 박사도 마쳤다.

첫 번째 만남: 무지개의 집

예술의 중심지인 뉴욕에서 나는 음악으로 꿈을 펼칠 계획과 함께 열심히 작품 활동을 했다. 그러던 중에 섬기고 있던 교회의 한 전도사님께서 좋은 일을 하는 한 단체가 감사예배 행사를 하는데 봉사해줄 반주자를 찾고 있다며 나에게 도움을 요청하셨다. 예배 반주는 늘 해오던 거라 그러겠노라고 흔쾌히 대답했고, 그 단체가 바로 '무지개의 집'이었다. 그 행사는 무지개의 집 창립 9주년 후원의 밤 행사였는데, 도움이 필요한 여성들을 후원하기 위해 많은 한인이 모여 있었다. 특송으로 무지개의 집 이사진들이 나와서 찬양을 열심히 준비하는 모습이 참 인상적이었다.

그분들을 보며 나는 '이분들은 각각 다른 환경의 사람들인데 어떻게 사회의 소외된 집단에 눈을 돌리게 되었고 그 사람들을 위해 무언가 하려는 생각을 하게 되었을까?'라는 생각을 했다. 그분들이 참 존경스러웠고 나중에 나도 시간이 되면 이곳을 한번 방문해봐야겠다고 생각하며 집으로 돌아왔다. 시간이 흘렀고 나는 너무나 바쁘게 살고 있었으며, 무지개의 집은 기억에서 점점 멀어져가고 있었다.

그러다가 당시 무지개의 집 창립자이며 대표인 여금현 목사님의 연락을 받았다. 아들이 결혼하는데 반주를 해달라고 하셨다. 축하 노래를 하실 분이 무지개의 집 이사인데 꼭 내가 반주를 했으면 한다고 부탁하셔서 결혼식이 있는 예일대학교로 갔다. 그때 여금현 목사님께서 무지개의 집에 대해 자세한 소개를 해주시며 이사직을 맡아달라고 하셨다. 당시 나는 여러 다른 활동으로 인해 재정적으로 넉넉하지 않은 때라 할 수 없다고 말씀을 드렸는데, 이사진에 예술가가 한 명 있으면 좋겠다며 이름만이라도 올리자고 하셨다. 그렇게 나는 그때부터 무지개의 집과 인연을 맺게 되었고 조금씩 그들과의 관계에 더 깊숙이 들어가게 되었다(2002).

나는 무지개의 집에 가끔 들러서 필요한 일들을 돕기 시작했다. 무지개의 집은 너무나 열악한 환경인지라 한 사람의 손이라도 귀한 상황이었고, 나는 일정이 꽉 차 있어서 시간을 내려면 밤 9~10시가 넘어야만 가능해서 자정이 넘도록 무지개의 집에서 봉사했다. 여 목사님은 나의 봉사가 끝날 때까지 퇴근도 못 하시고 기다려주시곤 했다. 그 당시 무지개의 집은 국제결혼을 통해 미국에 오게 된 한인 여성들이 남편의 학대와 문화적 충격 등으로 집에서 쫓겨나거나 도망 나온 후 오갈 곳이 없어서 큰 도시인 뉴욕으로 와서 길거리에서 지내다가 무지개의 집과 연결되어 함께 지내는 노숙자 쉼터였다. 3개월이 지나면 나가야 하는 다른 쉼터와는 다르게 이곳은 그들의 친정이 되었고 그룹홈 같은 형태였다.

무지개의 집에 들어온 분들은 대부분 40~50대 혹은 그 이상으로 보였고 우울증과 무기력증, 약 기운으로 기운이 없고 말을 건네도 반응이 거의 없는 상태였다. 그러다가도 기운이 나고 기분이 좋아지면 표정이 무척 밝아지며 말과 웃음도 많아지곤 했다. 그분들을 돕고 싶어서 여러 교회나 단체에서 여성들이 방문했는데, 서로 나이대가 비슷하지만 현재 처한 상태가 서로 다른 것에 무지개의 집 자매들이 많이 불편해하고 봉사하러 온 여성들과 만나기를 꺼리는 것을 보았다. '그들(봉사하러 온 여성들)은 다 행복하게 잘살겠지'라는 생각이 들며 자신들이 비교당하는 것 같다고 느꼈던 것 같다. 처음에는 나에게도 경계의 눈초리를 보이고 차갑게 대하더니 나의 얘기(이혼했다는)를 듣고 나서는(안됐다고 생각하셨는지) 모두 나에게 정말 잘해주시며 식사까지 챙겨주시곤 했다. 나는 그들이 무기력한 상태에서 운동도 안 하고 움직이려 하지 않고 집에서 종일 한국 드라마 등을 보며 지내는 모습에 뭐라도 해야겠다 싶어서 기타를 들고 가서 싱어롱 시간을 가졌다. 얼굴은 기뻐서 웃다가도 노래를 따라 부르지 않고 멍하니 한 곳만 쳐다보는 분들이 많았고, 반응이 너무 없어서 내가 "재미없으시면 이제 그만 올까요?" 하면 절대 안 된다며 꼭 와 달라고 울먹이시던 분들의 모습이 기억난다.

2003년은 무지개의 집과 관련해 특별히 기억에 남는 해다. 그때 내 눈에 들어온 것은 두 가지였는데, 하나는 우리 한인 중에 이런 여성들이 있다는 것이고, 다른 하나는 무지개의 집이 이들을 도울 힘이 너무 부족하다는 것이었다. 무지개의 집은 정부 보조도 없고 오로지 한인사회의 후원을 받아서 운영하고 있었는데 재정적인 어려움이 많았다. 나는 조금이라도 무지개의 집을 돕고 싶어서 내가 활동하고 있던 현대음악 앙상블 '사운드클락(Soundclock)'과 한국에서 활동하는 작곡가들과의 컬래버로 맨해튼 머킨홀에서 무지개의 집을 위한 이민 100주년 기념 자선 음악회를 개최했다. 또한 여금현 목사님이 만든 '무지개 고추장'과 나와 여러 봉사자가 직접 만든 많은 물품을 여러 곳에서 스태프와 봉사자들이 판매하며 운영비를 충당했다. 또 다른 기금모금을 위해 그 당시 무지개의 집 사무실을 플러싱 디포로드(Depot Road)에 마련했는데, 그곳에서 무지개 여성사회교육원을 시작하여 커뮤니티 여성들을 위한 유료 문화센터를 개강하고 내가 디렉터로 봉사하기도 했다. 그리고 무지개의 집 창립 10주년 연례 만찬을 준비하면서 만찬 장소로 연회장만 생각하던 그동안의 고정관념을 깨고 맨해튼에서 아주 크고 멋진 델리 '101 시티푸드 카페'를 운영하시던 사장님의 배려로 그 카페에서 아름답고도 기억에 남을 10주년 기념 연례 만찬을 준비했던 좋은 추억이 있다.

단체의 후원자가 후원과 동시에 혜택도 받을 수 있는 다른 단체들과 달리 무지개의 집은 그저 도와주어야 하는 성격의 단체여서 봉사자들과 후원자들이 오래 함께하지 못하고 지쳐서 떠나는 어려움도 많이 있었다. 그래서 그분들을 격려하고 감사함을 표하기 위해 '아름다운 작은 만남의 밤'을 기획하고 정기적으로 소박하지만 음악회와 함께 식사를 나누는 행사를 만들어 나름대로 보람도 있었다.

무지개의 집 사무총장으로

나는 그렇게 2002년부터 이사로 봉사하다가 2010년 무지개의 집 사무총장으로 일을 시작하게 되었다. 당시 무지개의 집은 사무총장직이 공석이었고 재정은 더욱 힘들어진 상태였다. 따라서 궁여지책으로 나에게 당분간이라도 해보면 어떻겠냐는 이사회의 권고에 따라 나는 별 생각 없이 사무총장으로 일을 시작했는데 그것이 블랙홀이었다. 초기에는 학교 강의와 무지개의 집 일을 병행하다 보니 양쪽이 다 힘들어지고 만만치가 않았다. 그래서 무지개의 집을 우선 살리고 보자는 생각으로 10년 이상 몸담았던 학교와 음악 활동을 쉬게 되었다.

비영리단체에 대해 아무런 지식이 없었던 내가 다른 사람들의 삶을 터치하고 싶다는 마음 하나로 단체를 운영해나가는 일은 어쩌면 무모한 일이었는지도 모른다. 내가 처음부터 만들어서 가는 것도 아니고 벌써 많이 알려져 있는 단체에 오히려 해가 될지도 모를 일이었는데, 아는 것이 없으면 용감하다고 이사회에서 뭐든지 도울 테니 걱정하지 말라는 말만 철석같이 믿고 그대로 그냥 뛰어들었다. 물론 이사회는 약속한 대로 최선을 다해 도왔지만, 운영은 또 다른 일이었다.

다행히 뉴욕에는 많은 단체의 리더들이 있었고 무지개의 집과 나를 도와주려고 손을 내밀어주는 분들도 많았다. 일을 시작하면서 틈 나는 대로 그분들을 찾아다니며 자문을 구했다. 내가 지금 잘하고 있는지, 뭘 해야 하는지, 뭘 모르고 있는지 등. 몇몇 분은 나에게 정말 용감하다며 아낌없는 조언을 해주셨다. 그분들의 멘토링이 나에게 많은 도움을 주었고, 그분들의 조언 덕분에 어쩌면 내가 겪었을지도 모를 많은 난관을 무사히 헤쳐나갈 수 있었다고 생각한다.

무지개의 집은 문화적 · 언어적 차이로 인해 미국 사회에 적응하지 못해 발생하는 실종, 살인, 자살 등의 인권 문제와 남편에게 버림받은 후 마약, 알코올에 노출된 국제결혼여성을 돕기 위해 1993년 설립한 후 뉴욕시를 중심으로 활동해왔다. 그 후 무지개의 집은 다문화가정을 이루고 있는 한인 여성과 가정폭력, 성폭력, 정신적 · 경제적 어려움 등으로 인해 위기 상황에 처한 아시안 여성을 돕는 기관으

침묵 행진 참여

로 확장되었고, 한국 기관으로는 유일하게 안전하게 머무를 수 있는 장단기 쉼터를 제공하며 의료서비스, 사회보장 혜택 신청 대행, 상담, 직업 훈련 및 소개, 법률, 사회복지 서비스 등 다양한 지원을 통해 무지개의 집에 머무는 분들이 미국 사회에서 자립할 수 있도록 도왔다. 또한 메릴랜드 희망의 집, 국제선(국제결혼가정선교전국연합회) 평화의 집, 국제결혼여성세계총연합회(KIMWA), 또한 한국의 두레방 등 성매매 여성, 기지촌 여성, 혼혈아 다문화가정, 여성과 어린이 인권향상 등을 위한 단체들과 네트워크를 형성하여 연대활동을 꾸준히 했다.

내가 무지개의 집 사무총장으로 일하기 시작한 2010년 가을, 주류사회와 2세에게 단체명이 쉽게 인식되게 하기 위해 무지개의 집의 영문 명칭을 Rainbow Center에서 Women In Need Center로 바꾸었으며 서비스 대상의 범위를 넓혔다. 무지개의 집은 쉼터가 중심이지만 지역 커뮤니티를 섬기기 위해 센터 프로그램도 시작했다. 문화교실, 직업훈련교실, 아동 표현미술치료, 봉사활동 및 인턴십 프로그램 등이었는데 서로 유대감을 쌓고 성취 의욕을 높이는 문화교실은 저소득층 한인 여성들을 대상으로 뜨개질, 전통매듭, 서양화, 다도, 퀼트, 수공예 등을 가르쳤으며, 직업훈련교실에서는 구직에 유용한 봉재기술을 가르침으로써 이민자 여성들의 취업 활동에 디딤돌 역할을 했다.

봉사활동과 인턴십 프로그램은 고등학생, 대학생, 성인을 대상으로 하여 힘든 이웃을 아끼고 나누는 커뮤니티 공동체를 만들어감과 동시에 가정폭력, 노숙자 등 우리 사회에 분명히 존재하지만 흔히 문제가 되지 않는 이슈들에 국한하여 인식을 높이고자 노력했다. 재미있었던 일들로는 인턴들과 함께한 건강한 관계를 위한 행사들이었는데, 그중에 스피드 데이팅(Speed Dating), 가면파티(Mask Ball), 밸런타인데이 파티(Valentine's Day Party) 등을 통해 재미있게 서로 존중하는 법을 배웠던 좋은 기억이 있다. 또한 방은숙 이사장님은 오랜 기간 이사장직을 맡으셨는데, 의사인 직업을 충분히 살려 쉼터의 자매들과 자녀들의 진료를 도맡아 해주셨고 커뮤니티를 위해 본인 사무실에서 이수일 박사님을 모시고 좋은 어머니(부모)교실을 꾸준히 열어 많은 부모를 도와주셔서 지금도 감사하게 생각한다.

무지개의 집 사무총장직을 수행하는 동안 나는 쉼터에 입주하는 분들이 여기서 지내는 동안 스스로 독립계획을 세워 최대한의 자립 능력을 기르도록 돕는 것에 중점을 두고, 이 과정에서 필요에 따라 상담이나 교육, 직업훈련, 그룹 활동, 법률이나 의료, 번역이나 통역 서비스, 공공 혜택, 권익옹호, 경제적 독립능력을 배양할 수 있는 자원을 제공하고 미술상담치료, 그룹 심리치료, 쉼터 예배 등을 시작했다.

그중에서 After Care Program은 자립해서 떠난 분들이 완전히 정착할 수 있도록 지속적으로 도와주는 프로그램인데, 예정된 시간이 되어 나가더라도 쉼터 이외의 다른 서비스를 계속 받을 수 있도록 하여 무지개의 집이 친정 같은 역할을 하며 특별한 휴일 등에 함께 모여 식사나 야외 나들이, 공연 관람 등에 초대함으로써 공동체의 소속감을 심어주기 위해 만들어졌다. 더 나아가 무지개의 집에서는 다른 종류의 프로그램인 회원제 프로그램을 시작했는데, 이것은 저소득층 아시안 여성들을 대상으로 하며, 회원이 된 어려운 여성들이 식품, 의류, 재정 도움을 받을 수 있는 프로그램이었다.

자매들과 기억에 남는 이야기

초기 무지개의 집은 노숙자 쉼터 기능을 주로 했으나 점점 한인사회에 가정폭력 사건이 많이 생기고 가정폭력 피해 여성들이 안심하고 지낼 수 있는 피해자들을 위한 쉼터로서의 기능이 더 커졌다. 부부 사이의 폭력뿐만 아니라 자식이 어머니를 폭행하고 심지어 무기로 협박하는 일, 사회적으로 잘 알려진 인사가 집에서는 폭군이 되어 도망 나온 딸, 시부모에게 맞아서 병원에 실려온 며느리 등 상상할 수 없는 일들이 우리 한인사회에서 일어나고 있었음을 마음 아프게 들었다.

어느 타민족 여성은 시댁이 너무 유명하고 힘이 있어서 어디에 가서 숨어도 찾아내는 조직력을 가지고 있었다. 그래서 그분은 시댁 식구들이 전혀 모르는, 한 번도 만나보고 겪어보지 못한 한인사회에 들어오게 되었다. 그리고 재정적으로 힘든 사람만 있는 것은 아니었다. 돈은 많은데 호텔에 가면 가족이 카드 추적 등으로 찾아낼 수 있어 무지개의 집에 들어오게 된 분도 있었다. 어떤 분은 전에는 다른 사람과 방을 같이 쓰는 것을 상상도 하지 못했지만 여럿이 힘들게 사는 이곳에서 오히려 안전함을 느끼며 잠을 푹 잘 수 있다고 했다. 또 공항에까지 쫓아와서 협박하는 남자로부터 피해자를 보호하기 위해 우리가 그를 옆에서 지키고 승무원에게 인도할 때까지 동행해 드린 분도 있다.

엄마와 쉼터에 머물던 아이가 친부와 통화하는 도중 아무 생각 없이 'Rainbow House'라는 말을 해서 그날 밤 즉시 엄마와 다른 곳으로 떠나야 했던 안타까운 일도 있었고, 만삭의 몸을 이끌고 들어와서 이곳에서 아이를 낳은 젊은 엄마들, 아이의 첫돌을 쉼터에서 보내는 것이 못내 미안하고 속상해서 홀로 울던 어떤 엄마의 모습, 세 아이를 키우면서도 한 번도 얼굴을 찡그리지 않고 일도 하면서 항상 미소로 아이들을 돌보던 존경스런 슈퍼우먼 엄마, 유흥가에서 일하며 본인의 말로는 쉽게 돈을 벌다가 아이를 낳은 후 웨이트리스, 청소 등을 하며 자랑스러운 좋은 엄마가 되겠다며 정말 힘든 일을 잘해나간 엄마 등 참으로 많은 엄마와 아이들이 생각난다.

자살하기 직전에 혹시나 하고 무지개의 집에 전화했는데 이야기를 들어주고 힘을 내라고 한 말 덕에 살게 됐다는 분, 온몸에 화상을 많이 입어서 병원에서 자녀에게 연락했는데 오히려 연락을 끊어버려 갈 곳이 없어 오신 엄마, 직장 대표에게 성폭력을 당하고 오히려 해고당한 젊은 여성도 생각난다. 나는 그들의 이야기를 들으며 함께 울거나 너무도 화가 나고 참을 수 없어서 이런 나쁜 사람들은 언론에 발표해서 사람들이 알아야 한다며 울분을 품기도 했다. 그동안 무지개의 집에서 만난 사람들은 각자 다 엄청난 마음의 상처와 슬픔, 두려움과 좌절감으로 정말 이곳이 마지막이라고 생각하며 온 사람들이었다. 무지개의 집에서의 그들의 여정은 좋은 결과도 많았고 그렇지 못한 결과도 많았다.

무지개의 집에서는 그곳에 머무는 여성들을 '자매'라고 불렀다. 거주하는 동안 '자매들의 날(Sisters Day)'에 참여하여 문화적 경험을 하는 시간도 가지며 외식이나 관람 등을 정기적으로 하는데, 그중 기억에 남는 두 명을 소개하고 싶다. 한 분은 성폭력 피해자로 정신적 괴로움을 호소하던 젊은 외국인 자매였다. 매년 새해가 되면 1월 1일에 쉼터에서 이른 아침에 일어나 어린이들이 있으면 세배하는 시간을 가진 후, 한인 식당에서 베푸는 무료 떡국 행사에 참여해 떡국과 한국의 전통음식을 먹고 롱아일랜드의 존스비치에 가서 바다와 해를 보며 지난해의 모든 나쁜 것들을 소리를 내서 떠나 보내고 새해의 각오를 다짐하고 돌아온다. 어느 해는 이 자매가 정신적 어려움으로 괴로워하던 중 존스비치에 간다고 하니 자신이 바다에 들어갔다 나오겠다며 새로 세례를 받는 의식을 해 달라고 했다. 그녀의 가해자는 다름 아닌 자기에게 세례를 준 사제였다고. 그래서 그녀는 기도할 때도 힘들다고 했다. 그해 1월 1일은 유난히도 추워서 바다에는 사람이 거의 없었고 바람도 많이 불어서 감기에 걸릴까 봐 걱정되었지만, 우리는 그 자매가 하자는 대로 하기로 했다. 다른 자매가 너무 추우니 함께 해주겠다며 같이 바다로 들어갔다 나오는데, 모두 온몸은 추위로 떨고 있었고 입술은 파랗게 되어 말조차 제대로 할 수 없는 상태였다. 그녀는 죽을 것처럼 찬 바닷물에 자신을 씻고 나온 것 같다며 많이 홀가분해진 감정으로 치유의 단계를 이어갔다.

다른 한 분은 가정폭력 피해자였는데, 쉼터 자매들과 함께 한껏 모양내고 근사한 식당에서 식사하고 브로드웨이 뮤지컬을 관람했다. 뮤지컬 관람 후 돌아오는 차 안에서 자신은 평생 자영업을 하며 큰 집도 소유하고 살아왔는데, 쫓기듯 일만 하고 살아서 문화생활은 전혀 해보지 못했다며 이렇게 호강해보긴 처음이라고 말

자매들의 날에 외출하는 모습

했다. 뮤지컬 한 편 관람으로 그분은 무너졌던 자존감과 쓸쓸함에서 회복된 느낌이고 전보다 자존감도 높아졌다며 행복해하셨다. 그분은 상담치료도 받으셨고 후에 자립하셔서도 오랫동안 연락을 주셨는데, 이제는 자신보다 더 힘든 사람들을 돕고 힘을 주고 계신다.

무지개의 집에서 일하면서 힘들었던 기억들도 있다. 그중의 하나가 직원들의 대우였다. 재정적으로 넉넉하지 못해 특별히 쉼터에서 지내야 하는 쉼터 매니저는 거의 봉사하다시피 해야 하는 형편이었다. 지금 돌아보면 적은 용돈조차 안 되는 보수를 받고 일하셨던 그분들께 너무 죄송하고 감사한 마음이 크다. 휴가도 없었고

365일 자매들과 함께 지내야 하는 일이 얼마나 힘든 일인지는 해본 사람만 안다.

밤이 되어 주위가 조용해지고 어두워지면 자매들은 극도로 예민해지고 소리를 지른다거나 옆 사람과 죽을힘을 다해 싸운다거나 큰 소리로 울거나 하는 일이 다반사여서 밤에 할 일이 더 많을 때가 있다. 경찰을 부르거나 응급차를 부를 때도 있었다. 한동안 한국에서 대학생 인턴들이 와서 방도 해결할 겸 일했는데, 6개월도 안 되어 정신적 스트레스를 견디지 못하고 따로 방을 얻거나 떠나는 일이 많았다. 어떤 직원은 오자마자 하룻밤만 자고 떠나기도 했다. 그러다가 어렵게 구한 사람들이 무지개의 집에 일하러 와도 상담과 사회복지 전공자들이 아니다 보니 그들 또한 정신적인 스트레스로 인한 우울증과 자괴감 등이 생기고 불면증과 불안함을 호소하는 일도 적지 않았다. 그래서 나는 혹시 모를 일에 대비해 밤늦게까지 일할 때가 많았는데, 많은 경우 매니저의 이야기를 들어주고 기도하고 격려해 방으로 들어가게 하면, 또다시 쉼터의 자매 중 한 명이 내려와 자신의 이야기를 시작하고 외로움과 두려움으로 꽉 찬 마음을 내놓으면 그 자매가 안정될 때까지 함께 있어주어야 했다. 그러다 보면 나는 숱한 나날을 새벽이 되어서야 퇴근하곤 했다. 새벽까지 일하는 날이 많다 보니 함께 사는 어머니를 볼 수 없을 때가 많은데다가 언젠가는 쉼터 매니저를 구할 수 없어서 쉼터에 계시면 더 많이 볼 수 있지 않겠냐며 어머니께 며칠만 쉼터 일을 봐 달라고 부탁한 것이 거의 1년을 끈 적도 있었다.

두 번째 만남: 뉴욕가정상담소

그러던 중 2014년 무지개의 집이 뉴욕가정상담소와 합병함으로써 원스톱 서비스 체계로 효율적으로 커뮤니티를 섬길 수 있게 되었고, 직원들의 대우도 향상되어 심리적으로 이전만큼 번아웃(burn out)이 되지는 않았다. 무지개의 집은 초창기부터 미국 전역의 후원자들과 여러 단체, 특히 한국의 여성단체들과도 연대 관

무지개의 집-뉴욕가정상담소 합병 기자회견(2014년 1월 2일)

계가 많아 재정과 규모는 작은 단체였지만 소외된 여성들을 위해 일하는 전 미국과 한국 단체의 리더들을 아우르는 상당히 큰 연대를 이루며 활동했다['무지개 평화여성 대행진' 주최(서울), 다문화 한인 2세 청소년 한국 탐방 프로그램 주최, '미주 국제결혼여성단체연합' 창립 등]. 반면에 뉴욕가정상담소는 재정적인 규모는 더 크지만 주로 지역사회 서비스에 중점을 두고 있는 점이 무지개의 집과 달랐다. 나는 가정상담소에서 아웃리치(지역 주민에 대한 봉사, 지원 활동)와 쉼터의 디렉터로 일하면서 재정에 대한 부담이 덜어져서 프로그램과 서비스에 좀 더 신경을 쓸 수 있게 되었다.

뉴욕가정상담소는 24시간 핫라인과 장기주택 프로그램이 있어서 핫라인으로 도움을 요청한 분이 쉼터가 필요하면 무지개의 집에서 최장 3개월까지 거주하다가 재정적으로 완전 자립이 어려울 경우 장기주택 프로그램으로 옮겨가서 18개월까지 렌트비를 보조받으며 자립할 때까지 원스톱 서비스를 받을 수 있었다. 도움을 받는 사람들은 여기저기 옮기며 겪는 마음의 부담감이 없어져서 개인의 치유와 회복에 더 집중할 수 있게 되었다. 가정상담소는 정부 보조를 받고 있어서 정부 주

31기 핫라인 자원봉사자 교육 졸업식

최 교육 연수를 다닐 기회가 많았는데, 미국 전역에서 온 쉼터에서 일하는 많은 사람을 만나 교류할 수 있어서 운영에 도움이 되었다. 뉴욕가정상담소에서 아웃리치를 담당할 때는 핫라인 봉사자 교육을 진행하며 강사들을 보강하여 전문 상담가(약물 및 알코올 중독, 아동 및 노인 학대, 사회복지 등), 전문 변호사(이민법, 형사법, 가정법)들과 플러싱 109경찰서와 연계하여 가정폭력 관계 경찰관들이 와서 수업을 진행하게 되었고 코리안 퍼레이드, 침묵 행진, NYPD 밤 외출(Night Out), 위안부 운동 지지(Advocacy) 행사 등에 봉사자 그룹인 '하모니' 회원들과 함께 참여했다.

무지개의 집은 사립 쉼터였는데, 상담소와 합치면서 정부 보조가 따르게 되었다. 새로 확장된 쉼터를 지을 수 있는 기금을 받게 되어 무지개의 집에서의 일은 이제 마무리해도 되겠다고 생각하고 2018년 여름에 사임했다. 그리고 얼마 동안 휴식을 취할 계획을 세우고 있었다. 그런데 바로 퀸즈 YWCA와 연결되어 당분간 쉬려고 했던 계획을 시작도 하지 못하고 곧 다시 일을 시작하게 되었다.

코리안 퍼레이드 참여

세 번째 만남: 퀸즈 YWCA

퀸즈 YWCA는 쉼터, 노숙자, 가정폭력, 성폭력 등 특별한 서비스가 주력인 무지개의 집이나 가정상담소와 달리 다양한 프로그램과 서비스가 있는 커뮤니티를 아우르는 단체다. 퀸즈 YWCA는 세계에서 가장 오래된 여성단체이자 미국 내에만 400여 개의 지부를 가지고 있는 미국 YWCA에 소속되어 있다. 그리고 이곳 퀸즈 YWCA를 만든 초창기 회원들은 거의 한국의 YWCA에서 일한 경험이 있는 분들이어서 한국 YWCA와도 긴밀한 관계에 있고, 아직도 이사회가 모두 한국인으로 구성된 독특한 특징을 가진 단체다.

현재 퀸즈 YWCA에서는 매달 1천여 명의 지역사회 회원들이 성인 영어, 고등학교 검정고시반, 한인 시니어 프로그램, 자메이카와 플러싱에 있는 방과후 학교와 홀리데이 캠프(Holiday Camp), 사회봉사(Social Service), 푸드 팬트리 프로그램(Food Pantry Program), 자원봉사 프로그램 등에 참여하고 있다. 이곳에서 느끼는 것은 '이민자가 특별히 많은 퀸즈에서 그들을 도울 비영리단체가 얼마나 절실히 필요하고 중

YWCA 수공예반

국악반

요한가'라는 것이다. 모든 것이 새로운 환경으로 이민 와서 언어부터 시작해서 문화와 삶의 형태를 배워가며 적응해야 할 때 이런 기관이 그들을 향해 손을 뻗고 일어날 수 있게 해준다면 얼마나 큰 힘이 될까. 그리고 어느 정도 적응된 사람들이 같은 문화적 배경의 사람들과 모여 그들의 삶의 질을 높일 수 있는 프로그램에 함께 참여하며 이웃과 친구를 만들어간다면 그 또한 참으로 즐거운 일일 것이다. 이런 일을 하는 비영리기관은 돈 때문에 참여하지 못하는 사람이 없도록 거의 모든 프로그램이 무료나 적은 비용으로 진행되니 이 사회에 얼마나 중요하고 필요한 기관인가?

늘푸른합창단의 설날 공연(2019)

2019 설날 축제

세 번의 만남을 되돌아보며

2002년 우연히 알게 되어 발을 내디딘 봉사(비영리)단체와의 만남은 나의 삶의 방향을 바꾸었다. 처음 무지개의 집에서 일을 맡아 해보겠다고 했을 때 내가 섬기던 교회 목사님께서 물으셨다. “아니 왜요? 지금 음악 활동, 강의, 방송일도 많고 바쁘신데 알지도 못하는 생소한 분야로 가고 싶어 하는 이유를 대보세요.” 나는 그때 이렇게 대답했다. “그냥 사람, 삶을 터치하고 싶어서요.”

결과적으로 돌이켜보면 사실 내가 뭘 한 게 아니라 그런 삶이 터치되는 모습들과 변화를 목도한 증인일 뿐이다. 나는 많은 사람의 삶이 바뀌는 것을 보았다. 죽을 뻔한 사람들이 마음을 다잡고 살 용기를 갖게 되고 이제는 열심히 사는 모습들을 보았다. 낙심하고 희망을 놓았던 사람들이 다른 사람들에게 손을 내밀어 도움을 주는 삶도 보았다. 그리고 그런 모습을 볼 때 정말 좋았다. 음악을 할 때의 성취감과는 다른 뜨거운 그 무엇이 있었다.

음악 활동을 하며 소위 사회의 상위층에 있을 때는 느끼지 못했는데, 사회의 소외된 낮은 곳으로 내려갈수록 나는 더 많은 기적을 체험할 수 있었다. 어떤 일을 하고 싶은데 재정이 없어서 마음으로만 생각하고 있을 때 바로 그 일을 봉사하고 싶다며 어디선가 찾아오는 사람들, 자매들의 이불이 낡아서 마음으로만 새것으로 바꾸면 좋겠다고 생각하고 있을 때 모든 이불을 바꾸고도 남을 만큼 많은 새 이불을 후원하러 오신 분들, 자매들이 소외됨을 느끼고 미국 가정에 초대받아 가보고 싶은 희망을 표현할 때 바로 연락이 와서 자매들을 모두 자신의 집으로 초대해 파티에 참석하는 경험을 만들어준 분들…. 참으로 이런 많은 일들은 내가 했거나 할 수 있는 일이 아니었다. 그런 기적 같은 일들을 경험할 때마다 얼마나 흥분되고 놀라웠는지 앞으로 나의 삶에서 낮은 곳으로의 관심과 시간은 꼭 있게 하겠다고 다짐하고 결심했다.

그곳은 또한 나를 치료하고 회복시키는 소중한 곳이기도 했다. 오랫동안 풀리지 않던 질문이 쉼터에서 그들과 함께하며 답을 얻었다. 나는 결혼하고 남편을 따라 미국에 왔는데 쉽지 않은 결혼생활이었다. 좋을 때도 많았지만 좋지 않을 때는 너무 무서워서 도망을 친 적도 있었다. 그 당시에는 주위에 아는 사람도 전혀 없었고 가정폭력이라는 말조차 생소하던 때라 어디에 도움을 구할 곳도 없었다. '나에게는 이젠 죽음만이 기다리나보다'라고 생각하며 스스로에게 끊임없이 묻고 기도하기만 했다. "왜 내게 이런 일이 일어났지? 내가 왜 이런 시간을 견뎌야 하고 무엇 때문에 이런 경험을 해야 하는 걸까?" 많은 기도의 질문에 하나님은 늘 침묵하셨다. 10년의 결혼생활을 뒤로하고 잃어버린 10년의 삶을 메꾸고자 정말 치열하게 열심히 살았다. 그러다가 쉼터에서 자매들과 만나면서 그 이유를 알게 되었다. 많은 피해자는 자신의 고통이 가장 크다고 생각하고 아무도 이해하지 못할 거라는 생각을 한다. 특히 상담자들은 자신들의 신상을 나누지 않게 되어 있다. 그리고 상담자 중에는 이런 종류의 피해를 겪은 사람들이 많지 않아서 공감대 형성이 빨리 되지 않아 피해자들이 친근감을 느끼지 못하는 경우가 많다. 그런데 다행히 나는 상담사로 일하지 않아서 나의 사생활을 그들과 나눌 수 있었다. 그들은 대부분 나의 이야기를 듣고 놀랐다. 그리고 그들은 또다시 놀란다. 내가 그렇게 힘든 시간을 보냈다는 사실과 그럼에도 지금은 내가 그늘이 없어 보이고 웃으며 행복하게 사는 모습을 보고. 대부분 나를 보며 희망을 품기도 한다. 자신도 나처럼 될 수 있다는 작은 희망.

처음에 보통 상담하듯 이야기를 하면 시간이 오래 걸릴 뿐 아니라 상대방이 잘 수용하려 들지 않는다. 자신의 상처가 너무 크게 보이니 그럴 것이다. 그러나 더 큰 상처를 보게 되면 누구든 마음이 열린다. '상처 입은 치유자'라는 말이 있다. 내 삶과 그 고통의 시간이 한 사람의 고통과 아픔을 공유하고 도움과 희망을 줄 수 있음을 보았다. 그들의 눈에 빛이 되살아나는 것을 보면서 오랜 시간 이해하지 못한 나의 질문에 대답을 찾았다. 내가 아무리 단체장이라 해도 그들은 나를 자신들과 같은 테두리 안에 넣어주었고, 그들의 삶의 여정에 함께할 수 있도록 해주었다. 쉼터에 계시다가 독립하신 분 중에서 아직도 연락하시고 힘든 삶을 나누시는 분들이 계신다.

어릴 때부터 내 삶의 커다란 부분이던 음악을 잠시 뒤로 미뤘지만, 지금은 영어를 배우며 행복해하는 얼굴들과 먼 타향에서 친구를 사귀며 새 고향을 만드는 모습, 조금이라도 나누고자 실천하는 손길 등을 보며 이러한 삶의 현장 가운데 내가 서 있을 수 있다는 것만으로도 벅찬 감사가 넘친다.

뉴욕에서 비영리단체와의 만남으로 이제야 소위 '초짜'라는 꼬리표가 떼어진 것 같다. 가장 적고 알려지지 않았던 소외된 이웃을 무지개의 집에서 만났고, 조금 더 확대된 피해 이웃을 뉴욕가정상담소에서 만났으며, 이민 사회에서 넓은 범위의 이웃을 이곳 퀸즈 YWCA에서 만나게 되었다. 또한 내가 이 세 단체의 창립자들을 만나고 배우고 그분들의 생생한 이야기들을 들을 수 있었음도 큰 축복이었다. 여금현 목사님, 김광희 선생님, 홍인숙 총무님은 동시대를 사시면서 활동하셨던 시대의 리더들이셨고 지금도 선한 영향력을 끼치고 계신다.

그동안 비영리단체에서 활동하며 많은 기쁨과 성취감도 느끼며 즐겁게 일했지만 아쉬운 점도 있었다. 그것은 비영리단체나 봉사단체를 바라보는 사회적인 관점과 편견이 섞인 견해들이다. 영리단체와 다른 점이라면 '많은 수익 창출'이겠지만, 그렇다고 수익이 없다면 아무리 비영리단체라도 발전할 수 없다. 그런데 많은 경우 사람들은 비영리기관은 대체로 봉사 위주이므로 최소한의 영리를 위한 경영을 해야 한다는 생각과 더불어 이 일을 하는 사람들의 대우도 최소한으로 기대한다는 것이다. 그래서 비영리기관에서는 소위 능력 있고 잘나가는 사람들이 오래 있지 못하는 경우가 많다. 좋은 일, 의미 있는 일을 하고 싶어 지원했지만 직원 대우가 영리기관과 많은 차이가 있기에 1~2년 있다가 직장을 옮기게 된다. 영리기관에서 일하면 2배 이상의 대우를 받기 때문에 차라리 돈을 벌어 후원하는 편이 낫다고 생각하는 사람도 많은 것 같다. 그리고 나는 이런 것이 비영리기관이 영리기관에 비해 큰 성장을 하지 못하는 이유 중 하나라고 생각한다. 능력 있는 사람을 계속 놓치고 있기 때문이다. 똑같이 일하고, 어쩌면 더 많은 일을 해야 하는 비영리기관 직원들의 대우가 영리기관과 경쟁이 되지 않음이 참 안타까운 실정이다. 게다가 한인단체는 더 심각하여 주류사회의 같은 계통보다 훨씬 낮은 상태라서 좋은 사람(특히 영어권) 구하기는 하늘의 별 따기라는 말을 하기도 한다. 하루 빨리 이런 사회적인 인식이 바뀌기 바란다.

한류로 인해 이제는 한국을 아는 사람들이 많아졌다. 많은 한인 단체가 어렵게 운영하는 곳도 있지만, 이제는 한인사회도 한류에 못지않게 우리가 속한 커뮤니티에 두각을 나타낼 수 있어야 한다고 생각한다. 퀸즈 YWCA는 그 생각을 구체화하여 실천하려 노력하고 있다. 그 노력의 하나로 많은 타민족에게 다가가며 섬기고 있다. 그러나 이 일은 한 단체에서 노력한다고 해서 이뤄질 수 없다. 우리가 사는 이 사회가 더 좋은 사회로 나아가려면 서로 돕고 세워주고 어떤 형태로든 참여하여 함께 그 일을 해야 한다고 생각한다. 그리고 그런 모습들이 현재 조금씩 나타나는 것을 보며 앞으로 그 반경이 더욱 넓어지길 기대한다.

다음은 퀸즈 YWCA에서 일하면서 평소에 느낀 것을 뉴욕 중앙일보 [커뮤니티 칼럼]에 기고한 글들이다.

미국 속의 한국인*

교회에서 많이 듣는 말 중에 "우리끼리만 사랑하고 서로 돕기보다는 교회 밖으로 그 울타리를 넓혀야 한다", "교회는 예배를 드리러 오고 우리의 삶은 교회 밖에서 드러나야 한다" 등의 말들이 있는데, 이것은 기독교인으로서 이 세상에서 예수를 닮은 삶을 살자는 뜻이다. 그런 삶을 사는 것은 각 개인의 신앙 차이와 선택에 달렸음에도 사람들은 교회가 그런 일을 하지 않을 때 비판한다. 마치 뭘 맡겨둔 사람처럼 당연히 요구하는 경우도 많다. 기독교인이 아니더라도 이렇게 생각하는 이유는 무엇일까? 그것은 '하나님과 이웃에 대한 사랑'을 외치는 기독교의 핵심교리 때문일 것이다. 그래서 교회는 자기 교회 교인이 아닌 사람들을 위해 먼 곳까지 가서 선교하고 어려운 이웃을 위해 구제하고 사회에 나가 봉사한다. 그렇게 할 때 사람들이 보고 칭찬하며 '하나님께 영광'을 돌리기 때문이다.

---

* 이 글은 뉴욕 중앙일보 [커뮤니티 컬럼] 2019년 1월 31일에 게재된 글이다.

그런데 미국에 와서 살다 보니 이런 삶은 비단 기독교인에게만 적용되는 것이 아니라는 것을 체험한다. 한국에서 살 때는 우리나라니까 괜찮았지만, 한국 밖에서는 미국 시민이건 아니건 간에 우리가 사는 이 땅에서는 우리의 외모로 인해 아시아인 혹은 한국인으로 보일 수밖에 없기 때문이다. 우리의 외모를 금발과 푸른 눈으로 바꾸기 전에는 우리는 한국인으로 보인다. 외모로 인해 우리는 한국어를 하나도 모르는 2세나 3세라 하더라도 아시아인으로 보이는 것이다. 아마도 영어를 잘하는 혹은 잘 못하는 사람으로 구별 지을지 모른다. 특별히 한인이 단체로 행동하게 될 때는 개인보다 더 크게 눈에 띄게 된다. 그리고 그 행동들이 어떻게 보이느냐에 따라 한국에 대한 사람들의 생각이 형성된다. 우리를 보며 그들은 한국을 보기 때문이다.

미국 사회는 다양성의 사회다. 이민자가 세운 나라이며 앞으로도 많은 이민자가 올 것이다. 그런 특성상 미국은 다양한 문화와 역사를 가진 사람들이 모여 살 때 서로 존중하고 조화를 이루는 것을 중요하게 여긴다. 퀸즈 YWCA는 이민 온 한인이 만든 단체다. 단체 이름이 세계적으로 알려진 것 때문에 좋은 점도 있지만, 조심해야(신경 써야) 하는 점도 있다. 기관으로서 사회에 노출되어 있고 많은 사람이 보고 있으며 우리를 통해 그들은 한국을 보게 될 수 있기 때문이다. 현재 퀸즈 YWCA에는 많은 한인이 활동하고 있다. 회원으로는 등록하지 않았지만 매일 이곳을 오가며 프로그램에 참여하는 많은 타민족 사람들도 있다. 매일 몇백 명의 사람이 오가는데, 그들에게 비치는 우리는 어떨까라는 생각을 해본다. 그러면 더욱 조심스러워지고 좋게 비치기를 바라며 신경을 쓰게 된다.

퀸즈 YWCA는 설날 준비를 하고 있다. 2월 5일에 있을 설날 잔치에 1백여 명을 초대했다. 장소가 크지 않아 많은 분을 모실 수 없었다. 중국 커뮤니티도 함께한다. 프로그램도 한국인의 공연만으로 하지 않으려 골고루 편성했다. 나눠드리는 선물도 그렇다. 사탕 하나라도 중국인이 좋아하는 것을 함께 선택했다. 한 단계의 일을 더 해야 하는 수고로움이 있지만 (우리의 언어와 인맥이 아니므로) 그래도 한다. 그들에게 함께함을 보여주기 위해서다. 타민족의 문화를 배려함을 보여주는 것도 우리가 할 일이라 생각했기 때문이다. 우리가 사는 커뮤니티를 향한 우리의 섬김을 통해 그들에게 한국을 더 잘 알릴 수 있고, 또한 이것이 민간외교라고 생각한다. 타단체와의 연대활동에도 많이 참여하려 하고 있다. 그 이유는 우리도 이 사회의 한 부분이고 함께 고민을 나누고 활동하는 모습을 각인시켜주기 위함이다. 우리가 함께할 때 우리의 목소리가 눈으로 보이게 되기 때문이다.

우리 한인 커뮤니티 안에서도 다양성이 있어야 한다. 퀸즈 YWCA는 정체성에 대한 관심의 말을 듣는다. 그러나 우리가 오로지 한인만을 돕고 봉사한다면 이 사회에서 비치는 한인 커뮤니티는 어떻게 보일까? 물론 언어와 문화 차이로 인해 한인만을 위한 서비스가 필요한 부분도 분명히 있다. 그리고 그런 단체도 필요하고 현재 많은 단체가 퀸즈 YWCA를 포함하여 이러한 일을 하고 있다. 교회 안에서만 서로 사랑하고 봉사하며 사회에서는 전혀 다른 삶을 사는 사람들은 진정한 크리스천으로 보이지 않는 것처럼 한인끼리만 똘똘 뭉쳐서 우리만 잘산다면 한인을 바라보는 사람들은 이런 우리를 어떻게 평가하며 생각할까?

퀸즈는 뉴욕에서 가장 많은 이민자가 사는 곳이며, 그들을 섬기고 있는 퀸즈 YWCA의 입장은 도움이 필요한 사람들에게 인종에 관계 없이 서비스를 제공한다는 것이다. 인종차별주의의 근절은 퀸즈 YWCA의 미션 중의 하나인데, 한인이 만든 단체라고 해서 한인에게만 서비스를 제공한다면 우리의 미션에 저촉되는 것일 뿐만 아니라 인종차별을 하는 것이 된다. 현재는 인력이 크게 부족하여 이 지역에서 도움이 필요한 곳에 마음만큼 봉사 활동을 하지 못하고 있다. 그러나 우리가 미국 사회에서 발언권이 커지고 영향력이 있는 민족으로 나아가려면 더욱 적극적인 타민족과 다문화에 대한 포용과 그들을 향한 섬김도 필요할 것이다.

미국에서 한인으로 산다는 것은 무엇일까? 한 가지 잊지 말아야 할 것은 이 나라는 한국이 아니라는 것이다. 너무나 평범하게 살아온 한국 시민으로서 생각해보자면 학교 때 국사와 사회시간에 배웠던 어렴풋이 기억나는 우리나라의 역사를 기억한다. 그리고 특히 역사를 좋아하거나 전공하지 않은 이상 우리의 문화와 역사의 많은 것을 모르고 산다. 하루하루 소위 먹고살기 바쁜 평범한 이민자로 사는 우리는 역사성과 정체성, 주체성을 생각하며 살아가기가 쉬운 일은 아니다.

그러나 우리가 집 밖을 나가는 순간 사람들은 한국을 본다. 내가 이 사람들에게 한국인으로 비칠 것을 생각하면서 내가 속해 있는 그곳에서 나도 민간 외교관이라는 생각을 가지고 나 먼저 포용하고 세워주고 섬기는 모습으로 살아나갈 때 이 사회에서 한국인에 대한 이미지도 더욱 좋아질 것이다. '나 한 사람쯤이야' 하는 생각은 버렸으면 좋겠다. 한 사람의 힘이 얼마나 큰지는 우리는 역사를 통해 보아왔다. 우리가 감동시킨 그 한 사람으로 인해 역사가 바뀔 수도 있다. 내가 실망시킨 그 한 사람으로 인해 사회가 나빠질 수도 있다.

한 마을에서 잔치에 쓸 술을 각 가정에서 한 병씩 가져다 큰 항아리에 부어 준비하기로 해서 모두 그렇게 한 병씩 가져왔는데, 정작 마시려고 술을 퍼보니 물이었다는 얘기를 들어본 적이 있을 것이다. 모두 나 하나쯤이야 하고 술 대신 물을 가져온 결과였다. 잔치가 흥이 났을 리 없다. 나 한 사람 때문에 우리 가정과 사회, 나라가 좋아질 수도, 나빠질 수도 있다는 것을 우리 모두 꼭 기억하며 실천하는 삶을 살았으면 좋겠다.

나눔의 기쁨과 행복은 경험으로만 알 수 있다*

얼마 전 지인을 만났다. 그분은 몇 년 전에 은퇴하셨고 이제는 자녀들도 다 독립해서 부부만 함께 살고 계신다. 그동안 일하느라 너무 바빠서 건강도 못 챙겼고 함께 여행도 제대로 못 했는데, 이제는 은퇴해서 함께 여행도 하시고 서로 돌보시며 산다고 하셨다. 평소 못 하던 것 하시면서 은퇴 후의 생활을 즐기시는 것 같았다. 그런데 대화 중에 우연히 사는 재미에 대해 얘기하는데, 그 부부의 재미는 여러 단체에 후원하는 일이라고 하시는 거다. 다시 질문하고 자세한 설명을 부탁드리니 현재 후원하는 단체가 60개라고 하셨다. 한 곳을 후원하기도 힘든데 60개라니. 입이 벌어졌다. 그분의 설명은 이랬다. 큰돈을 하는 것은 아니고 은퇴한 후 남편이 건강을 위해 좋아하던 술도 끊다 보니 그 돈으로 죽기 전에 좋은 일 해보자고 시작한 것이 이렇게 되었다고 하셨다. 한 달에 열 군데씩 후원하고 그렇게 1년에 두 번을 하고 있는데, 너무 재미있어서 이것이 이제는 삶의 보람이 되었다고 하셨다.

나눔은 기적을 낳는다. 성경에 어린아이가 자신이 먹으려던 떡 다섯 개와 물고기 두 마리로 오천 명이 먹고 남은 기적의 이야기는 유명하다. 작지만 서로 나누면 지금의 이기적인 세상에서도 기적은 일어날 수 있다.

이 나눔의 기적을 한 번이라도 체험한 사람은 그 한 번으로 그치지 않고 나눔을 계속하는 것을 본다. 이것은 중독성이 있는 것 같다. 자신의 것을 조건 없이 나눌 때 타인의 삶에 좋은 영향력이 되어 삶의 질을 높이게 되거나 사회가 변화되고, 심지어 사람을 살리게 되는 것을 보기 때문이다. 내가 가지고 있는 것을 타인과 나눌 때 일어나는 기적을 체험해보지 못한 사람은 나눔의 기쁨과 이어지는 행복을 알 수 없다. 심지어 나눔의 삶을 사는 사람들을 비난하는 사람들도 있음을 보며 안타까운 마음을 금할 수

* 이 글은 뉴욕 중앙일보 [커뮤니티 컬럼] 2019년 3월 4일에 게재된 글이다.

없다.

가장 가치 있게 쓰는 재물은 나눔의 마음으로 쓰이는 것이 아닐까 싶다. 그리고 이것은 재벌에게만 해당하는 것이 아니라 우리 모두에게 적용되어야 한다고 생각한다. 비영리단체에 있다 보니 후원자들을 많이 접하게 되는데, 그들 대부분은 소위 '부자'가 아니라는 것이다. 많은 경우 도움이 오히려 필요할 것 같은 사람들이 지갑을 열고 도움의 손길을 보낸다. 비영리단체의 운영은 재정이 무척 중요하지만, 그보다 먼저인 것은 마음이다. 재정의 어려움이 있을 때 마음으로 하는 운영이 없다면 단체가 존속하기 힘들다. 어쩌다 통 큰 기업가의 많은 재정후원은 힘든 단체의 숨통을 트이게 할 수 있지만, 이슬비 같은 적지만 꾸준한 후원도 매일매일 우리가 숨을 쉬며 살아가듯이 하루하루를 버틸 수 있는 희망이요 기적임을 체험한다.

퀸즈 YWCA도 마찬가지다. 예산 대부분은 정부 지원을 받고 있지만, 그 지원은 목적과 써야 하는 용도가 정해져 있어서 새로 신설되는 프로그램이나 예상하지 못한 지출 내역 등에는 쓸 수 없다. 그래서 기금마련 행사를 하기도 하고 후원금 요청도 한다. 멤버십의 연회비도 도움이 된다. 3월 21일에 있을 41주년 연례 만찬을 지금 준비하고 있다. 공연팀에서는 국악팀과 합창단이 그동안 갈고닦은 실력을 보여주기 위해 연습 중이고, 수공예반에서는 만찬에 선보일 정말 예쁜 퀼트 아기 이불 작업이 한창이다. 이분들은 재능기부도 하시지만 만찬 티켓도 구입해주신다. 퀸즈 YWCA에는 이 같은 시니어 프로그램이 여러 가지 있는데, 각 프로그램의 회원들이 멤버십뿐만 아니라 각종 행사마다 후원을 아끼지 않고 해주셔서 참으로 든든한 버팀목이 되어주고 계신다. 이분들의 특징은 모두 얼굴에 미소가 넘친다는 것이다. 시간 내고 돈 내고 뭐가 그리 좋을까 싶지만, 나눔의 기적을 체험한 사람들이기 때문일 것이다. 그분들을 뵐 때마다 용기를 얻는다. 뭐라도 나눠주고 싶어 하시는 모습을 보며 희망을 품는다.

이런 분들이 계셔서 이 사회가 따뜻해지고 풍요로워진다고 믿는다.

이스라엘에는 우리에게 잘 알려진 두 개의 바다가 있다. 호수로도 불리는 갈릴리와 사해다. 갈릴리바다는 산에서 흘러오는 물을 받아서 주위의 땅을 적시며 사해로 흘려보낸다. 사해는 모이기는 하는데 밖으로 나가는 물이 없다. 물을 나누고 흘려보내는 갈릴리바다는 물고기가 풍성하다. 반면 사해에는 살아있는 생물이 하나도 없는 죽음의 바다다. 자연이 우리에게 나눔의 교훈을 주는 것이 아닌가 싶다.

우리는 누구나 행복하고 싶어 한다. 행복을 원한다면 당장 나눔의 삶을 실천하길 권한다. 나의 재물, 시간, 솜씨, 재능, 마음을 나눌 방법을 생각해보자. 그리고 생각이 떠올랐다면 곧 실천에 옮기자. 특정인이나 특정기업에 국한된 것이 아니라 모두의 나눔이 일반화된다면 우리가 사는 곳은 분명히 넉넉한 온정이 넘쳐나며 기쁨과 행복을 더 많이 경험하게 될 것이다.

김은경

학력

서울대학교 음악대학 작곡과 졸업, 뉴욕 맨해튼 음대 석사, 박사

경력

1. 작곡가로 활동, 현대음악 앙상블 '사운드클락' 활동, 여러 대학(뉴욕의 퀸즈 음악원, 퀸즈보로 커뮤니티 칼리지, 미주 한인 장로교신학대학 등 다수의 신학교)에서 강의, 뉴욕 개혁연합총회신학교(The Reformed Union Theological Seminary) 대외부학장, 현재 뉴욕 그루터기교회 찬양대 지휘자

2. 비영리단체
   - 무지개의 집 사무총장(2010~2014)
   - 뉴욕가정상담소 쉼터와 아웃리치 디렉터(2014~2018)
   - 퀸즈 YWCA 사무총장(2018~현재)

3. 방송 활동
   - KCBN(미주기독교방송) 클래식 음악방송 진행(1999~2003)
   - 현재 FM 87.7*MHz*와 KCBN에서 '김은경의 좋은 만남' 진행 중(2004~현재)

9 나의 친구, 나의 사랑, 장애인

김자송 Ja Song Kim
뉴욕밀알선교단장

들어가는 말

벌써 내가 뉴욕 밀알 사역을 한 지 25년이 넘었다. 나의 젊은 시절을 밀알에서 다 보냈다고 해도 과언이 아니다. 어떤 사람은 나에게 어떻게 그렇게 오랫동안 장애인 사역을 할 수 있었느냐고 놀라움 반 호기심 반으로 묻는다. 나는 그분들의 질문이 내포하고 있는 의미를 잘 안다. 그분들의 마음속에는 장애인 사역이 결코 쉽지 않다는 생각이 깔려 있다. 그렇기에 이 어렵고 힘든 일을 25년 이상 해온 것 자체가 놀랍다는 반응을 보인다. 그렇다고 나의 식구나 가까운 사람 중에 장애인이 있는 것도 아닌데, 장애인 사역에 '올인'한 듯 매달리고 있는 내 모습이 이해가 안 될지도 모른다.

분명히 그랬다. 나 역시 내가 이해가 안 됐다. 그러나 장애인과 함께하면서 한 가지 깨달은 것이 있다면 "장애인 사역은 머리로 생각하면 이해가 안 되지만 가슴으로 느끼면 모든 것에 머리가 끄덕여진다"라는 사실이다. 나는 "머리로 생각하는 사역이 아니라 가슴으로 느끼는 사역"을 말하고 싶다.

뜻밖의 만남

장애인 사역은 나에게 완전히 낯선 분야였다. 대학에서 사회교육학을 전공했지만 장애인 복지에 대해 깊이 있게 생각해본 적은 없었다. 그 시대 보통 젊은이들처럼 대학을 졸업하고 취업전선에 뛰어들어야 했다. 그때나 지금이나 취업을 위해 스펙 쌓기가 중요했던 것 같다. 나에게는 1988년 한국에서 처음 열린 올림픽이 중요한 인생의 전환점이 됐다. 나는 88올림픽 직후에 있었던 장애인올림픽의 자원봉사자로 참여했다. 내가 맡은 분야는 외국 방문객과 참가자들의 가이드와 통역이었다. 거기서 경기에 참여한 장애인 선수도 가까이서 만날 수 있었다. 그때 나는 매우 신선한 충격을 받았다. 몸이 불편하지만 스포츠 경기에 참여하고 자기 실력을 보여줄 수 있다는 것 자체가 감동스러웠다. 일반 경기장이라면 "우리 편 이겨라" 하며 응원하느라 정신이 없었겠지만, 장애인올림픽 경기장의 분위기는 달랐다. 모두가 격려하고 칭찬해주는 분위기였다. 참여하는 것 자체에 목적을 둔 선수도 있었는데, 표정이나 몸짓 하나하나가 사람의 마음을 뭉클거리게 하는 무언가가 있었다. '저 선수들은 이 자리에 오기까지 얼마나 큰 노력을 했을까? 얼마나 많은 용기가 필요했을까?' 하는 생각이 들었다. 또 '대부분 사람들은 당장 자기 몸 어느 한 곳이 조금만 불편해도 의기소침해지고 우울해지는데, 저분들은 영구적인 장애를 갖고 있으면서도 어떻게 저렇게 밝고 건강할 수 있을까?' 하는 생각도 들었다. 외모는 어떨지 몰라도 그들에게서 일반 신체 건강한 사람보다 더 아름답고 사람다운 모습이 보였다. 그 이후로 나는 장애인을 위한 봉사에 더 많은 관심을 품게 되었고, 더 공부해야겠다는 생각도 들었다. 그리고 그것이 미국으로 유학을 결심하는 결정적인 계기가 되었다.

장애인을 위한 봉사활동은 미국에 유학을 와서도 계속 이어졌다. 나는 뉴욕에 있는 발달장애인 기관은 물론 교회에서도 정규적으로 장애인 부서를 돕는 봉사를 했다. 내가 미국에서 봉사활동을 하면서 한 가지 느낀 것은 한인 발달장애인과 부

1994년 5월 발달장애인을 위한 토요 사랑의 교실 디렉터로 활동하면서
친구들과 이야기 나누기 활동(Circle Time)을 진행하고 있다.

모를 위한 서비스의 필요성이 절실하다는 점이었다. 언어적 한계와 문화적 차이 때문에 당연히 누려야 할 혜택을 포기하는 장애인 가정을 보면서 마음이 아팠다. 이 같은 나의 고민은 나의 기도 제목이 되었고, 나의 기도는 뉴욕밀알선교단의 사랑의 교실로 응답되었다. 밀알선교단의 사랑의 교실은 미국 발달장애인 기관에서 제공하는 여러 가지 프로그램을 한인 가정의 실정에 맞게 재구성하고 응용한 것이다. 내가 뉴욕밀알선교단에 와서 제일 먼저 시스템을 만들고 한인사회에 알리기 시작한 것도 바로 사랑의 교실이다. 발달장애인에 대한 변변한 프로그램이 없었던 한인에게 사랑의 교실은 단비와도 같았다. 발달장애 자녀를 둔 한인 가정은 크게 환영했고, 사랑의 교실이 개설되자 정말 많은 부모가 관심을 보이고 참여해주셨다.

그러나 정말 큰 시련은 그다음부터였다. 하나의 프로그램이 의미 있게 정착되기 위해서는 프로그램을 제공하는 기관과 그 혜택을 수용하는 참여자가 상호 신뢰와 마음의 교감이 있어야 한다. 여러 번의 시행착오가 있었다. 세세한 부분까지 신경을 쓰려면 아이들의 마음으로 들어가야 하는데, 정말 오랜 인내와 노력이 필요한 시간이었다. 이때부터 장애인과 그 부모님의 마음을 읽기 위한 오랜 기다림의 시간과 싸움이 시작되었다.

기다림

당시만 해도 지적장애, 자폐, 발달장애, 다운증후군 같은 장애 용어들이 낯설었던 때였다. 요즘 사회에서는 장애인을 장애 정도에 따라 등급을 매기는데, 그 기준에서 본다면 내가 처음 본 아이들은 모두 중증에 해당한다. 하지만 나의 눈에는 모두 도움이 필요한 친구들로만 보였다. 나의 손길을 완강히 거부하며 뿌리치던 자폐를 앓고 있던 아이도, 나의 목소리가 듣기 싫은 듯 귀를 막아버리는 아이도, 느닷없이 휘두르는 주먹질과 욕설을 퍼붓는 아이도 그 눈망울을 보면 자기 생각과 다르게 표현되는 몸의 반응들에 힘들어하고 있는 것이 느껴졌다. 어떻게 해야 할까?

내가 맨 처음 한 일은 '기다려주기'였다. 막연한 기다림이 아니라 그들이 올바르게 반응하기까지 기다리고 또 기다렸다. 그들의 올바른 반응을 위해 반복되는 시도들이 매일 무너지고 좌절되었지만 믿고 기다렸다. 아마 나에게 신앙이 없었다면, 기도가 없었다면, 하나님을 의지하는 믿음이 없었다면 포기해버렸을 것이다. 그러나 나는 정말 믿고 기다렸다. 수고한다는 생각을 하지 않고 아이들이 마음의 문을 열 때까지 기다리고 또 기다렸다. 안아주기를 그만두지 않았고, 눈 마주치고 인사하는 것을 그치지 않았다. 여전히 나를 거부하고 뿌리치지만 그래도 안아주려 했고, 눈을 마주치며 인사하기를 수없이 시도했고, 손을 잡아주려 했다. 그 기다림의 시간이 너무 슬펐다. "내 표정이 너무 차가웠나? 다음에는 더 밝게 웃어볼까?" 저들의 마음에 들고 싶어서 별의별 생각을 다 했다. 그러는 사이 세상은 못 느껴도 그렇게 해본 사람만 느껴지는 미세한 움직임들이 아이들로부터 전달되기 시작했다. 주변 사람들은 "그게 뭐 어쨌다는 건데, 뭘 그까짓 것을 가지고…"라고 말할 수 있는 것들이 나에게는 정말 희망으로 잡혔다. 그런 희망을 본 후 뉴욕밀알선교단이 지향하는 목표들이 보였다. 즉 '전도', '봉사', '계몽'이라는 표어가 내 가슴에 와닿기 시작했다.

전도, 봉사, 계몽

전도, 봉사, 계몽은 지금도 모든 밀알이 목표로 하는 표어다. 처음에는 이 말이 너무 추상적으로 보였다. 촌스럽게 느껴지기도 했다. 사실 밀알선교단은 "한 알의 밀이 땅에 떨어져 죽으면 많은 열매를 맺는다"라는 요한복음 12장 24절 말씀을 기초로 세워졌다. 땅에 떨어져 죽는다는 것이 무엇인지 한동안 생각해본 적이 없었다. 아니 그럴 겨를이 없었다. 열매를 맺는다는 것이 무엇인지 잘 알지도 못했다. 그러나 오랜 기다림으로 장애인 친구들의 마음에 조금씩 들어가 보면서 '땅에 떨어져 죽는다는 것'과 '열매를 맺는다는 것'을 생각해보게 되었다. 그리고 전도, 봉사, 계몽은 한 알의 밀알이 땅에 떨어져 죽는 방법이라는 것을 서서히 깨닫기 시작했다.

사실 일반인은 미국에 있는 장애인은 큰 도움이 필요 없다고 생각하는 경향이 많다. 워낙 복지정책이 잘되어 있기에 국가에서 장애인의 생활을 보장해주고 있어서 큰 어려움 없이 생활하고 있다고 생각한다. 이런 생각은 맞기도 하고 틀리기도 하다. 이 말이 맞다는 것은 경제적인 지원이 없다면 장애인은 생계의 위기를 너머 생존의 위협을 받을 것이기 때문이다. 다행히 미국의 복지정책은 장애인의 기초생활을 보장하는 다양한 정책이 시행되고 있어 많은 장애인이 혜택을 받고 있다. 그러나 국가가 해줄 수 있는 것은 정말 거기까지다. 경제적 도움뿐만 아니라 그 밖의 다른 분야의 혜택을 확대하기 위해 사회운동과 캠페인을 벌이기도 하지만, 정부가 할 수 있는 일에는 한계가 있다. 만약 정부에서 시행하는 장애인 정책이 정말 완전한 것이라면 미국 사회에 장애인 문제가 벌써 사라졌어야 하지만, 현실은 그렇지 못하다. 일반인보다 더 심한 우울증, 고립감, 소외감에 시달리는 장애인, 그 장애인을 가족의 일원으로 둔 가정들, 그 가정이 속해 있는 지역사회 등 우리는 정부의 손길이 미칠 수 없는 더욱 심층적인 차원에까지 장애인 문제를 고민하지 않으면 안 된다. 사람은 역시 빵만으로 살 수 없기 때문이다. 이런 생각이 깊어지면서 전도, 봉사, 계몽의 의미가 더욱 현실적으로 다가왔다.

전도

한인 장애인과 그 가족들은 미국의 다민족 사회에서 타민족 장애인 그룹보다 더 큰 갈등을 겪고 있다. 아무래도 한인이 생각하는 가족 개념은 미국인의 그것과는 다르기 때문일 것이다. 미국인은 개인주의적 입장에서 가족을 바라보지만, 한인은 공동체의 관점에서 가족을 생각하는 것에 더 익숙하므로 자식에 대한 애착이 더 강할 수밖에 없고, 자식의 불행을 자기 자신의 불행으로 느끼는 경우가 대부분이라서 한인 장애인과 그의 가족들은 더 큰 불행과 소외를 자초하고 있다. 나는 뉴욕밀알에서 장애인 사역을 하면서 장애인 본인보다 그 장애인을 바라보는 가족의 삶이 더 피폐해가고 있는 것을 많이 보았다. 그렇기 때문에 나는 장애인 사역을 장애인 한 개인의 문제가 아니라 가족을 대상으로 확대해야 한다고 믿는다. 무엇보다 장애인 가족들에게는 정신적 위로와 정서적 안정이 필요하다. 이런 맥락에서 '전도'의 개념은 나에게 특별하다. 흔히 사람들은 기독교의 '전도'를 교회에 나오게 하는 의미로 생각한다. 물론 기성 교회에서 '전도'는 그런 뜻으로 사용되고 있음을 부정할 수 없다. 그러나 밀알에서 '전도'의 의미는 '장애'라는 현실을 뛰어넘게 해주는 실용적인 차원에서 이루어지고 있다. 나는 밀알에서 장애인과 찬양을 부르는 것을 참 좋아한다. 여기에는 장애인에게 기독교 신앙을 심어주려는 것 이상으로 현실적인 목표를 갖고 있다. 자폐 어린이들이, 그리고 발달장애가 있는 청소년과 성인들이 직접 악기를 연주하면서 찬양을 부르고 율동도 한다. 지적장애가 있지만 감성까지 장애가 있는 것은 아니다. 부모님은 그 모습을 보며 희망을 보고 많이 감동한다. 밀알의 친구들은 매주 화요찬양예배를 드린다. 그 친구들은 사역자를 도와 스스로 예배를 준비한다. 기타를 연주하기 위해 기타 줄을 조율하고, 마이크도 우리 친구들이 직접 세팅한다. 그 모습 하나하나가 정말 성스럽게 느껴진다.

1994년 크리스마스 성탄 예배에서 장애인 친구들이 찬양과 율동을 하는 모습

예배가 시작되면 찬양 리더를 따라 밀알 친구들이 찬양을 부른다. 그들의 표정에는 자신들도 사람들 앞에서 찬양을 이끌 수 있다는 자신감이 보인다. 내 자녀가 비록 장애가 있지만 예배를 드릴 때만큼은 표정이 살아나고 사람들에게 감동을 주는 모습을 보면서 부모는 말할 수 없는 마음의 위로를 얻는다. 나는 그것을 매주 경험한다. 밀알에서는 '전도'라고 쓰지만 "나도 할 수 있어요"라고 읽는다. 밀알의 친구들은 항상 보호받아야 하는 대상이고 서비스를 받아야 하는 자리에 있지만, '예배'를 드리는 시간은 그들이 사역자이고 주최자다. 최소한 그 시간만큼은 장애가 있는 자녀를 둔 부모에게는 장애가 역경의 굴레가 아닌 것으로 보이며, 오히려 장애가 자신들의 믿음을 표현하는 방법이 되는 것을 보고 감격해한다. 그런 모습을 볼 때마다 '전도'의 참 의미를 다시 생각하게 된다. 한 사람을 하나님 앞에 주체적인 존재로 세우는 것이 진정한 전도라는 것을 밀알의 장애인을 통해 배웠다.

봉사

여기서 '봉사'의 의미도 새로워진다. 사람들은 장애인 단체에서 봉사한다고 하면 장애인을 돕는다고 생각하는 경향이 있다. 그러나 그렇게 생각하고 뉴욕밀알에서 봉사를 시작해보겠다고 오는 사람들은 한결같이 당황스러운 표정을 짓는다. 장애인은 도움이 필요할 것이라고 생각하고 왔지만, 무엇을 어떻게 도와야 할지 막연하기 때문이다. 도와주러 왔다가 도움을 받고 가는 경우가 허다하다. 최소한 뉴욕밀알에서 '봉사'는 누가 누구를 돕는다는 개념은 아닌 듯싶다. 물론 도움이 전혀 필요 없다는 의미는 아니다. 단지 한쪽이 다른 쪽으로부터 무조건 받아야 하는 일방적인 시혜 개념은 아니라는 것이다. 뉴욕밀알에서 오랫동안 봉사하는 분들에게서 나타나는 공통적인 모습은 '봉사자'라기보다 "친구 같다"거나 "가족 같다"라는 의미가 더 적합하다. 이런 의미에서 뉴욕밀알이 지향하는 봉사는 장애인과 친구되기라고 해도 좋을 듯싶다.

나도 처음에는 밀알에 봉사하러 왔다. 하지만 지금은 저들과 친구가 됐고, 가족이 됐다. 친구로서 또는 가족의 일원으로서 하는 봉사는 일반적인 봉사와 완전히 다른 의미다. 그것은 장애인과 협업하고 같이 해나간다는 의미다. 장애인 친구에게 "내일 사랑의 교실 프로그램이 있으니까 오늘 교실 청소를 좀 해줄래?" 하는 나의 자연스러운 부탁이 '봉사'라는 개념 안에서 서로 좋은 일을 주고받는 협업의 의미로 전달된다. "오늘 우편물 보낼 것이 많은데 우표를 좀 붙여줘. 꼭 여기에 붙여야 해. 이따 같이 커피 마시자" 장애인 친구들과 가족의 일원이 되면서 이런 일들이 너무나 자연스러운 일상이 되었다. 나는 이 친구들과 함께하는 일상이 평화롭고 행복하다. 일했다는 보람을 얻은 친구들이 나에게 원하는 대가도 참 소박하다. 커피 한 잔, 쿠키 한 조각, 부침개 한 판, 피자 한 조각, 공원 산책하기 등. 사람들은 '봉사'라는 말에 부담을 느끼기도 하지만, 밀알에서의 봉사는 장애인과 친구 되기이므로 우리의 삶을 더 풍성하게 만드는 기대감이 있다.

계몽

그러나 이 모든 과정이 더 나은 상태로 나아가려는 동기부여로 작용하지 않는

다면 어느 순간 지치게 될지도 모른다. '계몽'이라는 용어는 때로는 진부하고 낯설어 보인다. 이떤 1.5세, 2세의 밀알 단원은 '계몽'이 무슨 뜻이냐며 이해가 안 된다는 말을 하기도 한다. 나 역시 '계몽'이라는 말이 마음에 와닿지 않는다. 그러나 어려운 말일수록 곱씹고 고민하게 되기에 너무 쉬운 말, 쉽게 이해되는 말보다 지나쳐 버리지 않고 오래 기억할 수도 있지 않을까 생각한다. 인간은 적당히 어려운 것에 더 성실하게 반응하는 경향이 있기 때문이다. 그런 의미에서 '계몽'의 뜻을 물어오는 사람들에게 더욱 친절하게 의미를 설명해주고 그 뜻을 나눌 기회를 가질 수 있어서 좋게 생각된다.

나는 밀알 사역을 하면서 친구들이 정체되어 있기를 바란 적이 없다. 조금이라도 더 많은 자극과 동기부여를 통해 더 나은 생각을 하고 더 좋은 꿈을 꾸고 더 희망적인 계획을 향해 달려나가도록 하고 싶었고, 지금 그 일을 위해 노력하고 있다. 물질적인 가치보다는 정신적인 가치를 더 많이 추구하고 생각해주었으면 좋겠다는 바람도 있다. 나는 발달장애가 있어도, 자폐가 있이도 감성적인 부분까지 장애가 생긴 것은 아니라고 생각한다. 나는 그것을 경험으로 안다. 발달장애인, 자폐 어린이, 지적장애인도 우리와 똑같이, 아니 그 이상으로 풍부한 감성을 갖고 있다. 그들은 표현하고 싶어 한다. 더 많은 것을 느끼고 나누고 싶어 한다. 그들의 마음속을 들여다보면 그것이 보이고, 얼마나 거기서 빠져나오고 싶어 하는지도 보인다. '계몽'은 장애인이 부정적인 현실을 깨고 나오도록 하는 것이다. 밝은 빛으로 인도함을 받도록 하는 것이다. 아무리 장애가 있어도 사랑받고 싶은 마음은 누구나 똑같다. 아무리 장애가 있어도 기쁨을 표현하고, 즐거움을 나누고 싶은 마음은 누구나 똑같다. 그것이 인간이다. 지적장애, 자폐, 발달장애, 다운증후군이 있다고 해서 감성까지 마비된 것은 아니다. 밀알선교단에서는 장애인 친구들에게 책을 읽어주고, 성경을 외우게 하고, 미술공예(Arts & Crafts)를 통해 좋은 작품을 만들어 보게 하면서 더 창의적인 정서를 갖도록 독려한다. 비록 당장 효과가 나타나는 것은 아니지만, 만들고 외우는 과정을 통해 우리 친구들이 자신을 발견해나가는 것을 본다. 어떤 친구는 한 번도 피카소의 그림을 본 적이 없었으면서도 피카소의 큐비즘을 새롭게 해석해낸 것처럼 자화상을 그렸다. 지적장애가 있어서 암기를 하지 못할 것이라 여겨졌던 친구들도 3개월 동안 꾸준히 연습하면서 성경 구절을 자연스럽게 암송하기 시작했다. 자기 딸이 노래하는 목소리를 듣고 싶다던 부모님은 워십 댄스를 하며 찬양하는 딸을 보고 소원을 이뤘다고 말했다. 작고 미미한 걸음으로 시작했지만, 그것을 꾸준히 했을 때 큰 감동으로 나타났다.

뉴욕밀알의 꿈

다시 처음 질문으로 돌아가야겠다. 나는 왜 25년 이상 밀알에서 사역하고 있는 것일까? 사람들의 이 질문에 머리로 대답하기 어렵지만, 마음으로 대답한다면 장애인과 친구가 되고 가족이 되는 것이 나에게는 너무나 보람된 일이기 때문이라고 말하고 싶다. 나의 이 대답 속에 뉴욕밀알의 미래를 담고 싶다. 뉴욕밀알의 프로그램 속에 구체적인 계획들을 실행해나갈 예정이다.

매주 토요일마다 열리는 사랑의 교실은 더 많은 자원봉사자가 참여할 수 있도록 하고, 장애의 형태와 종류에 상관없이 같이 와서 찬양하고, 기도하고, 성경을 암송할 수 있도록 하고 싶다. 지금 하는 미술시간은 일반인들의 참여를 확대해서 장애인과 공동 작품을 만드는 일도 계획하고 있다. 자폐 어린이를 위한 프로그램은 감성교육을 확대해나가게 될 것이다. 일반인과 장애인이 마음을 열고 친구가 되어 지속적인 사귐을 갖도록 만드는 가교 역할도 규모 있게 만들어갈 계획이다.

매년 가을에 열리는 '밀알의 밤'은 이제 지역사회를 대표하는 문화행사로 자리 잡았다. 장애인과 일반인이 함께하는 시간이다. 건강한 콘서트로 젊은이들의 감성을 끌어내고, 작고 나약한 것을 포용하는 마음을 갖도록 할 계획이다.

2007년 3월 유시민 전 복지부 장관이 밀알홈을 방문하여 김자송 단장과 면담을 하고 감사패를 전달하며 친구들을 격려하고 위로하고 있다.

아무리 세상이 스마트해지고, 아무리 세상이 경제적으로 풍요로워진다고 해도 장애인이 살만한 세상이 되지 않으면 우리의 미래는 밝아도 밝은 것이 아니다. 그것은 장애가 없는 조건적 삶만을 인정하고 받아들이는 것이기 때문이다. 그런 세상을 다음 세대가 살아가야 한다면 숨이 막힐 것 같다. 모든 사람이 어울리고, 같이 노래하고, 함께 손잡고 재잘거리며 거리를 다닐 수 있으려면 그 사람이 어떤 종류의 장애를 갖고 있건 불편함을 느끼지 않고 살아갈 수 있어야 한다. 이것은 경제적인 것뿐만 아니라 정서적인 것, 감성적인 것 등 인간으로서 느끼고 생각하고 감응할 수 있는 모든 영역에서 그렇게 되어야 한다고 생각한다. 그것이 한낱 꿈에 불과하다고 여기는 사람들이 있을지 모른다. 그러나 그 꿈을 꾸는 한 우리는 언젠가 그렇게 될 희망을 품을 수 있을 것이라고 믿는다.

뉴욕밀알선교단은 앞으로도 지금처럼 장애인 친구들과 마음과 마음으로 만나서 감성을 주고받고 표현하면서 친구처럼 가족처럼 더불어 살아갈 수 있는 길을 헤쳐나갈 것이다. 그것이 하나님을 믿는 신앙 안에서 이루어질 수 있다면 그것을 더욱 믿고 전진해보려고 한다. 그 꿈을 꾸지 못하게 막는 모든 사회적 장애를 선

뉴욕밀알선교단 주최 장애인의 날 기념 연례 만찬 후 밀알 친구, 자원봉사자와 함께(2019. 5. 4)

한 마음과 생각으로 저항해나가려고 한다. 장애가 있는 친구들이 이 꿈을 놓지 않도록 해주고 싶다. 장애인 친구들이 창의적으로 생활할 수 있는 길로 가면 우리 모두 더불어 사는 세상이 될 것이다. 이것을 생각하면 뉴욕밀알은 정말 할 일이 많고 미래도 밝다. 그리고 내가 장애인의 친구가 되어 뉴욕밀알을 이끌고 있다는 것은 정말 즐겁고 기쁘고 보람된 일이며 감사한 일이기도 하다. '장애'는 우리의 희망을 좌절시키지 못할 것이다. 장애인을 위해 함께 머리를 맞대고 고민할수록 우리 사회는 더 좋은 곳을 향해 발전해나갈 것이다. 인류의 문명이 그것을 증거하고 있다. 사람들이 꼭 알아야 할 것이 있다. 그것은 "오늘의 장애를 외면하고 그 앞에 절망해 있다면 불행만 있지만, 그 장애를 위해 무엇을 해야 할지 함께 모여서 마음을 연결하면 행복과 보람이 있다"라는 사실이다. 이것이 지금까지 내가 장애인 사역을 하면서 얻은 결론이다.

김자송

약력

1985 성신여대 사회교육학과 졸업

1993 롱아일랜드대학 특수교육학 석사(Long Island University Graduate School, MA of Special Education)

1992. 9~1993. 9 스토핑 스톤 장애인 학교(Stopping Stone Daycare School, Inc) 이중언어 특수 교사

1993. 10~현재 뉴욕밀알선교단

- 토요 사랑의 교실(장애인 주간보호 및 교육) 운영 담당자
- 장애인 방과후 학교 운영 담당자(1995년 7월부터)
- 장애인 공동생활 가정(Group Home) 설립 및 관리(1996년 7월부터), 현재 6명의 장애인 거주

2007. 2~현재 뉴욕밀알선교단 2대 단장

수상

2000. 6 뉴욕대 와그너 대학원 공익봉사상 수상(상패와 5천 달러의 상금 받음)

2011 뉴욕한인회 주최 미주한인의 날 기념식 올해의 한인 대상 수상

2016 대한민국 국민포장 수여

10 나는 희망을 나누고 싶다

변종덕 Jong D. Byun
21희망재단 회장

이민 온 후 사업가로서 봉사활동 시작

얼마 전 『뉴욕 한인복지를 위해 공헌한 사람들』이라는 제목의 책 출판을 맡은 퀸즈칼리지 민병갑 교수에게서 전화가 왔다. 책 속에 뉴욕의 한인복지기관 개척자 10여 명이 자전적 에세이를 쓰는데, 그중에 내가 꼭 포함되었으면 한다는 것이었다. 나는 그의 제안을 받고 잠시 고민에 빠졌다. 우선 내가 자격이 되는지를 생각했다. 한인사회에서 오랫동안 한인단체에 관련하고 단체장도 맡으며 봉사활동을 해왔지만, 역사가 오래된 한인복지기관을 설립했거나 창립 회원이라든지, 또는 오랫동안 복지, 봉사단체의 대표를 맡은 건 아니기 때문이다.

나는 평생 사업가의 삶을 살아왔다. 젊은 나이에 미국에 이민 와서 사업을 계속해왔고, 은퇴한 후 21희망재단을 설립한 지는 1년도 채 안 됐다. 이 책에 소개된 여러 복지기관 개척자들이나 관계자들과 비교해보면, 아마도 내가 나이는 가장 많은 반면 복지활동 기간은 가장 짧을 것이다. 그런데 민 교수는 최근 수개월간 보여준 21희망재단의 활동, 그리고 뉴욕에서 수십 년 동안 봉사활동을 해온 나의 경력만으로도 충분히 자격이 있다고 말해주었다. 그 제안에 용기를 얻어 이렇게 나의 이야기를 쓰게 되었다.

나는 1940년 9월 4일 당시 이북이었던 강원도 평강에서 3남 중 막내로 태어났다(나의 본적은 경상북도 선산이다). 해방 후 이남으로 내려왔고, 서울에 와서 종암국민학교 4학년 때 한국전쟁이 일어났다. 마포고등학교를 거쳐 우석대학교(1971년 고려대에 합병)에서 경제학 전공으로 졸업했다. 그리고 바로 사업에 눈을 돌렸다. 20대에 이미 나는 한국에서 눈썹과 가발 공장을 시작했다. 1968년 본격적으로 눈썹과 가발을 제조하여 수출하기 시작했고, 1969년에는 뉴욕지사를 설립하여 수출을 독려했다. 나는 더 큰 시장인 미국으로 이민을 가서 본격적으로 사업을 해야겠다고 마음먹었다. 1971년 나는 아내와 함께 뉴욕으로 이민을 왔다. 이때부터 나는 이민자이자 미주 동포가 되었고, 뉴욕은 나의 제2의 고향이 되었다. 사업은 계속 잘되고 있었다. 그런데 위기가 찾아왔다. 1972년 인조 가발이 생산되기 시작한 것이었다. 이때부터 눈썹, 가발 수출은 사양길에 접어들었다.

미국에 온 후 눈썹과 가발 사업이 부진해지자 약 5년 동안 고생했지만 좋은 사업 경험이 됐다. 1976년 나는 업종이 완전히 다른 비즈니스를 찾았다. 다행히 1976년부터 뉴욕시 5개 구 중 하나인 브롱스에서 신발 비즈니스를 시작하게 됐다. 신발 가게가 잘되자 첫 가게를 시작한 지 3년 만에 가게를 여러 곳으로 확장하고 싶은 생각이 들었다. 다행히 시티뱅크에서 당시로서는 큰 액수인 45만 달러를 융자해주어 신발가게를 8개로 늘릴 수 있었다. 당시 지하철 토큰이 15센트 할 때였다. 3년간 가게를 운영해보니 8개의 가게 직원들이 모두 노조화가 되면서 별로 득이 없어졌다. 손익계산을 해보고 나서 가게 5개를 처분했다. 그리고 가게를 3개만 운영하니 마음도 편해지고 일은 줄어 오히려 더 좋았다.

비즈니스를 하면서 나는 자연스럽게 맨해튼 브로드웨이에서 활동하는 여러 한인 사업가들과 만나게 되었다. 주로 무역이나 도매업에 종사하는 사업가들과 교류가 잦아지면서 몇 명은 가까운 사이가 되었다. 이때는 1980년대였는데, 미국의 경제가 활발히 돌아가던 때였다. 한인사회 역시 이민이 늘면서 인구와 비즈니스 규모가 팽창하던 시기였다. 1986년 브로드웨이에서 사업을 하던 조병창 회장이 제

19대 뉴욕한인회장에 당선되었고, 이것이 내가 한인사회에 한 발짝 더 가깝게 다가가는 계기가 되었다.

뉴욕한인회는 당시 맨해튼 중심가인 7애비뉴와 24가 인근에 6층짜리 자체 건물을 마련한 상태였고, 어느 때보다 바쁘고, 업무량 또한 크게 늘어나 있었다. 그중에서도 이민 생활에서, 또 이민의 정착 과정에서 도움이 필요한 한인의 숫자 또한 어느 때보다 많아졌다. 조병창 회장은 이 점을 잘 간파하고 있었고, 그는 뉴욕한인회 산하 조직에 도움이 필요하고 소외된 한인을 지원할 복지재단을 창립했다. 그리고 나에게 복지재단의 초대 위원장을 맡아달라고 제안했다. 평소 어려운 한인을 돕고 싶은 마음이 있었던 나는 그 제안을 선뜻 받아들였다.

뉴욕한인회 복지재단 맡아 이산가족 100여 명 상봉시켜

1986년 뉴욕한인회 복지재단 위원장으로서 나는 당시 도움의 손길이 필요한 많은 한인을 위한 기금 모금운동을 펼쳤다. 나 자신도 성금을 냈고, 주변의 한인 인사들에게 복지기금을 부탁했다. 또 한인 언론사들이 이 모금 활동을 잘 보도해 주면서 한인의 정성 어린 성금이 속속 뉴욕한인회로 도착했다. 나는 이 성금들을 사정이 딱한 한인에게 전달하는 한편 가장 취약계층인 서류 미비자 한인의 이산가족 상봉 작업을 성사시켰다. 당시만 해도 자영업을 하는 한인은 몸에 많은 현금을 지니고 다닌다는 소문이 퍼져 범죄 피해를 당하는 경우가 속출했다. 피해 한인을 돕기 시작한 복지재단은 첫해에 식물인간이 된 무연고자, 칼에 찔려 중상을 입은 노점상, 암으로 쓰러진 무연고자 등에게 도움의 손길을 내밀었다.

2년간 복지재단 위원장을 하면서 잊지 못할 사건은 송진경 씨의 경우였다. 그는 채소 가게에서 일하다가 실신해 병원에 실려 간 한인이었다. 돈을 벌기 위해 10년 전 한국을 떠나 화물선을 타고 미국에 도착하여 청과상에서 서류 미비자로 일해 한국 가족에게 매월 800달러씩 10년간 송금하다가 1987년 일하던 중 쓰러졌다. 연줄이 있는 병원에 입원시켜 진단한 결과 송 씨는 3개월 시한부 진단을 받았다. 그는 자신에게 시한부 선고가 내려지자 죽기 전 한국에 있는 가족을 한번 만나봤으면 원이 없겠다고 호소했다. 그 호소를 들은 나는 부인을 초청하고자 했으나, 남편이 서류 미비자여서 비자가 나오지 않았다. 복지재단은 주한 미국대사관 총영사에게 뉴욕한인회 책임 아래 비자를 발급해달라고 간청했다. 그러나 두 번째, 세 번째도 비자를 계속 거절당했다. 결국 나는 주한 미국 대사관의 앤드루 앤티파스 총영사와 전화 연결을 시도했다. 전화가 연결되어 송 씨의 사정 이야기를 들은 그는 비자를 발급해주었다. 그런데 부인(이윤남 씨)이 비자를 받아 뉴욕행 비행기를 타고 오는 도중 송씨는 안타깝게 사망하고 말았다. 뉴욕 케네디공항에 도착하자마자 남편의 사망 소식을 전해 들은 부인은 오열했다. 참 마음이 아팠다. 복지재단은 송 씨의 장례식을 맡아주었고, 부인은 남편의 시신을 수습하여 한국으로 돌아갔다.

안타깝게도 송 씨와 부인의 가족 상봉은 해피엔딩이 되지 못했지만, 이를 통해 뉴욕에 있는 한인 서류 미비자들과 한국 가족들 간의 이산가족 상봉 캠페인을 추진하는 계기가 되었다. 당시 서류 미비자들은 영주권 신청 적체 현상으로 여러 해를 기다려야 하는 절차 때문에 가족들과 생이별을 한 상태로 어려운 이민 생활을 하고 있었다. 나는 이산가족 상봉 캠페인을 성사시키기 위해 한국에 있는 주한 미국대사관을 찾아가기로 마음먹고, 한국행 비행기에 몸을 실었다. 그리고 서울 광화문에 있는 주한 미국대사관에서 앤드루 앤티파스 총영사를 만났다. 그에게 안타까운 한인 서류 미비자들의 사정 이야기를 했더니 총영사는 긍정적으로 받아들였다. 단, 그는 한 가지 단서를 붙였다. 가족 상봉을 10년 이상 된 서류 미비자에 한해서만 허용하겠다는 것이었다.

1987년 12월 앤티파스 총영사가 뉴욕을 방문하여 기자회견을 하게 되었다. 그리고 1차로 25명의 한인 서류 미비자를 선정하여 한국에서 온 가족과 상봉할 기회를 제공했다. 이날 기자회견에서 앤티파스 총영사는 "나의 부모도 1925년 서류 미비자로 미국 생활을 시작했다. 서류 미비 한인이 더 이상 불안해할 필요가 없다"라고 위로했다. 이 같은 결정으로 모두 7차례에 걸쳐 100여 명의 이산가족 상봉이 뉴욕에서 이루어졌다. 놀랄만한 일이 벌어진 것이다. 이로 인해 복지재단과 뉴욕한인회는 한인사회로부터 좋은 평판을 듣게 되었고, 한국 언론도 이산가족 상봉 소식을 잘 보도해주었다.

이산가족 상봉을 성공적으로 이끌어내면서 나는 개인적으로 큰 보람을 느끼게 되었다. 그때만 해도 서류 미비 가정, 특히 돈 벌기 위해 미국에 온 독신 남성들이 얼마나 힘들게 사는지를 직접 보고 얘기를 들어왔기에 나중에 형편이 되면 이 분들을 돕겠다고 마음을 먹었다. 이처럼 1980년대 중반 뉴욕한인회의 복지재단을 맡아 운영한 나의 경험은 2019년 11월 21희망재단을 설립하는 동기가 되었다. 또한 이산가족 상봉 프로젝트가 성공하면서 복지재단의 역할을 확대해나가기로 마음먹었다. 복지재단 위원장인 나는 무급 봉사직이었지만, 재단 사무국을 효율적으로 운영하려면 실무담당 직원들은 유급이어야 했다. 나는 유급 풀타임 직원 2명을 고용했고, 여러 업무를 추진하기 시작했다. 또 워싱턴 D.C.에 있는 연방정부청사를 방문해 관계 연방사회복지국에 기금을 신청하면서 직업훈련 프로그램도 개발해나갔고, 당시 미국의 최대 사회복지 활동기구인 유나이티드웨이(United Way)로부터 3만 달러의 활동 기금을 보조받았다.

그리고 복지재단의 숙원사업으로 '사랑의 집' 건립을 추진하기로 했다. 가출 청소년, 결손 가정, 뜻하지 않은 사고로 주거를 잃게 된 한인 등 보호가 필요한 취약계층 한인을 위한 보금자리를 만들겠다는 취지였다. 전반기 1년간 복지재단은 이렇게 기금도 보조를 받고, 골프대회 등 다양한 기금모금 행사를 통해 모금 목표인 20만 달러를 초과 달성했다. 이 중 10만 달러를 사랑의 집 마련을 위한 계약금으로 사용할 계획을 세웠다.

그리고 복지재단을 운영하면서 한인사회의 중요 이슈로 떠오른 한인 청소년 선도사업에 나섰다. 1세 부모들이 본격적으로 미국에 이민 온 후 돈을 벌기 위해 열심히 맞벌이를 하거나 부부가 함께 자영업을 하게 되면서 자녀들을 신경 쓰지 못해서, 또 미국에 일찍 온 자녀들 또는 미국에서 태어난 2세 자녀들과 언어장벽, 문화장벽, 세대 차이 등으로 방황하는 한인 청소년이 늘어났기 때문이다. 한인 가출 청소년들을 위해 몇몇 목회자가 자신의 집에서 또는 별도로 센터를 설립해 청소년기관을 운영하기 시작했다. 나는 복지재단을 통해 이들 목회자를 도우면서, 또 센터를 직접 방문하면서 한인사회에 청소년 보호문제가 얼마나 절실한지를 깨닫게 되는 계기가 되었다.

독립적인 복지재단 설립의 필요성을 느끼다

이처럼 복지재단 위원장으로 2년간 활발히 활동하면서 내 임기는 끝났다. 복지재단이 뉴욕한인회 산하기관이었으므로 2년마다 바뀌는 한인회장의 뜻에 따라 복지재단 위원장도 바뀔 수 있기 때문이었다. 선출직인 뉴욕한인회장은 마음먹기에 따라 한인회 산하 기관의 존폐도 결정할 수 있었다. 따라서 뉴욕한인회 정책들은 지속적이거나 일관성을 유지하기 어려웠다. 뉴욕한인회의 정관은 장기적인 안목에서 비영리단체, 특히 봉사 또는 복지 단체로서의 성격이 아닌 한인 사회의 대표기관이라는 상징성 때문에 복지재단은 차기 회장이 바뀌면서 역할이 크게 축소되었고, 나 또한 위원장직을 그만두게 되었다.

내가 그토록 시간과 정성, 그리고 개인 비용까지 들여가며 뛰었던 복지재단을 그만두게 되면서, 그리고 복지재단의 프로그램이 중단되는 것을 보면서 나는 별도의 기관, 즉 독립적인 복지재단을 통해서만 영속적인 프로그램을 운영할 수 있다는 사실을 깨달았다. 그래서 언젠가 때가 되면 사재를 털어서라도 꼭 다음 세대까

1988년 장애인올림픽 미국 선수단 후원의 밤 행사를 개최한 저자와 미국 선수단 관계자

지, 아니 한인사회가 계속되는 한 한 세기 이상 지속되는 비영리재단을 만들겠다고 결심했다.

그리고 당시 복지재단 위원장직 외에도 개인적으로 보람을 느끼는 일이 있었다. 그것은 88 장애인올림픽에 출전하는 미국 대표팀을 후원한 일이었다. 나는 한국에서 열리는 서울올림픽에 출전할 미국 장애인 선수들을 돕기 위해 후원회장을 맡았다. 또 이 일이 한미 친선을 다지는 의미도 컸기에 열심히 행사 준비를 했다. 오랜 준비 끝에 플러싱의 한 연회장을 빌려 500여 명의 한미 인사들이 참석한 가운데 후원의 밤 행사를 성대히 개최했다. 그리고 약 10만 달러의 후원금과 함께 휠체어 및 자전거 각각 5대씩을 미국장애인올림픽 조직위원회에 기증했다. 위원회 측은 한인사회에 진심으로 고마워했다.

뉴욕한인회장, 천사펀드 위원장으로서의 활동

1990년 나는 제21대 뉴욕한인회장 선거에 출마해 당선됐다. 그 당시 뉴욕시 브루클린에서는 '브루클린 한 · 흑 갈등 사태'가 확산일로를 걷고 있었다. 1990년 1

월 브루클린 플랫부시 애비뉴의 한인 청과상에서 흑인 고객이 한인 업소 측으로부터 맞았다는 문제로 야기된 이 사태는 과격 흑인단체들이 개입하면서 한 · 흑 간 인종 갈등 사태로 번졌다. 이로 인해 매일 업소 앞에는 수십, 수백 명의 흑인시위대가 진을 쳤고, 한인사회는 생존권 보장을 주장하면서 미국 법원에 업소 앞 시위 중단을 호소했고, 법원은 업소 50피트 안에서의 시위 금지명령을 내렸다. 그런데도 경찰은 계속 시위를 허용했고, 흑인인 딘킨스 뉴욕시장은 시위대에 별다른 조처를 하지 않고 있었다. 한 · 흑 인종 갈등을 종식시키고 한인사회의 생존권을 알리기 위해 뉴욕한인회는 수개월간의 준비작업과 홍보를 통해 1990년 9월 18일 드디어 뉴욕시청 앞에서 역사적인 9.18 평화시위를 개최했다.

이 시위를 위해 놀랍게도 무려 1만여 명의 한인이 시청 앞에 집결했다. 나도 놀랐지만 시청 앞에 운집하기 시작한 한인을 지켜본 딘킨스 시장도 놀랐는지 평화대회 개최 1시간 전에 브루클린에서의 시위중단 명령을 내렸다. 우리는 딘킨스 시장에게 꽃다발을 걸어주며 "우리는 하나다"라는 구호를 외치며 평화대회를 무사히 마쳤다. 9.18 평화대회는 미 주류언론에 대대적으로 보도되었고, 한인사회의 위상을 높이는 계기가 되었다.

뉴욕한인회장 임기 동안 나는 2년간 어느 때보다 바쁘게 뛰었다. 그리고 한인회장직에서 물러난 후에는 다시 신발사업, 뉴욕 업스테이트 개발사업 등 비즈니스에 전념했다. 그리고 2012년에는 뉴욕중앙일보가 펼치기 시작한 1004(천사)펀드의 초대 운영위원장을 맡게 되었다. 한인회 복지재단 위원장, 뉴욕한인회장이라는 나의 과거 경력 때문이기도 했지만 나는 다시 열정을 갖고 일해보고 싶어 천사펀드 위원장직 제안을 받아들이기로 했다. 그리고 임기 2년 동안 450여 차례에 걸쳐 총 19만 달러를 모금해 어려움에 부닥친 한인과 타민족의 구호기금, 장학금을 전달해 나갔다.

30년간 꿈꿔온 재단을 설립하다

천사펀드 운영위원장직을 마친 후 나는 내 인생을 정리해나가기로 마음먹었고, 신발사업도 정리하면서 비즈니스 은퇴를 결심했다. 그리고 내가 평생 꿈꿔온 복지재단 설립을 준비해나가기로 마음먹었다. 남은 재산이 얼마 되지는 않았지만, 출가한 자녀 3명에게는 이들이 소유하고 있는 주택의 남은 모기지를 갚아주기로 하고, 나머지는 비영리재단을 설립하는 데 사용하기로 마음먹었다. 자녀들은 남은 모기지 비용을 도와주는 것도 너무나 고마워했다. 나는 아내와 사는 뉴저지 주택 한 채, 그리고 미국 정부에 납부한 세금으로 매달 받는 연금 등으로 기본생활은 충분히 해나갈 수 있었기에 다른 걱정은 전혀 없었다.

한인사회에서는 내가 오랫동안 사업을 해와서 주변에서 나를 아는 사람들은 남은 재산이 꽤 있는 것으로 생각하지만, 오래전 뉴욕주 업스테이트에 사놓은 850에이커 땅을 주택단지로 개발하는 사업이 뜻대로 안 되면서 재산을 많이 날렸다. 개발비용을 대느라 맨해튼에 사놓은 건물 두 채를 팔면서까지 개발사업을 추진했지만, 결국 큰 손해를 보고 중도에 포기하게 되었다. 처음에는 가지고 있는 금액이 많지 않아서 재단 설립을 망설였고, 또 이를 한인사회에 공개하는 것을 주저했다. 그래서 아내와 가까운 지인 몇 명과 의견을 나누었는데, 1차로 아내가 선뜻 동의해주었다. 또 오랫동안 가깝게 지내어 나를 잘 아는 지인들이 "너무 좋은 생각이다", "대찬성이다. 나도 재단 일을 돕겠다"라며 적극적으로 나서주고 격려해주면서 힘을 얻게 되었다.

2019년 9월 재단 설립을 위해 회계사를 만나 서류 준비를 시작했고, 뉴욕한인회장을 할 때부터 오랫동안 알고 지낸 가까운 지인 서너 명과 함께 재단 설립을 위한 실무적인 일들을 차근차근 해나갔다. 내 나이 만 80세. 이렇게 80이 넘은 나이에 30여 년 전 복지재단 위원장을 맡으면서 꿈꿔온 독자적인 재단을 곧 설립하게 된다고 생각하니 지나온 세월이 참으로 감개무량했다. 그리고 30여 년 전 결심했던 마음이

변치 않고 재단 설립의 꿈을 실천한 나 자신이 기특하게 여겨졌다.

재단 설립을 위해서는 우선 뉴욕주와 연방정부에 등록 신청을 해야 하는데, 가장 먼저 해야 할 일은 재단의 명칭이었다. 나는 이때까지도 재단의 이름을 정하지 못했다. 몇 개월, 아니 몇 년 동안 생각하면서도 뚜렷하게 좋은 이름이 생각나지 않았다. 막연하게 사랑, 희망, 미래 등의 단어들을 떠올리긴 했지만, 단어 조합이 잘되지 않았다. 그런데 어느 날 좋은 생각이 떠올랐다. 나는 이 재단이 내 세대에서 끝나는 것이 아니라 최소 100년 이상은 이어질 재단이기 바랐다. 미국 굴지의 재단들은 대부분 역사가 100년이 넘는다. 그래서 내가 21대 한인회장을 역임했고, '21'이라는 숫자가 21세기 또는 미래라는 뜻을 지니고 있으니 내가 설립하는 재단이 미래에 희망을 주자는 의미에서 '21희망재단'이라는 이름을 갖게 된 것이다.

1차로 뉴욕주에서 재단 승인이 난 후 수중에 남은 재산의 거의 대부분인 220만 달러를 재단의 종잣돈으로 내놓기로 마음먹었다. 첫 1년간의 운영예산 20만 달러를 포함하여 220만 달러를 재단에 기부하게 되었다. 이러한 결정에 아내가 전적으로 찬성해준 것에 대해 진심으로 고마울 따름이다.

21희망재단을 설립하고 여러 활동을 하면서 아내도 재단 이사 중 한 명이 되었다. 아내는 너무나 기뻐했고, "하루하루가 마치 천국을 걷고 있는 기분"이라며 좋아했다. 남을 위해 봉사하고, 남을 돕기 위한 생각을 실천에 옮기기 전부터 이미 내 마음은 기쁨으로 충만해졌다. 결국 남을 돕는 일은 나를 돕는 일이고, 남을 위한 봉사는 나 자신을 기쁘게 하는 일임을 새삼 배우게 되었다.

뉴욕한인회 복지재단위원장을 맡아 불우이웃들을 도운 경험, 그리고 오랫동안 떨어져 있던 서류 미비 한인의 가족 상봉을 이루어낸 경험을 토대로 나는 21희망재단을 한인사회에 꼭 필요한 재단이 되도록 만들어야겠다고 다시 한번 마음을 굳게 먹었다. 2019년 12월 초 이사들과 함께 21희망재단을 한인사회에 알리기 위해 기자회견을 개최했다.

2019년 12월 창립 이사들과 함께 21희망재단의 창립 기자회견을 개최한 후 사재 215만 달러를 21희망재단에 기부하는 모습. 2020년 1월경 5만 달러를 추가로 기부했다.

그리고 2020년 새해 첫날, 뉴욕 플러싱에 21희망재단 사무실을 오픈하고, 이사들과 함께 계획을 논의한 끝에 장학생 선발, 한인단체 지원, 불우이웃돕기 등의 세 가지 프로그램을 기본으로 첫해를 시작하기로 했다.

21희망재단을 설립한 때인 2019년 12월 말, 주변의 여러 지인과 기관의 추천으로 형편이 몹시 어려운 5명의 한인 가정을 선정해 총 1만 달러의 기금을 전달하는 것으로 재단의 출발을 알렸다. 주위의 추천을 받아 도움이 절실한 다섯 가정에 한 가정당 2천 달러씩 전달했다. 긴급히 도움이 필요했던 한 가정은 가장이 교통사고를 당해 일하기 힘든 상황에서 주거마저 불안정한 상황이었고, 또 다른 가정은 고등학교에 다니는 딸과 어렵게 사는 여성이 고혈압과 갑상선암으로 건강까지 안 좋은 모녀 가정이었다.

코로나 사태와 서류 미비 한인 돕기 캠페인

이처럼 2020년 새해 21희망재단이 설립된 때는 중국 우한에서 코로나바이러스가 번지면서 국제적으로 중국이 코로나바이러스의 온상이 되고 있던 무렵이었다. 그리고 새해 들어 한국도 코로나바이러스의 확산 위험이 뉴스로 전해지기 시작했다. 이때만 해도 미국, 특히 뉴욕에 코로나바이러스가 지금처럼 확산될 것이라고 생각하지 않았다. 그런데 코로나바이러스가 뉴욕에서 급속히 확산되면서 21희망재단의 역할 문제가 대두되었다. 당초 상반기에는 가정형편이 어려운 한인 학생들과 문화, 예술, 스포츠 분야에서 두각을 나타내는 한인 특기생들을 위한 장학금 신청 등을 준비하려는 중이었다.

나는 코로나바이러스 감염을 막기 위해 하루에도 몇 번씩 알코올 스프레이를 뿌려가며 거의 매일 플러싱의 재단 사무실을 오갔다. 그리고 코로나 사태가 심각해지면서 한인사회에서 가장 먼저 해야 할 일이 무엇인지를 이사들과 논의했다. 이사들도 코로나 사태로 당장 생활고를 겪는 한인을 시급히 도와야 한다고 입을 모았다. 2020년 3월 오갈 데 없는 한인 노숙자들이 먼저 생각이 났고, 이사분들도 우선 한인 노숙자 기관들을 돕자는 데 의견을 같이했다. 한인 노숙자 기관 세 군데에 기금과 마스크를 전달한 후, 우리는 또 코로나 사태로 가장 큰 피해를 입게 된 서류 미비 한인이 걱정되기 시작했다. 이들은 트럼프 정부하에서 항상 추방당할 불안감 속에서 살며 정부 보조금이나 실업수당, 정부 융자금 등의 혜택을 전혀 받지 못했기 때문이다.

21희망재단은 처음에 5만 달러를 종잣돈으로 생각했다가 이사들과 상의 끝에 서류 미비 한인을 돕기 위해서는 종잣돈이 최소 10만 달러는 되어야 한다고 결론을 내렸다. 한인사회에서의 성금은 별도로 10만 달러를 예상했고, 총 20만 달러로 서류 미비 한인을 도울 계획이었다. 그리고 캠페인을 위해 재단 사무실에 파트타임으로 일할 유급 직원 3명을 보강한 후 서류 미비 한인 돕기 캠페인을 전개하기 시작했다. 한인 언론들도 21희망재단이 제일 먼저 서류 미비 한인 돕기 캠페인을 전개하고 광고를 게재하자 홍보에 적극적으로 앞장서주었다. 매일 재단 사무실에 출근하며 여러 사람을 만나는 나를 아내나 주위 사람들이 많이 걱정해주었지만, 왜 그런지 별로 겁이 나지 않았다. 솔직히 하나님께서 좋아하는 일을 내가 하는데 하나님이 지켜주시겠지 하는 믿음 때문이었던 것 같다.

재단 사무실은 코로나바이러스가 뉴욕에서 한창 확산되기 시작한 3월 말부터 분주하게 움직였다. 재단 사무실 전화가 불이 났고, 전화 연결이 안 되면 직접 재단 사무실을 예고 없이 찾아오는 한인분들이 늘어났다. 소문이 나면서 서류 미비 한인은 물론이고 중국 동포도 예약 없이 재단 사무실 문을 두드렸다. 캠페인이 시작된 4월에는 매일 20~30명씩 찾아왔다. 주말이나 저녁에도 사무실을 찾아오는 분들을 위해 사무실 문밖에 작은 책상과 의자, 신청서 등을 구비해놓아 신청할 수 있도록 했다.

다행히 21희망재단은 뉴욕주가 필수 비즈니스로 분류한 신문사와 함께 사무실을 공유했기에 직원들이 일하는 것이 법적으로 문제가 되지 않았다. 3명의 사무국 직원들이 바쁘게 움직이며 사무를 맡았고, 서류 미비 한인을 면담했다. 이들 직원은 전화로 일일이 이들과 통화하며 하소연을 들어주거나 이메일로 안타까운 사연을 보내오는 서류 미비 한인에게 일일이 답신해주었다. 이메일에는 정부 보조금이나 실업수당 등을 받지 못해서 살기가 너무 힘들다, 살 길이 너무 막막하니 제발 도와 달라는 많은 사연이 접수되었다. 나는 이 이메일들을 읽으면서 더욱 어려운 처지의 이들을 꼭 도와야겠다는 의지를 불태우게 되었다.

직원들은 이들의 하소연을 접수하면서 전화로 약속한 서류 미비 한인분들과 한 명씩 면담 예약을 한 후 재단 사무실에서 한 가정당 지원금 500달러와 마스크 10장씩을 전달했다. 나 또한 매주 한두 차례씩 뉴욕과 뉴저지에서 예약한 서류 미비 한인을 직접 면담하고, 지원금과 마스크를 전달했다. 사무실 직원들은 서류 미비 한인이 사무실을 방문할 때마다, 또 사무실 문밖을 나설 때마다 사무실 안과 복도에 이르기까지 알코올과 소독약을 뿌리면서 최대한 코로나바이러스 차단에 신경을 기울였다.

당시는 뉴욕주 정부의 폐쇄 명령 때문에 뉴욕한인회를 비롯하여 한인사회의 모든 비영리단체나 봉사단체들이 사무실 문을 닫고 업무를 중단해야 했지만, 21희망재단은 거의 유일하게 활동을 펼칠 수 있었다. 코로나 사태 초기 21희망재단은 한인사회에서 가장 규모가 크다는 5개 한인복지단체 및 4개 노숙자 및 장애자 단체에 총 수만 달러의 기금과 함께 수천 장의 마스크를 전달했다. 그리고 이때쯤 나는 뉴욕한인회에 서류 미비 한인 돕기 공동 캠페인을 제안해서 함께 캠페인을 펼치기 시작했다. 21희망재단은 개인이 세운 민간 재단이지만, 한인사회의 대표성을 띤 단체는 뉴욕한인회였으므로 뉴욕한인회를 당연히 앞장세워야겠다고 생각한 것이다. 그리고 뉴욕 총영사도 나의 이 같은 제안에 적극적으로 찬성하면서 뉴욕 총영사관도 동참해주었다. 이렇게 뉴욕한인회가 앞장서면서 여러 단체, 기관들이 힘을 합해 범동포적인 서류 미비 한인 돕기 캠페인이 펼쳐지게 되었고 한인 언론들도 보도를 잘해주면서 캠페인에 호응하는 한인이 한 명, 두 명 늘어나게 되었다. 또 나중에는 뉴저지한인회도 캠페인에 동참해주었다.

이때쯤 LA에서도 한인 기부자들이 나타나면서 LA한인회가 총 20여만 달러의 기금을 마련하여 LA지역의 서류 미비 한인을 돕는다는 기사가 보도되었고, 워싱턴 D.C.에서도 서류 미비 한인 돕기 캠페인이 시작되었다는 소식이 들려왔다. 이처럼 여기저기에서 서류 미비 한인 돕기 캠페인이 시작되었다는 좋은 소식으로 몸은 힘들지만 마음은 마냥 기쁘기만 했다. 또 뉴욕에서 캠페인을 전개하면서 모든 한인 언론들이 적극 홍보를 도와주었고, AM1660 K-라디오는 하루 동안 서류 미비 한인 돕기 모금 생방송을 해주었다. 코로나 사태로 모든 한인이 힘든 상황에서도 이날 하루 동안 총 4만 5천 달러가 모금되었다. 재단 이사들도 적게는 1천 달러에서 많게는 5천 달러씩 기부했고, 재단 이사인 아내도 틈틈이 모아둔 쌈짓돈 수천 달러를 방송을 통해 내놓았다. 또 주위 지인들도 모금방송에 동참해주었다.

이렇게 두 달 이상 캠페인을 지속하면서 21희망재단은 약 400명의 서류 미비 한인에게 1인당 500달러씩 지원해주었다. 21희망재단의 서류 미비 한인 돕기 캠페인이 확산되면서 도움을 요청하는 한인은 더욱 늘어만 갔다. 이처럼 지출은 계속되고, 도움을 요청하는 서류 미비 한인이 계속 늘어나면서 2020년 5월 말에는 약 20만 달러의 재단 기금이 모두 소진되었다. 6월 들어 21희망재단 사무실에는 아직 지원받지 못한 서류 미비 한인의 대기자 명단이 200여 명에 달했다. 최소 10만 달러의 기금이 추가로 필요한 상황이었다. 또 지원 소식을 알게 된 서류 미비 한인의 연락이 늘어나는 반면, 코로나 사태로 모두 힘든 상황에서 외부 성금은 더욱 기대하기 어려운 상황이었다. 나는 어떻게 기금을 더 마련해야 할까 고민에 빠졌다. 21희망재단에 기탁된 200만 달러는 재단이 존재하는 한 영원히 건드리지 않기로 한 돈이었다. 재단 정관에도 그렇게 명시해놓았다. 그리고 재단의 첫 1년 예산 중 절반 이상을 이미 서류 미비 한인 돕기 캠페인에 내놓았기에 장학사업이나 기타 사업 등에 사용할 예산까지 모두 전용하는 것은 원칙에 벗어나는 것이라는 생각이 들었다. 나는 사재를 털어서라도 10만 달러를 별도로 마련해 서류 미비 한인 돕기 캠페인에 내놓기로 마음먹었다.

그런데 바로 이때 민권센터로부터 좋은 소식이 들려왔다. 서류 미비 한인 돕기 캠페인을 시작했을 당시 21희망재단은 서류 미비 한인의 권익을 위해 힘쓰는 민권센터에 가장 먼저 1만 5천 달러를 지원했다. 서류 미비 한인 30명을 선정해서 도와주라고 한 지원금이었다. 그런데 이 민권센터가 뉴욕시로부터 1천여 명의 서류 미비 한인을 도울 수 있는 기금 수십만 달러를 지원받게 됐다며 기자회견을 하는 것이 아니겠는가! 내용을 들으니, 미국의 한 억만장자가 세운 한 비영리재단이 얼마 전 뉴욕시의 서류 미비자들을 도와주라고 2천만 달러를 뉴욕시 정부에 기탁했고, 민권센터는 뉴욕시로부터 이 기금의 지원기관에 선정되어 큰 액수의 예산을 받았다는 것이다. 민권센터는 그 후 별도의 캠페인을 전개해 약 100만 달러의 기금을 마련해 총 1,100여 명의 서류 미비 한인 가정을 도와주었다. 이로 인해 21희망재단에 지원을 신청했다가 대기자 명단에 있었던 200여 한인도 대다수가 민권센터에서 도움을 받게 되었다.

좋은 소식은 또 있었다. 뉴욕, 뉴저지지역에서 목회를 하다가 한국의 대형교회 담임목사로 초빙받은 한인 목회자 7명이 뉴욕과 뉴저지, LA 한인사회의 서류 미비 한인을 위해 총 15만 달러를 교인들로부터 모금했다는 소식이었다. 이들 7개 교회는 각 지역에 5만 달러씩 나눠주었고, 뉴저지의 한인교회가 추가로 기금을 보태 21희망재단과 함께 서류 미비 한인 돕기 캠페인을 전개하는 뉴욕한인회에 6만 달러를, 그리고 뉴저지의 KCC 한인 동포회관에 6만 달러를 기탁한 것이다. 뉴욕한인회와 뉴저지 KCC는 각각 이 기금으로 아무 곳에서도 지원받지 못한 나머지 서류 미비 한인을 도울 수 있었다. 또 민권센터는 뉴저지 서류 미비 한인 100여 명을 위한 별도의 기금을 지원받아 뉴저지 지역 서류 미비 한인을 추가로 도울 수 있었다.

이렇게 민권센터, 뉴욕한인회, 뉴저지 KCC, 뉴저지한인회가 서로 연합하여 21희망재단과 공동으로 서류 미비 한인 돕기 캠페인을 범동포적 지원사업으로 확대해나갔고, 각 단체가 지원해준 서류 미비 한인의 명단을 서로 확인하면서 이중으로 지원받는 일이 없도록 신경을 썼다. 21희망재단, 그리고 여러 한인 단체가 캠페인에 동참하면서 기금과 마스크를 지원받은 서류 미비 한인은 2천여 명으로 추산된다.

21희망재단은 코로나 사태가 계속된 7월 중순까지 별도의 종잣돈 1만 달러가 포함된 11만 달러의 종잣돈과 라디오 생방송 모금 및 외부 성금 약 15만 달러를 포함해 총 26만 달러의 기금으로 500여 명의 서류 미비 한인을 도울 수 있었다. 개

저자와 21희망재단 관계자들이 2020년 4월경 뉴저지 한인회관에서 코로나 사태로 어려움을 겪고 있는 서류 미비 한인을 함께 면담하고 있는 모습.

인적으로는 갓 태어난 21희망재단이 코로나 사태가 시작되면서 서류 미비 한인을 위해 가장 먼저 발 벗고 나선 것이 뉴욕과 뉴저지, 그리고 LA와 워싱턴 D.C. 한인사회 등 미주 전역으로 서류 미비 한인 돕기 캠페인을 확산시키는 데 한 알의 씨앗을 뿌리지 않았나 하는 생각을 하게 된다. 또 서류 미비 한인 돕기 캠페인을 전개하면서 여러 한인 단체와 연합하여 공동 캠페인을 펼친 것에 큰 보람을 느낀다.

한인사회가 코로나 사태라는 큰 어려움 속에서 여러 한인 단체나 기관들이 상호 협력하면서 가장 어려운 입장에 놓인 서류 미비 한인을 제일 먼저 돕는 모습을 무척 긍정적으로 바라보았고, 또 그러한 얘기를 주위에서 많이 하는 것을 들었다. 서류 미비 한인은 물론 일반 한인이 "한인사회 전체에 힘과 용기를 불어넣는 좋은 일을 했다", "한인이 서로 어려울 때 돕는 협력심을 잘 보여주었다"라는 얘기를 할 때, 또 서류 미비 한인 돕기 캠페인이 한인사회를 한마음 한뜻으로 묶는 데 보이지 않는 역할을 했다는 주위 얘기를 들을 때 마음이 기뻤다. 또한 캠페인 기간 동안 나 자신은 물론, 모든 재단 관계자, 또 21희망재단 사무실을 오간 수백 명의 서류 미비 한인이 아무도 코로나에 감염되지 않았고, 아무런 작은 사고도 발생하지 않은 것도 무척 다행이었다.

30년 전 복지재단 위원장을 내려놓으면서 결심한, 독립적인 비영리재단을 만들겠다는 꿈을 뒤늦게 이룬 후에 이처럼 21희망재단이 서류 미비 한인 돕기 캠페인을 전개한 사실에 대해 나는 정말 여한이 없을 정도로 기쁘고 감사한 마음뿐이다.

21희망재단의 미래

한때는 이런 생각을 한 적이 있었다. '뉴욕주 업스테이트에 추진한 주택개발사업이 성공했더라면, 또 맨해튼에 사놓았던 건물 두 채를 계속 보유하고 있었더라면 지금보다 훨씬 큰 재단을 세우지 않았을까?'라는 생각 말이다. 그러나 만일 내가 당시보다 10배, 20배 더 재산이 많았다면 지금의 21희망재단 설립보다는 사업을 계속 더 키워나가고 싶은 욕심 때문에 오히려 재단을 세우지 못했을지도 모른다는 생각이 들었다. 그래서 나는 현재 규모로 시작한 21희망재단에 무척 만족하고 있다.

앞으로 21희망재단은 영어권인 1.5세, 2세 한인이 실무진과 재단 이사로 참여해야 명실상부한 21세기를 위한 희망재단이 되리라고 믿는다. 21희망재단은 이제 갓 태어나 1년이 지난 한 살짜리 단체다. 물론 처음부터 220만 달러의 기금을 보유하고 태어났으니 금수저로 태어난 아기처럼 보일지도 모른다. 그러나 재단 기금 200만 달러는 절대 건드릴 수 없는 기금이고, 20만 달러는 첫 1~2년 동안 사용할 운영자금을 미리 예치해놓은 기금에 불과하다.

안정적인 펀드나 주식에 적립되어 있는 200만 달러가 요동치는 금융시장에서 매년 15~20만 달러의 연간 운영자금을 창출해내는 것은 쉬운 일이 아닐 수도 있다. 21희망재단의 중요한 역할 중 하나는 타 봉사단체와의 협력 및 지원이다. 한인 사회만이 아니다. 이번 코로나 사태에서 21희망재단은 뉴욕과 뉴저지의 미국병원을 방문해 의료진들을 위한 점심을 제공했다. 그리고 직장을 잃은 많은 히스패닉계에게도 정기적으로 식료품이나 음식을 제공할 계획을 세우고 있다.

21희망재단은 앞으로 이사진도 확대해야 한다. 특히 여성 이사들의 추가 영입이 중요하다. 현재 이사 9명 중 여성은 아내가 유일하다. 물론 이사의 부인들도 대부분 잘 아는 사이이고, 이들 부인도 직간접적으로 21희망재단을 돕거나 연관되어 있어 여성들이 절반을 차지한다고 볼 수도 있다. 실무자뿐만 아니라 봉사정신이 강한 자원봉사자들의 도움도 필요하다. 또한 안정적인 운영예산이 중요하다. 매년 약간의 회비를 자발적으로 납부하는 회원제도 구상 중이다. 조만간 자체 건물을 마련하고, 프로그램을 운영할 더 큰 사무공간을 마련해서 조금씩 규모를 키워나가고 싶다.

또 내가 30여 년 전 뉴욕한인회 복지재단 위원장을 맡았을 때 설립하기 원한 '사랑의 집'도 마련하고 싶다. 사랑의 집을 통해 어렵고 취약한 환경에 놓인 한인이 임시라도 편하게 머물 수 있는 휴식처를 제공해주고 싶은 마음이다. 그리고 단순히 물질적 도움을 주는 재단에 머물지 않고, 좀 더 능동적이고 생산적인 역할을 하는 재단이 되기를 기대해본다. 장학금, 불우이웃을 위한 복지 지원, 타 한인 봉사단체에 대한 지원. 이 세 가지 외에도 타 한인 비영리단체에서는 찾아보기 어려운 분야, 예를 들면 직업교육이나 창업교육 프로그램을 개발하기 원한다. 그리고 한인뿐 아니라 다른 어려운 아시안계와 히스패닉계 이민자들도 도울 수 있는 재단이 되어야 할 것이다.

이민 1세인 내가 한 세기를 내다보는 21희망재단을 굴지의 재단으로 키우기에는 무리가 있을 것이다. 그러나 유능한 한인 1.5세와 2세가 실무진이나 이사진으로 영입되고, 많은 한인이 동참해준다면 21희망재단은 분명히 더 큰 비전을 키워나갈 수 있을 것이고, 한인사회와 지역 커뮤니티에서 많은 일을 해나가는 재단이 될 것이라고 믿고 있다. 또 21희망재단이 단순히 어려운 상황의 한인이나 타 소수민족을 재정적으로 지원하는 수준이 아니라 더욱 능동적이고 미래지향적인 프로그램 개발을 통해 역할을 확대하고 싶은 마음도 크다. 앞에서도 얘기했지만 직업훈련이나 창업교육 프로그램도 실천해보고 싶다. 어려움에 처한 한인에게 그냥 물고기만 잡아서 줄 것이 아니라 물고기를 잡는 법도 함께 가르칠 수 있다면 더욱 의미가 있지 않을까 생각을해보았다.

마지막으로 희망의 소중함을 다시 한번 강조하면서 나의 글을 맺는다.

이 세상에서 가장 중요한 것은 희망이다.
사람에게 희망이 없다면 이 세상을 무슨 낙으로 살겠는가.
정치란 국민에게 희망을 주는 것이다.
가난하고 굶주림에 처한 사람이라도
그에게 희망이 있다면 힘든 하루하루를 견딜 힘을 줄 것이며,
그는 희망을 바라보며 즐겁게 살 것이다.
21희망재단은 21세기에 희망을 잃은 사람들에게 희망을 주기 위해 설립되었고,
그 목적을 위해 끊임없이 미래를 향해 전진할 것이다.

변종덕

1986~1988 뉴욕한인회 복지재단 위원장

1990 21대 뉴욕한인회장으로 당선

1988 서울에서 개최된 88장애인올림픽 미국선수단 후원회장

2006~현재 뉴욕한인상공회의소 상임고문을 맡고 있다.

2011~2013 뉴욕의 최고경영자과정 수료자 모임인 한국외대 EMBA 총원우회 초대 회장 역임

2012 1004(천사)펀드 초대 운영위원장

2019. 12. 1 21희망재단 설립

부인 변혜숙 여사와의 슬하에 1남 2녀를 두고 있다. 아들은 시애틀에서 항공기술자로 일하고 있고, 큰딸은 디자이너로, 둘째 딸은 전업주부다.